Pädagogische Qualität messen
Ein Handbuch

D1665090

Karl-Oswald Bauer
Andreas Bohn
Pierre Kemna
Niels Logemann

Pädagogische Qualität messen
Ein Handbuch

Waxmann 2010
Münster / New York / München / Berlin

Bibliografische Informationen der Deutschen Nationalbibliothek
Die Deutsche Nationalbibliothek verzeichnet diese Publikation in der
Deutschen Nationalbibliografie; detaillierte bibliografische Daten sind
im Internet über http://dnb.d-nb.de abrufbar.

ISBN 978-3-8309-2415-9

© Waxmann Verlag GmbH, 2010
Postfach 8603, 48046 Münster

www.waxmann.com
info@waxmann.com

Umschlaggestaltung: Anne Breitenbach, Tübingen
Titelbild: © istockphoto.com – ranplett
Satz: Stoddart Satz- und Layoutservice, Münster
Druck: Hubert & Co., Göttingen

Gedruckt auf alterungsbeständigem Papier,
säurefrei gemäß ISO 9706

Inhalt

Vorwort 7

Professionelles Selbst und Qualität – eine sehr kurze Einführung 9

1   Erklärung und Vorhersage pädagogischer Qualität 12
1.1   Definitionen pädagogischer Qualität 12
1.1.1   Unterrichtsqualität 13
1.1.2   Qualität in pädagogischen Beratungsprozessen 15
1.1.3   Schulqualität 22
1.2   Modelle 29
1.2.1   Prozess-Produkt-Modelle 29
1.2.2   Alternative Modelle 32
1.3   Fazit 41

2   Indikatoren und Messinstrumente 42
2.1   Gütekriterien und Testmodelle 43
2.2   Instrumente zur Messung der Prozessqualität 56
2.2.1   Fächerübergreifende Qualitätsindikatoren 57
2.2.2   Fachspezifische Qualitätsindikatoren 62
2.3   Instrumente zur Messung der Ergebnisqualität 66
2.3.1   Fächerübergreifende Kompetenzen und erzieherische Effekte 68
2.3.2   Fachspezifische Kompetenzen und Interessen 75
2.4   Indikatoren für Schulqualität 83

3   Hinweise zur Auswertung – ein Beispiel 89

4   Ein Leitfaden zur Überprüfung der Unterrichtsqualität 105
4.1   Interessant, strukturiert, adaptiv – ein einfaches Modell der
         Unterrichtsqualität für den Anfang 105
4.2   Anwendung der Skala 109
4.2.1   Zusammenstellung des Instruments 110
4.2.2   Erhebung 114
4.2.3   Auswertung 115
4.3   Kritische Anmerkungen und Ausblick 125

5   Pädagogische Qualität und professionelles Selbst 129

5.1   Technologie und Professionalität 129

5.2   Selbstentwicklung im Beruf 134

5.3   Arbeitsbezogenes Erleben und pädagogische Qualität 138

5.4   Zufriedenheit und Glück im Beruf – eine Utopie? 149

5.5   Krisen und Schwellen 160

6   Ausblick 169

Glossar 170

Literatur 174

Autoren 181

Vorwort

Dieses Buch soll eine breite und tief reichende Lücke zwischen Forschung und Anwendung schließen helfen. Die Erforschung der Qualität von Bildungseinrichtungen und Lehrerhandeln hat in den letzten fünfzehn Jahren rasante Fortschritte gemacht. Inzwischen stehen Messverfahren zur Verfügung, die es ermöglichen, nicht nur Ergebnisse pädagogischen Handelns (Bildung als „Produkt"), sondern auch Lehr-Lern-Prozesse (Bildung als „Prozess") präzise abzubilden und im Hinblick auf pädagogische Ziele zu bewerten. Vieles, was bis vor kurzem als unmessbar und kaum fassbar galt, lässt sich heute präzise definieren und empirisch erfassen. Und fast jede Woche kommen weitere Messverfahren und immer ausgefeiltere theoretische Modelle hinzu.

Obwohl inzwischen in den Lehramtsstudiengängen an vielen Universitäten Messverfahren und Methoden der Qualitätssicherung bereits im Bachelorstudium in den Pflichtmodulen angeboten werden, dürfte es noch viele Jahre dauern, bis entsprechende Kompetenzen unter Lehrerinnen und Lehrern allgemein verbreitet sein werden. Deshalb haben wir dieses Buch geschrieben, das es auch Quereinsteigern mit bescheidenen Vorkenntnissen erlauben wird, sich aktiv an der pädagogischen Qualitätssicherung zu beteiligen und die Wirksamkeit ihrer eigenen Arbeit anhand von transparenten Kriterien zu überprüfen.

Mit Blick auf die rasante Entwicklung in diesem Bereich haben wir gleichzeitig mit dem Erscheinen des Buches ein Internetportal eingerichtet, von dem aus der Zugang zu wissenschaftlich überprüften und sparsamen Instrumenten der Qualitätsmessung in pädagogischen Kontexten kostenfrei ermöglicht wird. Diese Website wird fortlaufend vom Zentrum für Empirische Bildungsforschung und Fachdidaktik der Universität Vechta (ZEBiD) gepflegt und in kurzen Zeitabständen aktualisiert. Das vorliegende Handbuch enthält deswegen nur exemplarisch vollständig abgedruckte Testinstrumente, weil hierfür ja ein eigener benutzerfreundlicher Downloadbereich geschaffen wurde.

Die hier beschriebenen Verfahren eignen sich im Allgemeinen nicht zur Individualdiagnostik und Leistungsbewertung, jedenfalls nicht ohne dass weitere Verfahren zusätzlich eingesetzt werden. Trotzdem können sie sicherlich auch dabei helfen, die Lernvoraussetzungen einzelner Schüler festzustellen. Das gilt insbesondere für die dargestellten Kompetenztests.

Das Buch baut auf unseren Arbeiten zum professionellen Selbst der Lehrkräfte, zu den pädagogischen Basiskompetenzen und zur Evaluation auf. Aus diesem Grund widmen wir der Entwicklung des professionellen Selbst durch systematische Wirksamkeitsüberprüfungen anhand objektiver Kriterien ein eigenes Kapitel.

Vechta, im Juli 2010
Prof. Dr. Karl-Oswald Bauer
Leiter des Zentrums für Empirische Bildungsforschung und Fachdidaktik (ZEBiD)

Professionelles Selbst und Qualität – eine sehr kurze Einführung

Wenn Sie dieses Buch zur Hand nehmen, werden Sie sich fragen, was es Ihnen nützt und wofür es gut ist. Schließlich handelt es sich um einen Text, der Sie bei Ihrer beruflichen Arbeit fördern und unterstützen soll. Wenn Sie mit dem Buch arbeiten, gibt es verschiedene Möglichkeiten: Sie können feststellen, dass es Ihnen hilft, Ihre eigene Arbeit zu überprüfen und zu verbessern. Oder Sie können bemerken, dass es Sie dabei unterstützt, das eigene Kompetenzprofil zu erkennen und zu entwickeln. Oder Sie merken, dass Prozesse der Selbstklärung angeregt werden. In diesem Fall wird Ihr „Professionelles Selbst" angesprochen und aktiviert. Vielleicht legen Sie das Buch auch erst einmal beiseite, weil Ihnen der Ansatz doch nicht zusagt. „Zu technokratisch", mögen Sie vielleicht denken. Sollten Sie sich auf dieser Spur befinden, raten wir Ihnen dazu, das fünfte Kapitel zuerst zu lesen. Dann wird hoffentlich klar, dass wir nicht bestimmte Methoden und Techniken in den Mittelpunkt stellen, sondern das Selbst der Menschen, denen diese Techniken (hoffentlich) helfen.

Wenn Sie sich dann tatsächlich intensiv auf die Arbeit mit diesem Handbuch einlassen, wird das möglicherweise kleinere oder größere Krisen nach sich ziehen. Sie bemerken, dass Sie die Qualität Ihrer Arbeit in manchen Punkten überschätzen und in anderen Bereichen eher unterschätzen. Oder Sie bemerken, dass Ihre Wahrnehmungen und die Ihrer Schüler oder Vorgesetzten deutlich voneinander abweichen. Solche kleinen und größeren Krisen sind durchaus erwünscht. Das Buch allein kann Ihnen bei deren Bewältigung aber nur wenig helfen. Lösungen müssen nach Ansicht der Autorengruppe sehr individuell gefunden werden, und Unterstützung dafür muss aktiv aufgesucht werden. Wir bieten also keine Rezepte für guten Unterricht und gute Beratung, sondern empirisch gültige Messverfahren, mit denen die Güte pädagogischen Handelns überprüft werden kann. Diese Verfahren werden von uns auch nach dem Kriterium der Sparsamkeit ausgewählt, das heißt, sie müssen sich mit geringem Aufwand einsetzen lassen.

Menschen mit einem entwickelten professionellen Selbst werden, davon gehen wir aus, von sich aus danach streben, ihre Arbeit gut zu machen. Und sie werden von sich aus die Gelegenheit beim Schopf ergreifen, die Wirksamkeit und Güte ihrer Arbeit objektiv und gültig zu erfassen. Wenn Sie das für unmöglich halten und der Meinung sind, dass pädagogisches Handeln sich grundsätzlich nicht im Hinblick auf seine Güte überprüfen lässt, können Sie dieses Buch als Herausforderung betrachten, Ihre Meinung noch einmal zu überprüfen. Wenn Sie skeptisch sind, machen Sie einen Versuch mit dem in Kapitel 4 dargestellten einfachen Modell und bilden sich daraufhin eine eigene Meinung.

Die empirische Forschung hat gezeigt, dass Lehrkräfte und pädagogische Führungskräfte über eine hohe objektive Wirksamkeit in ganz bestimmten Feldern verfügen. Lehrkräfte sind extrem wichtig für die Entwicklung Heranwachsender, und Schulleitungen haben einen großen Einfluss auf Kollegien und einzelne Lehrpersonen. Aber das wird nicht von allen auch so gesehen. So neigen Lehrkräfte dazu, ihre Möglichkeiten, erzieherische Wirkungen zu erzielen, eher zu unterschätzen. Schulleitungen beispielsweise schreiben sich selbst eine geringe Wirksamkeit im Hinblick auf die Gesundheit ihrer Lehrkräfte zu, obwohl sie einen deutlich messbaren Einfluss haben.

Dieses Buch konzentriert sich auf ausgewählte Merkmale der Güte pädagogischen Handelns, die nicht nur beeinflussbar sind, sondern ihrerseits einen großen messbaren Einfluss auf Bedingungen und Effekte pädagogischen Handelns haben. Aus der gewaltigen Komplexität der möglichen Bedingungsfaktoren wird ein übersichtliches Netzwerk von Variablen herausgelöst, das als Gesamtmodell für die einzelnen Qualitätsdimensionen dient. Dieses Gesamtmodell wird im ersten Kapitel ausführlich dargestellt.

Das zweite Kapitel behandelt sehr detailliert einzelne Messverfahren. Es wird unterstützt durch eine Online-Testothek, auf die Sie kostenlosen Zugriff haben. Im Unterschied zu vielen älteren Ansätzen in der pädagogischen Qualitätsentwicklung stellen wir uns auch der Aufgabe, fachspezifische und fachdidaktische Qualitätsindikatoren zu bestimmen und messbar zu machen. Das ist ein Prozess, der erst vor wenigen Jahren eingeleitet wurde und in den nächsten Jahren Früchte tragen wird. Auch deswegen benötigen wir die Website, um aktuelle Instrumente, die aus der Zusammenarbeit zwischen Bildungsforschern und Fachdidaktikern sowie Fachwissenschaftlern entstehen, sukzessive zugänglich zu machen. Es wird also auch für die einzelnen Unterrichtsfächer spezifische Qualitätsmerkmale und Testinstrumente geben. Bereits jetzt stehen Indikatoren und Fragebögen für die Fächer Sport, Musik, Naturwissenschaften, Deutsch und Englisch zur Verfügung.

Zu welchen Ergebnissen man gelangen kann, wenn man sich zu Qualitätsmessungen in der Schule entschließt und systematisch Daten erhebt und auswertet, und wozu diese Ergebnisse verwendet werden, erfahren Sie an einem Beispiel im dritten Kapitel. Damit können Sie auch beginnen, wenn Sie jetzt schon klare Vorstellungen haben, was für Sie pädagogische Qualität bedeutet. Überhaupt sollten Sie davon ausgehen, dass ein Handbuch wie das vorliegende nicht von vorn bis hinten gelesen werden muss. Sie können sich das heraus suchen, was Sie wirklich brauchen. Und Sie können die Reihenfolge selbst bestimmen.

Im vierten Kapitel fordern wir sie anhand eines einfachen Modells von gutem Unterricht dazu auf, selbst ein kleines Projekt zur Messung der Qualität Ihrer Arbeit durchzuführen. Dabei berücksichtigen wir zunächst keine fachspezifischen Qualitätskriterien. Sie können jedoch das Gelernte auf den Umgang mit fachspezifischen Indikatoren übertragen. Wenn Sie Musik unterrichten, können Sie das Singen und Musizieren in den Mittelpunkt stellen und zum Qualitätskriterium machen. Wenn Sie Naturwissenschaften unterrichten, können Sie das angeleitete, von Schülern durchgeführte Experiment besonders hervorheben. Und wenn Sie Fremdsprachen unterrichten, können Sie sich auf die aktive Verwendung der Fremdsprache durch Ihre Schüler konzentrieren. Betrachten Sie diese fachspezifischen Qualitätskriterien als notwendige Ergänzung der allgemeinen Qualitätsmerkmale, die für alle Fächer gelten.

Im fünften Kapitel werden, wie schon angedeutet, Fragen des Verhältnisses von professionellem Selbst und Technologie geklärt. Dieses eher psychologisch orientierte Kapitel behandelt auch die Rolle der kleinen und großen Krisen in pädagogischen Berufen und eröffnet einige Perspektiven für eine auf Wirksamkeitsmessungen gestützte professionelle Entwicklung. Es geht uns, das dürfen Sie den Autoren glauben, letztlich um jede(n) Einzelne(n) von Ihnen und seine/ihre Professionalität, nicht um das Messen als Selbstzweck oder um technokratische Formen der Qualitätssicherung. Wir wollen Sie dabei unterstützen, sich selbst im Medium Ihrer Arbeit zu entwickeln. Auch deshalb ist das Buch Teil einer weit zurückreichenden Fortsetzungsgeschichte, die mit einem Buch über professionelles Handeln in pädagogischen Feldern vor etwa fünfzehn Jahren eingeleitet wurde.

1 Erklärung und Vorhersage pädagogischer Qualität

Was genau unter pädagogischer Qualität zu verstehen ist, wird in den folgenden Abschnitten geklärt. Inzwischen gibt es empirisch gut überprüfte Theorien, mit denen erklärt werden kann, wie und warum bestimmte Merkmale von Bildungseinrichtungen und Lehrkräften zu einer guten Qualität beitragen. Dieselben Modelle eignen sich auch zur Vorhersage der Wirkung bestimmter Maßnahmen oder Unterrichtsformen, die eingesetzt werden, um die Qualität zu verbessern.

1.1 Definitionen pädagogischer Qualität

Qualität ist derzeit in aller Munde. Sei es die Qualität Ihres Autos, der Behörde in Ihrer Stadt, der Gesundheitspolitik oder auch nur die Qualität des Fernsehprogramms – alles steht immer wieder auf dem Prüfstand. Auch – und darum geht es in diesem Buch – die Qualität der Schule und anderer Bildungseinrichtungen oder genauer gesagt, die pädagogische Qualität der dort angebotenen Leistungen. Was aber macht die Prüfung pädagogischer Qualität aus? Welches sind die Testkriterien oder Gütemaßstäbe, nach denen pädagogische Qualität bewertet wird?

Pädagogische Qualität hat es immer mit Menschen zu tun, und zwar mit Erziehenden und zu Erziehenden und vor allem mit der Beziehung zwischen beiden Gruppen. Im Vordergrund stehen das Wohlergehen des Kindes oder Jugendlichen und seine Bildungs- und Entwicklungschancen. In der Qualitätsfrage geht es damit vornehmlich um die Frage des *Wie* in der pädagogischen Arbeit (Braun 2007). Man kann dabei vom Ergebnis ausgehen, das angestrebt wird. Dann lautet die Frage, sehr stark vereinfacht: Wie gestalte ich meine pädagogische Arbeit, um dadurch einen vorab bestimmten Output an Kompetenzen und erzieherischen Wirkungen zu gewährleisten? Im Unterschied zu technologischen Modellen muss dabei aber berücksichtigt werden, dass die Lernenden ein eigenständiger und in gewisser Weise unberechenbarer Faktor sind und immer bleiben werden. Lernende werden deswegen auch als Koproduzenten der Bildung bezeichnet. Pädagogische Qualität entsteht in der Interaktion zwischen Lehrenden und Lernenden; und die hängt von Interpretationen und Mustern des Denkens und Fühlens ab, die sich fortlaufend verändern. Auch die Qualitätskriterien selbst sind daher immer wieder zu überprüfen und kritisch zu diskutieren.

Bei pädagogischer Qualität geht es nicht vorrangig um Wettbewerbsfähigkeit und es geht auch nicht so sehr um Vergleiche zwischen Individuen oder ganzen Gesellschaften. Pädagogische Qualität stellt Entwicklung in den Mittelpunkt des Handelns, so dass nicht die Einhaltung bestimmter Verfahrensregeln an erster Stelle steht, sondern die Erzeugung guter Lernumgebungen und guter Voraussetzungen für Bildungsprozesse. Pädagogische Qualität fokussiert dabei zunächst weniger auf den einzelnen Schüler als vielmehr auf das Angebot der Schule und der Lehrkräfte.

Pädagogische Qualität muss sich zuerst einmal an denselben Werten orientieren, die auch für die Profession der Pädagoginnen und Pädagogen konstitutiv sind, nämlich die optimale Entwicklung jedes einzelnen Kindes oder Jugendlichen unter Beachtung gesellschaftlich vorgegebener Kompetenz- und Erziehungsziele. Pädagogische Qualität bezieht sich aber an zweiter Stelle auch auf die Arbeitsbedingungen der Lehrkräfte und des Schulmanagements.

1.1.1   Unterrichtsqualität

Die Frage nach gutem Unterricht ist keine neue, aber eine immer wieder neu gestellte. Lehrkräfte fragen sich, wie sie es schaffen, guten Unterricht anzubieten, und auch die Wissenschaft geht dieser Frage immer wieder mit neuen Methoden und theoretischen Konzepten nach. Trotz einer bereits 30jährigen Historie der deutschen Unterrichtsforschung, die im angloamerikanischen Raum noch weiter zurückreicht, kann die Leitfrage „Was ist guter Unterricht?" noch nicht abschließend beantwortet werden. So schreibt auch Ditton (2002, S. 197), „dass die Unterrichtsforschung derart durchschlagende Erfolge nicht vermelden kann". Es scheint, so Ditton weiter, „dass es eine Vielzahl von Kombinations- und Variationsmöglichkeiten von Methoden guten und schlechten Unterrichts gibt" (a.a.O). Dieses Ergebnis überrascht zunächst, da die Forschungsaktivitäten zwar zahlreich sind, aber damit eben auch vielfältig bis hin zu teils widersprüchlichen Einzelergebnissen und Befundlagen.

Helmke und Weinert (1997, S. 125) konstatieren deshalb, es könne der Eindruck entstehen, dass „im Unterricht ... alles und jedes irgendwie wichtig und zugleich auch wieder unwichtig (wäre)". Reaktionen auf die Unterrichtsforschung reichen von der Behauptung, es handle sich um wenig brauchbare Ergebnisse, über den Vorwurf der Trivialität bis hin zur Behauptung, sie seien von der Komplexität und Dynamik des Unterrichts unendlich weit entfernt (Helmke 2000). Ein Ausweg aus dem Dickicht dieses Gewirrs von Variablen und Zusammenhängen, von Einzelergebnissen und Verallgemeinerungen erfordert deswegen die Anwendung komplexer Modelle, die aber immer noch verständlich sein müssen (Ditton 2002).

Mit dem folgenden Überblick, beginnend mit einer Definition des Gegenstands und einer kurzen Schilderung der Anfänge der Unterrichtsqualitätsforschung, soll der Gegenstand in seiner Breite knapp umrissen und später anhand sorgfältig ausgewählter empirisch gesicherter Erkenntnisse wieder eingegrenzt werden.

Weinert, Schrader und Helmke definieren Unterrichtsqualität als „jedes stabile Muster von Instruktionsverhalten, das als Ganzes oder durch einzelne Komponenten die substanzielle Vorhersage und/oder Erklärung von Schulleistungen erlaubt" (1989, S. 899; zit. nach Einsiedler 2002, S. 195). Einsiedler hingegen definiert Unterrichtsqualität als ein „Bündel von Unterrichtsmerkmalen, die sich als Bedingungsseite (Prozessqualität) auf Unterrichts- und Erziehungsseite (Kriterienseite, Produktqualität) positiv auswirken, wobei die Kriterienseite überwiegend von normativen Festlegungen bestimmt ist und der Zusammenhang von Unterrichtsmerkmalen und Zielerreichung von empirischen Aussagen geleitet ist" (Einsiedler 2002, S. 195). Beide Definitionen lassen erkennen, dass es *die* Unterrichtsqualität nicht gibt, sondern dass über unterschiedliche Wege (Muster, Merkmalsbündel) ein hochwertiger, auf die Verbesserung der Schülerleistungen abzielender Unterricht erreicht werden kann.

Die ersten Ansätze einer systematischen Erforschung der Unterrichtsqualität sind Mitte der 1960er erkennbar. Carroll (1964), der als erster den Begriff Unterrichtsqualität verwendete, subsumiert darunter Merkmale wie Verständlichkeit, Sequenzierung und Adaptivität. Bloom (1973) fasst darunter Strukturierungshinweise, aktive Beteiligung und Verstärkung. Andere Autoren aus den 1970er Jahren erweiterten die Merkmalliste guten Unterrichts um Klarheit, Feedback, angepasste Aufgabenschwierigkeit und angepasste Lernschritte, Motivieren, Aufmerksamkeitssteuerung, Wissensstrukturierung, Metalernen sowie Curriculumsorganisation. Was die Bedingungsfaktoren von Unterrichtsqualität angeht, so wird zu Beginn nur die Lernzeit betrachtet, später werden dann auch die Eingangsvoraussetzungen der Schüler mit einbezogen. In einer Metaanalyse mit 28 Variablen kommen Wang, Haertel und Walberg (1993) zu dem Schluss, dass Klassenmanagement, soziale und akademische Interaktion sowie Klassenrauminstruktion im Sinne von Klarheit und direktem Unterricht – allesamt Merkmale von Unterrichtsqualität – zu den bedeutsamsten Variablen zur Vorhersage von Leistungsentwicklungen gehören.

In Deutschland findet sich die erste konsequente Berücksichtigung des Themas Unterrichtsqualität in der Heidelberger Schulleistungsstudie (Treiber 1980; Treiber/Weinert 1985). Unterrichtsqualität wurde damals als Lehrstoffbezogenheit und Verständlichkeit operationalisiert, aber auch Merkmale wie Klassenführung und die Unterscheidung von instruktionsintensiven und übungsintensiven Situationen fanden Berücksichtigung. Schon kurz vorher berichtet Brunnhuber von der Suche nach „Grundsätze(n) der Steuerung jener Bedingungsfaktoren für Lernleistungen, die es zu erkennen und anzuwenden gilt, um ein möglichst wirkungsvolles Zusammenwirken aller Faktoren zu erreichen (1977, S. 14; zit. nach Helmke 2009, S. 168). Der Merkmalsraum guten Unterrichts wurde immer stärker ausgedehnt. Klarheit der Präsentation, das Anspruchsniveau hinsichtlich einer Problemlösung sowie die Form von Übungsphasen und das Interaktionstempo fanden nunmehr Berücksichtigung (vgl. Baumert/Roeder/Sang/Schmitz 1986). Weinert, Schrader und Helmke (1990) konnten schließlich nachweisen, dass die Unterrichtsqualität in einem hohen Grad für die Erklärung von Schulleistungen verantwortlich ist.

Zusammenfassend lässt sich konstatieren, dass das Feld der Unterrichtsforschung und damit die Untersuchung der Kompetenzentwicklung von Schülern ganz wesentlich durch das Konstrukt der Unterrichtsqualität bestimmt werden. Dennoch, so wird angemerkt, dürfen die Eingangsvoraussetzungen und damit das Vorwissen der Schüler nicht außer Acht gelassen werden. Denn sie haben einen wesentlichen Einfluss auf die Lernzuwächse.

Unbeschadet der Komplexität des Gegenstandes hat der empirische Zugriff auf den Untersuchungsgegenstand dazu geführt, dass mittlerweile eine gut überprüfte Auswahl von zuverlässigen Merkmalen zur Beschreibung guten Unterrichts vorliegt (vgl. Abbildung 1), die auch als „allgemeine[...] Basisdimensionen qualitätsvollen Unterrichts" bezeichnet werden (Baumert/Kunter/Brunner/Krauss/Blum/Neubrand 2004, S. 316; vgl. auch Brophy 1999; Ditton 2002; Helmke 2003, 2009). Dazu gehören (vgl. Abbildung 1):

- störungsfreie Unterrichtsführung und effektive Behandlung von kritischen Ereignissen (management),
- angemessene Geschwindigkeit der Stoffbehandlung; Interaktionstempo, das Nachdenken erlaubt (pace),
- Konsistenz von Lehrplan, Lerngelegenheit und Leistungskontrolle (alignment),
- intelligenter Umgang mit Heterogenität in der Klasse durch Differenzierung von Zielsetzung, Individualisierung der Aufgabenstellung und Methoden- und Sozialformvariation (adaptivity),
- motivationale und affektive Qualität der Lehrer-Schüler-Beziehung (motivation and support).

Quelle: Baumert u.a. 2004, S. 317

Abbildung 1: Basisdimensionen der Unterrichtsqualität

Interessant an der Untersuchung von Baumert u.a. (2004) ist der mehrperspektivische Ansatz, durch den Lehrer- und Schülersicht integriert werden. Ein Vergleich der Lehrer- und Schülerurteile zur Wahrnehmung des Unterrichts zeigt eine hohe Übereinstimmung, sofern Verhaltensmerkmale betrachtet werden. Bei der Beurteilung mathematischer Lerngelegenheiten ist die Übereinstimmung allerdings deutlich geringer. Schüler können zwar ein gutes didaktisches Angebot sensibel wahrnehmen und positiv darauf reagieren, zugleich aber erkennen sie problematische Unterrichtssituationen eher selten. Damit gibt es Dimensionen guten Unterrichts aus Lehrer- und Schülersicht, die übereinstimmen, und außerdem Dimensionen, die differentiell zu betrachten sind, also jeweils aus Schüler- *oder* Lehrersicht. Die fachdidaktische Qualität des Unterrichts und seine fachliche Aktualität beispielsweise können Lehrkräfte besser beurteilen als Schüler. Ob der Unterricht interessant ist, können Schüler mindestens genauso gut beurteilen wie Lehrkräfte.

Gute empirische Forschung erfolgt theoriegeleitet, das gilt auch für die Unterrichtsforschung. Deshalb werden Modelle entwickelt, in toto überprüft und immer weiter verbessert. Die wichtigsten dieser Modelle werden in den folgenden Kapiteln behandelt.

1.1.2 Qualität in pädagogischen Beratungsprozessen

Das Kerngeschäft von Lehrkräften an deutschen Schulen ist nach wie vor der Unterricht. Aber Lehrkräfte müssen immer häufiger auch Beratungsgespräche mit Schülern, Eltern und Kollegen führen. Deswegen halten wir es für wichtig, auch die Beratung in eine Darstellung von Merkmalen pädagogischer Qualität einzubeziehen. Pädagogische Beratung beruht auf der Interaktion von Berater und Rat Suchendem. Konkret geht es hierbei um das pädagogische und erzieherische Handlungsfeld. Gegenstand der Beratung sind in der Regel Lernprozesse und die Frage, wie diese zu gestalten sind. Unter Berücksichtigung des Umfelds sollen mittels pädagogischer Beratung die Ressourcen des zu Beratenden aktiviert werden.

In der pädagogischen Beratung geht es häufig um die Ungleichheit in der Perspektive von Berater und Klient. Letzterer erwartet deshalb vom Berater, dass dieser das sieht, was der Rat Suchende eben nicht sieht. Durch dieses Aufdecken von perspektivischen Inkongruenzen führt die Beratung zum Erfolg. Der zu Beratende wird in die Lage versetzt, seine vorhandenen Ressourcen zielgerichtet einzusetzen und dadurch eine neue Handlungsqualität zu gewinnen.

Die Qualität pädagogischer Beratung zeichnet sich durch die Verbindung von Information und Beziehungsarbeit aus. Im Gegensatz zur Instruktion, bei der die Lehrkraft in der Regel die zu erreichenden Unterrichtsziele unmittelbar oder mittelbar vorgibt, wird das Ziel in der pädagogischen Beratung durch denjenigen bestimmt, der Rat sucht. So wird auch verständlich, dass es in der pädagogischen Beratung und in der Frage der Qualität solcher Beratungsprozesse stärker um Informieren als um Unterrichten geht. Dazu bedarf es allerdings fundierter Kenntnisse und Erfahrungen über und mit dem Gegenstand der Beratung. Ganz wesentlich in der pädagogischen Beratung ist der Verzicht auf eine Defizitsichtweise des Klienten. Mit ihm wird ein Problem bearbeitet ohne davon auszugehen, dass Defizite existieren. Vielmehr geht es darum, dem Rat Suchenden seine Ressourcen aufzuzeigen, damit dieser selbstständig eine Problemlösung herbeiführen kann.

Pädagogische Beratung informiert, begleitet und steuert. Durch Informationen können Perspektivwechsel eingeleitet werden, um neue Lösungsmöglichkeiten aufzutun. Begleitung verweist darauf, den Rat Suchenden in seinen Bemühungen um Veränderung des aktuellen Zustands zu unterstützen. Mit Steuerung sind die Vorgaben durch den Berater gemeint wie z.B. der Einsatz von Methoden und die Gestaltung von Inhalten. Alle drei Aspekte sind immer Teil der Beratung und müssen in einem ausgewogenen Verhältnis stehen. Verläuft der Beratungsprozess optimal, stehen die jeweiligen Anteile in einem funktionalen Gleichgewicht zueinander (Schwarzer/Posse 2005). Dieses Gleichgewicht kann allerdings nach Problemlage variieren. Vor allem muss auch beachtet werden, dass die Teilaspekte nicht zu streng ausgelegt werden. Dann kann aus Information Belehrung, aus Begleitung Manipulation und aus Steuern Abhängigkeit werden. Wenn dieses Ausbalancieren zwischen den drei Aspekten gelingt, ist Qualität im pädagogischen Beratungsprozess gewährleistet.

Übung

Haben Sie selbst schon einmal Rat gesucht oder dringend einen Gesprächspartner und guten Zuhörer gebraucht?

Falls ja, was hat den guten Zuhörer ausgemacht? Was war das Angenehme an dem Gesprächspartner?

Vielleicht gefiel Ihnen das Gespräch auch gar nicht und Sie sind mit einem schlechten Gefühl zurückgelassen worden. Was hat Sie an dem Gesprächspartner gestört? Was hätten Sie sich von dem Gesprächspartner gewünscht, damit Sie sagen könnten, das hat mir richtig gut getan oder das hat mir geholfen?

Aus der Beratungsliteratur möchten wir Ihnen nun einige grundlegende Fähigkeiten vorstellen, die einen guten Berater auszeichnen (vgl. Culley 2002). Vermutlich haben Sie einige der Fähigkeiten bei der vorausgegangenen Übung schon selbst erkannt und benannt.

Die wohl bedeutsamste und an erster Stelle genannte Fähigkeit des Beraters lautet, *gut zuhören zu können*. Das erscheint zwar trivial, ist in der praktischen Durchführung während eines Gesprächs aber gar nicht so einfach durchzuhalten. Sie kennen vermutlich den Drang, während eines Gesprächs etwas spontan selbst erzählen und die eigenen Erfahrungen schildern zu wollen. Bei einer klienten-zentrierten Beratung stellen Sie allerdings Ihr eigenes Mitteilungsbedürfnis am besten komplett ab und konzentrieren sich ausschließlich auf den Gesprächs-partner. Ihre Aufgabe als Berater ist es nämlich zunächst ganz grundlegend, dem Rat Suchenden zu vermitteln, dass er gehört und inhaltlich verstanden wurde. Oft fällt in diesem Zusammenhang der Begriff „aktives Zuhören". Sie konzentrieren sich dazu voll und ganz auf den Gesprächspartner, halten Blickkontakt, überprufen die Gestik, Sitzhaltung und Mimik, achten auf die Gefühle Ihres Gegenübers und lassen auch Pausen während des Gesprächs zu, damit es Gelegenheiten zum Nach-denken gibt. Wenn Sie etwas nicht verstehen, fragen Sie nach und tun nicht so, als ob alles klar gewesen wäre. Durch Nicken oder Kopfschütteln können Sie non-verbale Signale senden und verdeutlichen, dass Ihre volle Aufmerksamkeit beim Gesprächspartner liegt. Ein guter Berater wählt eine Sitzhaltung, die Interesse, Offenheit und Bereitschaft zum Zuhören signalisiert. Die inhaltliche Nähe zum Gesprächspartner kann sehr gut mit reflektierenden und sondierenden Gesprächs-elementen hergestellt werden.

Reflektierende Fertigkeiten des Beraters erlauben es, die „zentrale Botschaft [...] zu identifizieren und sie in Ihren eigenen Worten zurückzuspiegeln." (Culley 2002, S. 17) Auf diese Weise kann dem Rat Suchenden zum einen angezeigt werden, dass man ihn inhaltlich versteht. Auf der anderen Seite wird dem Gesprächspartner Gelegenheit gegeben, das Verständnis zu überprüfen und Missverständnisse zu korrigieren. Reflektierende Fertigkeiten lassen sich nach Culley auffächern in *Wiederholen, Paraphrasieren und Zusammenfassen*. Unter *Wiederholen* wird verstanden, dass ein zentraler Satz oder ein Schlüsselwort durch den Berater herausgestellt und benannt wird. Das *Paraphrasieren* bezieht sich auf denselben Aspekt, hüllt die zentralen Aussagen im Unterschied zur Wiederholung aber in eigene Worte. Das Zusammenfassen geht eine Ebene höher, da es sich des Wiederholens und Paraphrasierens bedient, wenn etwa eine Zusammenfassung eines kompletten Beratungsgesprächs oder von größeren thematisch abgeschlossenen Teilab-schnitten erfolgt.

Kann man Beratungskompetenz auch messen? Dazu gibt es bereits Ansätze, denn einer der Autoren hat bereits einen Test zur pädagogischen Gesprächs-kompetenz entwickelt (vgl. Kemna 2003). Drei Testaufgaben beziehen sich auf reflektierende Fähigkeiten und erfassen, ob das Paraphrasieren in den aufgelisteten Alternativantworten als die beste Lösung erkannt wird. Die Testaufgaben bestehen immer aus einer konkreten Situationsbeschreibung mit fünf Lösungsmöglich-keiten, aus denen die pädagogisch sinnvollste gewählt werden soll. Abbildung 2 zeigt ein Beispiel für eine solche Aufgabe aus dem Test.

Eine Schülerin sagt beunruhigt am Ende der letzten Unterrichtsstunde vor einem Test zu Ihnen: „Ich habe momentan so viel zu tun und irgendwie ist das alles zu viel."

☐ a) Du machst dir Sorgen, ob du den Test bestehst, weil du so viel zu tun hast.
☐ b) Was hast du denn so zu tun?
☐ c) Das ist doch alles halb so wild.
☐ d) Keine Sorge, du schaffst das schon. Da bin ich mir sicher.
☐ e) Möchtest du, dass ich den Test einfacher mache?

Abbildung 2: Beispielaufgabe reflektierende Fertigkeiten aus dem PGK-Test

Welche Lösung würden Sie wählen und warum?

Lösung „e" stellt einen möglichen Appell der Schülerin in den Fokus. Problematisch ist hierbei schon die geschlossene Fragestellung, die zunächst nur ein „ja" oder „nein" folgen lässt und damit vermutlich das Gespräch ins Stocken bringt. Hier wird der Schülerin etwas unterstellt, was ihrer Aussage so nicht direkt entnommen werden kann. Die Antwort ist daher nicht sinnvoll.

Lösung „d" beruht auf der richtigen Erkenntnis, dass sich die Schülerin Sorgen macht, ob sie die Prüfung besteht. Allerdings erweckt die Lehrkraft durch ihre Aussage den Eindruck, dass die Schülerin ihrem eigenen Urteil weniger vertrauen kann als dem Urteil der Lehrkraft. Hier besteht die Gefahr, dass sich die Schülerin bevormundet und unverstanden fühlt. Was die Schülerin fühlt, ist dem Urteil der Lehrkraft zufolge nicht zutreffend. Daher ist auch diese Antwort pädagogisch kaum sinnvoll.

Lösung „c" enthält ebenfalls beschwichtigende Elemente, aber geht auf die Ängste der Schülerin überhaupt nicht ein. Die Sichtweise der Schülerin ist also falsch, denn es sei alles halb so wild. Es kann offenbar noch viel wilder, also schlimmer werden. Das sind wahrlich keine guten Aussichten für die Schülerin. Insgesamt ist diese Antwort ebenfalls nicht sinnvoll.

Lösung „b" besteht immerhin aus einer offenen Frage und zeigt, dass zugehört wurde. Allerdings muss man sich überlegen, ob die Frage zielführend ist, denn womöglich fallen der Schülerin noch mehr Pflichten ein, als sie ohnehin schon im Kopf hat. Die Frage scheint zudem in erster Linie die Neugier der Lehrkraft zu befriedigen. Diese Möglichkeit ist sicherlich keine schlechte Wahl, aber es geht noch besser im Sinne der pädagogischen Gesprächsführung.

Lösung „a" enthält die einzige Aussage, welche die Gefühle der Schülerin reflektiert, sie also dort abholt, wo sie steht und den Kern ihrer Ängste anspricht. Es mag zwar sein, dass wegen der geschlossenen Form erst einmal ein „ja, genau…" folgt, aber dann ist schon ein Stück Vertrauensbasis für den weiteren Gesprächsverlauf gelegt worden. Die Schülerin macht die Erfahrung, dass sie hier jemand mit ihren Sorgen und Ängsten ernst nimmt. Auch ohne Handlungskonsequenzen wirkt diese Offenbarung der eigenen Gefühle in vielen Fällen erleichternd und ist ein Mittel der seelischen Hygiene. Dazu ist aber ein Gesprächspartner notwendig, der dies zulässt, indem er pädagogisch sinnvoll reagiert. Nach der Herstellung einer vertrauensvollen Atmosphäre kann dem Gesprächspartner angeboten werden, die eigenen wichtigen oder eben auch dringenden Ziele zu benennen und gemeinsam Wege zu erschließen, wie die Ziele im Einzelnen erreicht werden können.

Es hat sich herausgestellt, dass der komplette Test zur pädagogischen Gesprächskompetenz aus nur einer Dimension besteht, d.h. nur eine Personenfähigkeit misst. Der Test ist darüber hinaus für einen Kompetenztest sehr konsistent. Das bedeutet, die Aufgaben hängen in einem hohen Maße statistisch miteinander zusammen. Die Aufgabe aus dem Beispiel (s. Abbildung 2) weist zudem die beste Trennschärfe unter den Items aus dem Test auf. Die Trennschärfe gibt an, wie gut es der Aufgabe gelingt, Personen mit einer hohen pädagogischen Gesprächskompetenz von Personen mit einer niedrigen Kompetenz zu trennen.

Für das Paraphrasieren nennt Culley (2002) eine ganze Reihe an Empfehlungen, von denen an dieser Stelle nur einige genannt werden (vgl. ebd., S. 79):

- Schlagen Sie vorläufige Angebote vor und bieten Sie Ihre Wahrnehmung dessen, was der Klient gesagt hat, als schwebende Frage an.
- Bleiben Sie respektvoll – urteilen Sie nicht – seien Sie weder ironisch noch sarkastisch.
- Achten Sie auf die Tiefe der Gefühle im Ausdruck Ihrer Klienten und versuchen Sie eine ähnliche Ebene zu treffen.
- Bleiben Sie bei sich selbst und geben Sie nicht vor zu verstehen, wenn Sie nicht verstehen. Dann sollten Sie etwa sagen: „Ich möchte Sie ja verstehen. Lassen Sie mich deshalb fragen …"

Bevor die Darstellung der grundlegenden Fertigkeiten von Beratern fortgesetzt wird, möchten wir Ihnen noch einen kleinen Exkurs zur Formulierung von Zielen anbieten. Für die *Zielformulierung* gibt es eine hilfreiche Sammlung von Eigenschaften. So sollten Ziele SMART, PURE und CLEAR sein (vgl. Whitmore 2001, S. 64). SMART ist ein Ziel, wenn es spezifisch (**s**pecific), messbar (**m**easurable), erreichbar (**a**ttainable), realistisch (**r**ealistic) und zeitlich gegliedert (**t**ime phased) ist. Ein Ziel muss nach diesem Leitfaden messbar sein, da ansonsten nicht erfasst werden kann, ob der Weg zum Ziel beschritten wird oder ob das Ziel erreicht wurde. Ein Ziel muss erreichbar sein, weil es sonst keine Hoffnung gibt, jemals anzukommen. Ein Ziel muss zeitlich gegliedert sein, damit eine entsprechende Leistungsbereitschaft gefordert wird, welche idealerweise eine mittlere Herausforderung darstellt. Außerdem können so Teilziele benannt werden, die kleine Erfolge bieten und weiter anspornen.

Als eine zentrale Eigenschaft von gut formulierten Zielen wird immer wieder das „P" aus PURE genannt. Es ist sehr wichtig, dass Ziele positiv formuliert (**p**ositively stated) werden.

Befolgen Sie zum besseren Verständnis einmal folgende Anweisung: „Denke *nicht* an rosa Elefanten!" Und? An was haben Sie dabei gedacht? Vermutlich werden Sie zumindest kurzzeitig an dieses große Tier mit dem langen Rüssel gedacht haben. Dabei haben wir doch ausdrücklich die Anweisung gegeben, dass Sie eben nicht an Elefanten denken sollten. Sie erkennen nun das Problem mit negativ formulierten Anweisungen. Genauso verhält es sich mit negativ formulierten Zielen. Z.B. bei dem Ziel „Ich möchte nicht wieder der Letzte sein" oder „Meine Angst vor Spinnen soll verschwinden". Sie werden so ständig an den letzten Platz oder an die Angst vor Spinnen denken, obwohl Ihre Ziele doch genau das Gegenteil dessen anvisieren. Positiv formuliert könnten die beispielhaften Ziele etwa so lauten: „Ich möchte unter den ersten zehn durchs Ziel gehen" oder „Ich möchte mich trauen, eine Spinne zu berühren".

Übung

Schreiben Sie drei Ziele auf und achten Sie bei der Formulierung darauf, dass Ihre Ziele SMART und positiv formuliert sind. Sie können beispielsweise je ein Ziel für das Berufliche, Familiäre und für sich ganz privat formulieren.

Sie haben bisher zwei grundlegende Fertigkeiten von guten Beratern kennen gelernt, nämlich zuhören zu können und reflektieren zu können. Sie können einem Gesprächspartner aber nicht nur durch reflektierende Fertigkeiten signalisieren, dass Sie zuhören, sondern auch durch *sondierende Fertigkeiten*. Sondierungen geschehen durch *Fragen* und dadurch, dass *Feststellungen* getroffen werden. Die Feststellungen sind eine mildere Form der Sondierung als die Fragen. Beispielsweise könnten Sie eine Frage stellen, die etwa so lautet: „Was hat er getan, um Sie so in Aufregung zu versetzen?" (Culley 2002, S. 18). Den gleichen Wunsch nach der entsprechenden Information können Sie auch über eine Feststellung äußern: „Ich bin mir nicht sicher, was er gemacht hat, um Sie in Aufregung zu versetzen." (a.a.O.) Sondierende Fertigkeiten sollten besonders am Anfang eines Gesprächs sparsam und gezielt eingesetzt werden. Ansonsten besteht besonders bei aufeinanderfolgenden Fragen die Gefahr, dass der Anschein erweckt wird, es handele sich um ein Verhör. Bei ausreichender Vertrauensbasis sind sondierende Fertigkeiten eine ausgezeichnete Methode, um das Gespräch zu lenken und auf die wesentlichen Aspekte zu fokussieren.

Ein effektives Mittel, um Verhaltensweisen und Ängste zu eruieren, stellt das *hypothetische Fragen* dar. Üblicherweise fangen die Sätze dieses Typus von sondierenden Fertigkeiten mit „Was wäre, wenn…" oder „Was, glauben Sie, würde wohl passieren, wenn …" an. Diese Art von Fragen spielt real mögliche Szenarien durch und fordert den Gesprächspartner auf, sich seine Ängste und Schwierigkeiten bewusst zu machen. Die Beurteilung von Wahrscheinlichkeiten für das tatsächliche Eintreffen der erwarteten Szenarien und das vorsichtige Herantasten an die genannten Ängste des Gesprächspartners durch eine sukzessive Konfrontation sind oftmals die nächsten Schritte eines Beratungsgesprächs.

Eine weitere, abschließende Grundfertigkeit von Beratern ist es, dem Gesprächspartner konkrete Aussagen entlocken und selbst konkret und präzise formulieren zu können. *Konkretisieren* lautet daher die vierte Grundfertigkeit. Es kommt in der Beratungspraxis häufig vor, dass der Gesprächspartner zunächst nur vage Begriffe für die Beschreibung von Situationen und eigenen Gefühlen findet. So ist „Vagheit ein Schutz gegen eine allzu dichte Beschäftigung mit den eigenen Problemen." (Culley 2002, S. 100) Hinter der Aussage einer Kollegin wie „Mir geht es heute nicht gut" kann sich ein „Ich bin völlig übermüdet, weil mein Kind mit starkem Fieber immer wieder in der Nacht geschrien hat" verbergen. Sagt ein Schüler beispielsweise „Ich habe so ein dummes Gefühl", so kann es sich um physische oder auch psychische Probleme handeln. Der Berater muss dann in einem nächsten Schritt in der Lage sein, erst einmal dafür sorgen, dass die Gefühle durch den Schüler oder aber auch durch ihn selbst richtig erkannt und konkret benannt werden. Das kann in manchen Fällen, z.B. bei noch sehr jungen Schülern, so weit gehen, dass die passenden Begriffe zu den Gefühlen erst einmal vermittelt werden müssen, etwa bei Gefühlen von Heimweh auf Ferienfahrten oder bei der Sorge um die Großmutter, der es in den letzten Tagen gesundheitlich nicht gut ging.

Übung

Achten Sie in den nächsten zwei Tagen in Gesprächen darauf, ob Ihre Gesprächspartner vage oder generalisierende Ausdrücke verwenden. Nutzen Sie in diesen Fällen die Möglichkeit zur Konkretisierung. Mögliche Mittel wären die offene Frage „Was wäre ein Beispiel für ...?" oder die einfache Wiederholung des vagen Ausdrucks in Frageform, z.B. „... dummes Gefühl?"

Im schulischen Kontext findet die pädagogische Beratung entweder durch den (Klassen-)Lehrer statt oder durch einen speziell fortgebildeten Beratungslehrer. Diese Entwicklung zeigt zum einen den zunehmenden Professionalisierungsprozess in der Schule, sie zeigt aber auch ferner neue Anforderungen an die pädagogische Beratung. Oder anders formuliert: Pädagogische Beratung hat sich heute durch gesellschaftlich bedingte Wandlungsprozesse stark verändert. So geht es nicht mehr um Schullaufbahnberatung, sondern im Mittelpunkt stehen immer öfter individualpsychologische Beratungsangebote in Folge von Verhaltens- und Erlebnisstörungen. Bachmair/Faber/Hennig/Kolb/Willig (1999) kritisieren die zunehmende Professionalisierung mit dem Argument einer Dequalifizierung von Lehrkräften und der Aufspaltung von Sozialisationsinstanzen in Lehrer und Berater. In der Einsetzung von Lehrkräften mit besonderem Beratungswissen sehen die Autoren ferner die Etablierung spezifischen Herrschaftswissens, was sie ablehnen (Bachmair u.a. 1999). Dem ist entgegenzuhalten, dass Vernachlässigung, familiale Erziehungsüberforderung, gesellschaftliche Orientierungslosigkeit und Perspektivlosigkeit, Mobbing, allgemeine Kriminalität oder auch Internetkriminalität die psychischen und zeitlichen Ressourcen einer Lehrkraft überfordern würden. Die Forderung nach speziellen Beratungslehrern mit Kompetenzen, eben diesen Anforderungen zu begegnen, ist notwendig, um gerade die Qualität in der pädagogischen Beratung sicherzustellen.

Die mehrfach ausgezeichnete Offene Versuchsschule Kassel-Waldau praktiziert Beratungsgespräche zwischen Lehrkräften und Schülern bereits seit über einem Jahrzehnt erfolgreich (vgl. Dittmar 2009). Für jedes Schulhalbjahr werden im Rahmen eines verbindlichen, individuellen Gesprächs Ziele und Vereinbarungen zwischen der anwesenden Lehrkraft, dem Schüler und dessen Eltern schriftlich festgehalten. Die Gespräche dauern in der Regel zwischen 20 und 30 Minuten. Dadurch entsteht der Lehrkraft zwar eine zeitliche Belastung von ca. 12 bis 15 Stunden pro Klasse, das Kollegium der Offenen Schule ist sich aber einig, dass sich dieser Aufwand lohnt, da „in den Gesprächen eine hohe Verbindlichkeit in der Zusammenarbeit sowohl mit den Eltern als auch mit den Schülerinnen und Schülern erreicht wird, die über schriftliche Kommunikation so niemals möglich war." (ebd., S. 19) Darüber hinaus bietet das Gespräch einen verlässlichen institutionalisierten Rahmen für den Kontakt zu Eltern und Schülern, welcher ansonsten aufwändig in gesonderter Form hätte hergestellt werden müssen. Beratung hat also längst den erfolgreichen Einzug in den Alltag von öffentlichen Schulen vollzogen. Wenn Sie selbst eine Lehrkraft sind und Interesse an dem Beratungskonzept der Versuchsschule haben, dann hilft Ihnen die Offene Schule Kassel-Waldau gerne mit Ratschlägen und Materialien weiter. Den Kontakt finden Sie unter folgendem Link: http://www.osw-online.de/kontakt.

Es folgen einige Kriterien eines guten Beratungsgesprächs, das von Lehrkräften geführt werden kann.

Was sollten Sie als Berater für den Beratungsprozess mitbringen?

- Akzeptanz: Sie sollten den Rat Suchenden und seinen Problemen mit Verständnis begegnen. Emotionale Wärme und die Achtung der Gefühle des Gegenübers gehören dazu.
- Empathie: Wichtig ist die Fähigkeit des Sich-Hineinversetzens in die Gefühlslage des Rat Suchenden. Dadurch entsteht eine Atmosphäre der Offenheit und des Vertrauens.
- Kongruenz: Das, was der Berater sagt, seine verbalen Äußerungen, müssen mit dem, was der Rat Suchende in dem Gesicht des Beraters sieht, mit seinen nonverbalen Äußerungen, übereinstimmen.

Auch die Rahmenbedingungen der Beratungssituation sollten bestimmten Regeln folgen.

- Zeitrahmen: Sie sollten sich für die Beratung Zeit nehmen, aber zugleich bedenken, dass es auch eine Begrenzung gibt. Es hilft nur wenig, das Beratungsgespräch in die Länge zu ziehen, da sich das Thema dann schnell im Kreis dreht.
- Störungen: Gesprächsstörungen durch Telefon oder Dritte sollten unbedingt vermieden werden.
- Gesprächseinstieg: Ein Gespräch kann eröffnet werden, indem der Ratsuchende darauf aufmerksam gemacht wird, dass er mit einem Anliegen gekommen sei.
- Gesprächsunterbrechung: Sie dient der Zusammenfassung der Inhalte der Sitzung, um den roten Faden aufzuzeigen oder um zu strukturieren (vgl. Bachmair u.a. 1999, S. 29ff.).

Falls Sie mehr zum Thema pädagogische Gesprächsführung erfahren möchten, empfehlen wir Ihnen die anwendungsorientierten Lehrbücher von Culley (2002) und Pallasch/Kölln (2009).

1.1.3 Schulqualität

In den vergangenen Jahren sind auch Bildungseinrichtungen (Kindergärten, Schulen, Hochschulen, Einrichtungen der beruflichen Bildung und Weiterbildung, Einrichtungen der Erwachsenenbildung) dazu übergegangen, Modelle des Qualitätsmanagements anzuwenden, wie dies in anderen Branchen üblich ist. In vielen

Ländern ist es heute normal, dass auch öffentliche oder private Schulen regelmäßig im Hinblick auf ihre Qualität überprüft werden. Die Ergebnisse werden vielfach veröffentlicht und dienen der Orientierung von Eltern und Klienten.

Beispielhaft können hier die Niederlande angeführt werden, die allerdings auf Grund ihrer zu 70 Prozent privat organisierten Schulträgerschaft und der freien Schulwahlmöglichkeit für Eltern auch eine viel stärkere Wettbewerbs- und Kundenorientierung aufweisen. So werden die Einzelschulen in den Niederlanden mittels standardisierter Abschlussprüfungen getestet. Anhand der Testergebnisse, bei denen auch Kontextvariablen wie Zusammensetzung der Schülerschaft, Sozialstatus der Eltern, spezieller Förderbedarf der Schüler oder ein möglicher Migrationshintergrund erfasst werden, können die Schulen in sieben Gruppen eingeteilt und innerhalb dieser Gruppen miteinander verglichen werden. Die Ergebnisse der Abschlussprüfungen, die aber kein Ranking darstellen, publizieren die Niederlande im Internet in einer so genannten Qualitätskarte (vgl. Kotthoff/Maag Merki/Böttcher 2007). Schneidet eine niederländische Schule in der Evaluation schlecht ab, so bekommt sie gerade deshalb umfangreiche Hilfen in Form materieller Unterstützung oder Beratung zur Verfügung gestellt.

Im Rahmen dieses Handbuchs eröffnen wir den Zugang zu einigen Messinstrumenten, die sich auf zentrale Variablen der Schulqualität beziehen, und zwar in den Dimensionen Schulleitung, Schulleben und Kooperation im Kollegium. In Abhängigkeit vom Profil Ihrer Schule werden Sie weitere Dimensionen hinzufügen, für die es vermutlich auch schon Messverfahren gibt. Die Anwendung dieser Verfahren ist für eine kontinuierliche Evaluation und für eine gezielte Qualitätsentwicklung notwendig. Denn wie wollen Sie sonst feststellen, wo Soll-Ist-Diskrepanzen vorliegen, welche Maßnahmen greifen oder eben nicht, und wo Ihr Entwicklungspotential liegt?

Was aber ist Qualität und vor allem was ist pädagogische Qualität? Oft geht man bei der Qualitätsfrage von einer bestimmten Eigenschaft aus, die einem Produkt innewohnt und die wir mit jedem Erwerb in gleicher Güte erhalten. Im Bildungsbereich kann das schon deshalb nicht der Fall sein, weil das Kerngeschäft von Bildungseinrichtungen, der Unterricht, eine Dienstleistung darstellt, die in ganz unterschiedlichen Formen angeboten werden kann. Beispielsweise ist die Erzeugung identischer Qualitäten einer Mathematikstunde von zwei unterschiedlichen Lehrkräften wohl eher die Ausnahme als die Regel. Vielmehr bestimmen Lehrkräfte als Produktionsbestandteil von Unterricht selbst, „was unter Qualität von Unterricht und Schule zu verstehen ist", wie Riecke-Baulecke (2003, S. 26) es formuliert. Diese Auffassung kann aber zu einem Missverständnis führen, wenn Ungleichartigkeit mit Ungleichwertigkeit verwechselt wird. Obwohl zwei Mathematikstunden sehr unterschiedlich verlaufen können, kann das Ergebnis, der Lernzuwachs der Schüler, doch gleichwertig sein. Allerdings gilt das nur unter der Voraussetzung, dass Lernzuwächse als Bildungsziel akzeptiert werden und dass man Lernzuwächse und erzieherische Effekte objektiv und gültig messen kann. Dies ist unserer Auffassung nach seit TIMSS III (Baumert/Bos/Lehmann 2000) der Fall. Wichtig in diesem Zusammenhang ist ein gemeinsam geteilter und akzeptierter Kriterienkatalog zur Bewertung der jeweiligen Leistungen, so dass sich letztlich auch die Ergebnisqualität trotz bestehender Unterschiede der Schulen oder eigener Schulprofile messen und vergleichen lässt.

Qualität kann gesehen werden als die Übereinstimmung von Anforderungen an die Schule und den unter bestimmten Rahmenbedingungen, also in einer spezifischen Situation, durch die Schule erbrachten Leistungen (Riecke-Baulecke 2003; vgl. auch Kempfert/Rolff 1999). Anforderungen an Schule werden nicht nur durch den Staat gestellt, sondern auch durch die „Kunden", also die Eltern und vor allem die Schüler. Insofern wird deutlich, dass pädagogische Qualität nicht unabhängig von der Perspektive der beteiligten Akteure im Qualitätsprozess definiert werden kann.

Qualitätsentwicklung findet durch Profilbildung statt. Um die gestellten Anforderungen im schulischen Kontext am besten umzusetzen, betreiben Schulen Profilbildung und damit auch Qualitätsentwicklung. Dies kann allerdings zu Diskrepanzen führen, gilt es doch, das Spannungsfeld aus eigenem Schulprofil, allgemeinverbindlichen Inhalten, standardisierten Anforderungen und der Vergleichbarkeit erzielter Abschlüsse optimal zu gestalten. Schulqualität findet genau in diesem Spannungsfeld divergierender Zielvorstellungen statt (Staat, Schulleitung, Kollegium, Selbstsicht der Lehrkräfte), so dass die Herstellung von Schulqualität letztlich immer ein Aushandlungsprozess innerhalb des Kollegiums sein muss und nach Auffassung vieler Experten gerade keiner zentralen Feinsteuerung unterliegen sollte (vgl. Schratz/Iby/Radnitzky 2000). Dennoch ist Schulqualität nicht alleiniges Ergebnis einer Schule, sondern sie unterliegt immer den durch den Staat formulierten Output-Anforderungen. Die Gestaltungsprozesse hin zu dem geforderten Output liegen in der Verantwortung der Schule.

Heute ist unbestritten, dass der Qualitätsbegriff als prozessorientiert gedacht werden muss. Qualitäts-Management stellt somit einen kontinuierlichen Lern- und Verbesserungsprozess dar. Rolff (2001, S. 14) definiert pädagogische Qualität als das, „was den Anforderungen entspricht". Der aus der Wirtschaft entlehnte Qualitätsbegriff, bestehend aus Input, Prozess, Output, wird im schulischen Kontext in die Bestandteile Ressource, Lernform und Abschlussergebnis gewandelt. Ein pädagogisches Qualitätsverständnis betont darüber hinaus immer auch eine Kultur der Wertschätzung und Unterstützung, der Fehlertoleranz und Hilfe und keineswegs nur eine Kultur der Anforderungsniveaus.

Zum besseren Verständnis der Qualitätsdebatte werden zunächst vier Qualitätsmodelle näher erläutert: DIN EN ISO 9000, EFQM, FQS und PQM (ausführliche Informationen dazu finden Sie in: Arbeitsgruppe Schub-Q 2002, S. 39ff.). Anschließend geht es um die konkrete Umsetzung der Qualitätsmessung durch Evaluation. In diesem Zusammenhang werden auch Messinstrumente erläutert.

Das bekannteste Qualitätsmanagementsystem ist vermutlich die *DIN EN ISO 9000*-Familie. Sie stellt ein Qualitätsmanagementsystem dar, mit dessen Hilfe eine höhere Produktionsqualität erzielt werden soll. Die Norm bezieht sich auf Abläufe und Prozesse, um die Qualitätsfähigkeit der jeweiligen Organisation sicherzustellen. Dazu werden in der Regel ein Audit- und ein Zertifizierungsverfahren durchgeführt. Für den Schulbereich ist die Norm ISO 9001 ausschlaggebend, hat sie doch ihren Schwerpunkt in standardisierten Abläufen. Dieses Modell wird vereinzelt in Schulen praktiziert, vor allem im berufsbildenden Bereich.

Ein weiteres Qualitätsmodell ist das *EFQM* (European Foundation of Quality-Management). Dieses Modell unterscheidet sich von DIN EN ISO 9000 durch seine stärkere Betonung und Berücksichtigung der Interessenvertreter, z.B. Kunden oder Mitarbeiter. Um außergewöhnliche Ergebnisse zu erzielen, bedarf es einer

Führung, „welche Politik, Strategie, Mitarbeiter, Partnerschaften und Ressourcen sowie Prozesse auf ein hohes Niveau vorantreibt" (Schub-Q 2002, S. 48). Die jeweiligen Interessen, Ressourcen und Prozesse stehen in einem bestimmten Verhältnis zueinander, wobei die Prozesse, bei Schule also der Unterricht, den größten Anteil zur Erbringung von Ergebnissen aufweisen.

FQS (Formatives Qualitätsevaluations-System) ist ein breit angelegtes Modell zur schulischen Qualitätsentwicklung durch Selbstevaluation der Lehrperson. Der Evaluationsprozess nimmt dabei folgenden vierstufigen Verlauf: (1) Bildung von Qualitätsgruppen, (2) gemeinsame Entwicklung von Qualitätsvorstellungen, (3) Prüfung dieser Qualitätsvorstellungen durch Evaluation und (4) Berichtlegung der Ergebnisse. Ziel dieser Vorgehensweise ist, den Qualitätsentwicklungsprozess für alle transparent zu machen und die Lehrkräfte zu befähigen, den Evaluationsprozess selbst zu gestalten und zu übernehmen. FQS basiert auf der Selbstevaluation einer ganzen Schule und nicht der einzelnen Lehrperson. Fünf Handlungsfelder sind dafür vorgesehen:

- Qualitätsansprüche bestimmen
- Evaluationstätigkeit planen
- Evaluation und Schulentwicklung verbinden
- Meta-Evaluation planen durch Vergleich mit anderen Quellen
- Berichterstattung

Dazu sind vier Strukturelemente notwendig: die Steuergruppe, die den gesamten Prozess leitet, die Feedbackgruppe, die aus sich gegenseitig hospitierenden Lehrkräften besteht, der FQS-Konvent, bestehend aus Lehrkräften anderer FQS-Schulen und die Projektgruppen, die vom Konvent beauftragt werden, sich mit spezifischen, Themen zu befassen.

Das *PQM-Modell* (Pädagogisches Qualitäts-Management) von Rolff, entwickelt am Dortmunder Institut für Schulentwicklungsforschung, ist im Vergleich zu den anderen sehr viel stärker auf Schule bezogen. Kernstück dieses Qualitätsmodells sind seine vier Steuerkreise (vgl. Abbildung 3).

1. Der *inhaltliche Steuerkreis* beschreibt den pädagogischen Kern des Qualitäts-Managements, was vor allem durch das Leitbild ausgedrückt wird, auf das sich fast alle Lehrkräfte einlassen müssen. Der Steuerkreis setzt sich zusammen aus der Organisations-, Personal- und Unterrichtsentwicklung, welche die eigentlichen Bausteine der Schulentwicklung sind (Rolff 2001, S. 21).
2. Der *operative Steuerkreis* umfasst den Unterricht und die Klassen.
3. Der *Leitungs-Steuerkreis*: fasst Schulleitung und Steuergruppe zusammen und stellt ein Kernelement des Qualitätsprozesses dar. Das Schulleben befindet sich zwischen dem operativen und dem Leitungs-Steuerkreis und umfasst z.B. Erziehungsklima, Kommunikationsstile und Elternbeteiligung.
4. Der *Evaluations-Steuerkreis* regelt schließlich den Abgleich zwischen dem pädagogischen Qualitäts-Management der Einzelschule und den Anforderungen an das gesamte Schulsystem.

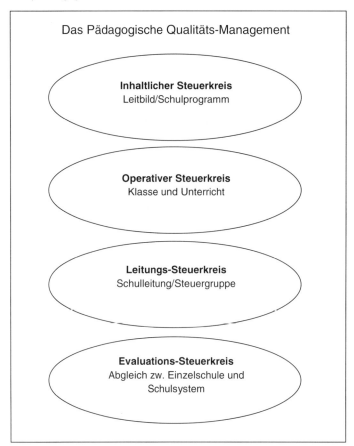

Quelle: in Anlehnung an Rolff (2001)

Abbildung 3:   Das Pädagogische Qualitäts-Management

Die zentralen Entwicklungsachsen von Qualitätsentwicklung sind die Team-entwicklung und die Feedback-Kultur. Teams sind dann besonders wirksam, wenn sie sich als professionelle Lerngemeinschaften verstehen, d.h. wenn sie gemein-same Werte und Normen haben, den Fokus auf das Schülerlernen richten, wenn Lehrkräfte sich nicht mit ihrem Unterricht zurückziehen, sondern Erfahrungen mit anderen teilen, wenn kooperiert wird und damit auch ein reflektierender Aus-tausch stattfindet. Dieser Austausch ist zugleich auch Bestandteil der Feedback-Kultur. Dieses Feedback sollte einerseits auf Daten basieren und andererseits sollten daraus Konsequenzen für den Unterricht folgen.

Im Zusammenhang mit PQM muss betont werden, dass es sich hier um einen systemorientierten Ansatz handelt. Schulqualität und Qualitätsentwicklung sind Prozesse, die auf unterschiedlichen Systemebenen zusammenwirken. Diese unter-schiedlichen Ebenen müssen berücksichtigt werden, um Qualitätsentwicklung nicht nur zu initiieren, sondern auch zu stabilisieren und zu verstetigen. Wichtig ist, dass der Qualitätsmanagementprozess datenbasiert erfolgt und dass der Kreis-lauf aus Datenerhebung, Interpretation, Konzeptentwicklung und -durchführung sowie anschließender Evaluation sich nicht zu lang gestaltet.

Im Folgenden soll Ihnen anhand eines konkreten Beispiels verdeutlicht werden, wie Sie den Komplex der Schulevaluation und damit die Beantwortung der Frage, was Schulqualität ist, selbst angehen können. Ein erster Hinweis auf die Qualitätsfrage steckt im Schulprogramm und hier vielleicht im Leitbild, welches sich Ihre Schule schon gegeben hat bzw. welches sich in der Entwicklung befindet oder aber dessen Entwicklung noch aussteht. Ein Leitbild präzisiert nämlich Qualitätskriterien einer Schule und ist Ausdruck ihres pädagogischen Selbstverständnisses. Beispielhaft werden in diesem Fall das Schulmanagement und das Schulklima evaluiert (detaillierte Hinweise finden Sie in Kempfert/Rolff 1999, S. 63ff.; siehe auch den folgenden Link: http://www.zfw.uni-dortmund.de/dapf/ werkzeugkasten, folgen Sie „Diagnose und Zielfindung", dann „Diagnosebogen Liestal").

Die Evaluation beginnt mit einem qualitativen Einstieg zur Klärung der Frage, was eine gute Schulleitung ist. Hier geht es um ein Wunschmodell, um Wunschvorstellungen. Anschließend wird mittels eines standardisierten Fragebogens die Schulleitung bewertet. Dies kann sowohl durch die Leitung selbst als auch durch das Kollegium erfolgen, was später einen Vergleich von Selbst- und Fremdeinschätzung ermöglicht. Wichtig ist, dass es über eine Feedback-Sitzung zu einer Zielvereinbarung kommt, dass also Konsequenzen aus der Evaluation abgeleitet werden.

Das Thema Schulklima wird durch einen multiperspektivischen Zugang bearbeitet. Hier können z.B. Lehrkräfte, Schüler und Eltern mittels eines standardisierten Instruments zu Themen wie Unterrichtsgestaltung, Leistungsanforderungen oder Förderung von Schülern befragt werden (Materialien abgedruckt in Kempfert/Rolff 1999, S. 70f.). Diese eigenen Ergebnisse lassen sich in einem weiteren Schritt mit der so genannten IFS-Durchschnittsschule, einem repräsentativen Bundesdurchschnitt, abgleichen, so dass Sie mit Ihrer Schule eine Standortbestimmung im Vergleich zum Durchschnitt haben. Sind Sie besser oder schlechter als der Durchschnitt? Welche Konsequenzen ergeben sich aus den Ergebnissen für Ihre Schule, und in welche Richtung will sich Ihre Schule in Zukunft entwickeln?

Eine Vielzahl von Messinstrumenten bietet Ihnen ein Werkzeugkasten des Dortmunder Instituts für Schulentwicklungsforschung (IfS). Über eine Website (http://www.zfw.uni-dortmund.de/dapf/werkzeugkasten/index.html) wird Ihnen dort ein breites Angebot an Instrumenten zu ganz unterschiedlichen Themen zur Verfügung gestellt. Darunter fallen beispielsweise allgemeine Informationen zum Thema Schulentwicklung, Instrumente zur Erhebung des schulischen Ist-Zustands, zur Gestaltung und Evaluation von Schulentwicklungsprozessen, zur Beratung, zu Feedback und Reflexion sowie Führung und Steuerung von Schulentwicklungsprozessen. Als Lehrkraft können Sie diese Instrumente kostenfrei nutzen.

Das Zentrum für Empirische Bildungsforschung und Fachdidaktik (ZEBiD) der Universität Vechta stellt Ihnen in einer Testothek, geordnet nach fachspezifischen und fächerübergreifenden sowie produkt- und prozessorientierten Qualitätsmerkmalen, Messinstrumente zum kostenfreien Download zur Verfügung (vgl. www.zebid-testothek.de). Neben den oben erwähnten vier Oberkategorien gibt es weitere Differenzierungen, z.B. nach Fächern, Schülern oder Lehrkräften. Neben allgemeinen Angaben zu den Skalen finden Sie hier auch immer Hinweise auf die

Güte der jeweiligen Skalen. Anhand dieser Referenzwerte können Sie die eigenen Ergebnisse problemlos einordnen.

Der Arbeitskreis Qualität von Schule hat bereits Ende der 1980er Jahre vier Kriterien einer guten Schule ausgemacht: (1) Erzieherische Wirkungen, (2) Lernbedingungen und Erziehungsprozesse an Schulen, (3) die Struktur der Schulgestaltung und (4) die Rahmenbedingungen (vgl. Steffens/Bargel 1993). Dieser Katalog ist inzwischen deutlich erweitert worden. So weist das Qualitätsverständnis von SEIS Deutschland, einem Länderkonsortium zur Verbesserung der Qualität des deutschen Bildungswesens, einen Katalog von 29 Kriterien auf (www.seis-deutschland.de). Schulen, die an Schulentwicklung interessiert sind, können sich über die Internetplattform www.seis-deutschland.de anmelden und die dort angebotenen Instrumente für eine Selbstevaluation nutzen. Allerdings werden keine Informationen über Test-Gütekriterien der Instrumente angeboten, so dass eine Einordung der Einzelschule in den Gesamtzusammenhang erschwert wird.

Insofern ist nachvollziehbar, dass sich die unterschiedlichen Qualitätsmodelle nicht an einem einheitlichen Qualitätsbegriff orientieren. Dennoch lassen sich Gemeinsamkeiten, also Kriterien und Benchmarks, die in den meisten Modellen eine zentrale Rolle spielen, identifizieren. Tabelle 1 enthält eine Zusammenstellung relevanter Kriterien.

Tabelle 1: Kriterien des Qualitätsbegriffs

Bereiche	Kriterien
Qualitätsentwicklung	▪ Schulprogramm/-profil ▪ Leitbild ▪ Kontinuierliche Evaluation ▪ Feedbackkultur
Schulleitung	▪ Führungsqualität ▪ Effizientes und systematisches Qualitätsmanagement ▪ Unterrichtsorganisation ▪ Arbeitsbedingungen (Gebäude, Ausstattung, Lehrmittel)
Schulleben/Schulkultur	▪ Wertschätzung und soziales Klima ▪ Gestaltung der Schule ▪ Elternbeteiligung
Pädagogische Professionalität der Lehrkräfte	▪ Ausbildung, Fortbildung (Personalentwicklung) ▪ Kollegiale Beratung und Supervision ▪ Kooperation im Kollegium ▪ Teamstrukturen und Teamentwicklung

Übung

Überlegen Sie einmal, welche persönlichen Erfahrungen Sie mit Schulleitungen gemacht haben. Benennen Sie zwei positive und zwei negative Merkmale von Schulleitung, die Ihnen hier in den Sinn kommen. Formulieren Sie schriftlich Verbesserungsvorschläge oder wichtige Empfehlungen, die Sie diesen Schulleitungen mit auf den Weg geben würden.

Prüfen Sie nun, ob Ihre Vorschläge sich einem der vier Kriterien von Schulleitungsqualität zuordnen lassen. Falls nicht, erfinden Sie eine fünfte Kategorie.

1.2 Modelle

Modelle sind nützliche und sparsame Abbilder der Zusammenhänge zwischen Merkmalen, die direkt oder indirekt zur pädagogischen Qualität beitragen. Diese Bilder oder Vorstellungen erleichtern das Eingreifen in Handlungsprozesse und verschaffen die nötige Orientierung. Wissenschaftlich überprüfte Modelle, wie wir sie hier darstellen, unterscheiden sich von subjektiven Modellen, die wir im Alltag anwenden, in mehrfacher Hinsicht. Erstens sind sie vollständig explizit, während im Handlungsprozess gebräuchliche Modelle oft nicht explizit sind, sondern unbewusst bleiben. Zweitens sind sie wiederholt empirisch systematisch überprüft worden, das heißt, es ist versucht worden, sie zu widerlegen, und sie haben diesen Versuchen standgehalten. Drittens sind sie weniger komplex und weniger situationsgebunden als im Alltag von uns verwendete Modellvorstellungen. Sie berücksichtigen nur einige wenige, dafür aber besonders wirkmächtige Variablen. Und sie werden mit dem Ziel erstellt, auf möglichst viele Situationen anwendbar zu sein. Die von uns im Folgenden dargestellten Modelle sollen Alltagsvorstellungen nicht ersetzen. Vielmehr sind sie eine Grundlage für zielgerichtetes professionelles Handeln, die spontanes und intuitives Vorgehen ergänzt, manchmal auch ermöglicht und unterstützt, in keinem Fall aber verhindert.

1.2.1 Prozess-Produkt-Modelle

Zur Vorhersage pädagogischer Qualität sind unterschiedliche Modelle im Gebrauch. Die meisten Modelle beruhen auf der grundlegenden Unterscheidung zwischen Prozessen, die von unterschiedlicher Qualität sein können, und Ergebnissen, wobei kurzfristige und langfristige Ergebnisse unterschieden werden. Es wird angenommen, dass Prozesse mit positiv bewerteten Qualitätsmerkmalen auch zu besseren Ergebnissen führen. Einige wichtige Merkmale im Rahmen eines solchen Prozess-Produkt-Modells sind in der folgenden Abbildung 4 dargestellt.

Außer Prozessen und Ergebnissen sind auch Bedingungen, die zu Anfang bestehen, zu berücksichtigen. Dazu gehören die Lernvoraussetzungen der Schüler ebenso wie eine Reihe von Merkmalen der Lehrerprofessionalität, vor allem Kompetenzen der Lehrkräfte und ihr professionelles Ethos. Daneben spielen auch Kontextmerkmale eine Rolle, angefangen von Bedingungen in der Lerngruppe über Schulmerkmale, Merkmale der Bildungsgänge und Schulformen bis hin zu Merkmalen der Gemeinde und des jeweiligen Landes. In diesem Band konzentrieren wir uns auf einige zentrale Bedingungen auf der Lehrerseite, auf der Schülerseite und im Bereich der Einzelschule (Schulleitung, Kollegium). Außerdem betrachten wir die abhängigen Variablen (ganz rechts in Abbildung 4) sehr genau. Es geht dabei einerseits um Kompetenzen, und zwar um fachliche und überfachliche, andererseits auch um erzieherische Wirkungen, also etwa Einstellungen und Werte, die vermittelt werden, oder pädagogisch positiv bewertete Charaktereigenschaften von Heranwachsenden wie beispielsweise Sinn für Fairness und Gerechtigkeit, Aufrichtigkeit oder ein gutes Durchhaltevermögen.

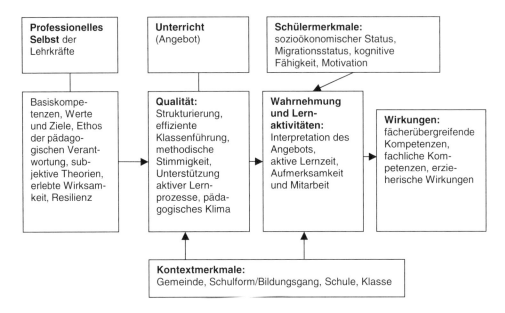

Abbildung 4:   Prozess-Produkt-Modell (in Anlehnung an Helmke 2009, stark verändert)

Übung

Überlegen Sie bitte an dieser Stelle, wie Sie selbst die Qualität der von Ihnen gestalteten Lehr-Lern-Prozesse, Beratungsprozesse oder Leitungstätigkeiten modellieren. Was für ein Bild machen Sie sich persönlich von den Zusammenhängen? Welche Bedingungen halten Sie für wichtig? Welche Wirkungen schreiben Sie Ihrem eigenen Handeln zu? Erstellen Sie dazu eine Skizze. Vergleichen Sie das Ergebnis mit dem in Abbildung 4 dargestellten allgemeinen Modell.

Prozess-Produkt-Modelle berücksichtigen Input- und Kontextfaktoren vor allem deswegen, weil faire Vergleiche zwischen Bildungseinrichtungen oder auch einzelnen Personen nur dann möglich sind, wenn die Lernvoraussetzungen und Arbeitsbedingungen etwa gleich sind. Wer es mit hochmotivierten und kognitiv starken Lernenden zu tun hat, erzielt bessere Ergebnisse als eine Kollegin, die mit desinteressierten Lernenden mit kognitiven Schwächen arbeitet. Trotzdem kann die Qualität der Arbeit dieser Kollegin besser sein. Entscheidend für die Ergebnisse pädagogischer Prozesse sind ja auch die Eigenschaften der Lernenden. Dies wird in empirischen Untersuchungen und speziell in Evaluationsprojekten berücksichtigt, indem beispielsweise die soziale Herkunft und die kognitiven Grundfähigkeiten der Lernenden gemessen werden. Der Einfluss dieser Faktoren auf den Lernzuwachs wird dann statistisch kontrolliert, so dass der Nettoeffekt des pädagogischen Handelns der Lehrkräfte exakt bestimmt werden kann.

Derartige Modelle müssen Sie nicht anwenden, wenn Sie keine Vergleiche mit Kollegen oder anderen Schulen beabsichtigen, sondern vor allem feststellen wollen, ob Sie im Vergleich zu einem früheren Zeitpunkt mit ähnlichen Lerngruppen ein besseres Ergebnis erzielen.

Sie können sich auch auf die Prozessqualität konzentrieren, ohne die Ergebnisqualität zu messen. Dabei können Sie davon ausgehen, dass eine bessere Prozessqualität auch zu einer verbesserten Ergebnisqualität beiträgt. Prozesse lassen sich im Allgemeinen leichter einschätzen und bewerten als langfristige und nachhaltige Lernzuwächse.

Ein empirisch überprüftes Modell zur Darstellung zentraler Merkmale der Prozessqualität und ihrer Zusammenhänge ist in der folgenden Abbildung 5 dargestellt.

Vier der berücksichtigten Merkmale liegen auf der Ebene der Schule und betreffen die Schulform, die Schulleitung und das Kollegium, weitere sieben Merkmale liegen auf der Ebene der einzelnen Lehrkraft und drei Merkmale betreffen ausgewählte Merkmale der Unterrichtsqualität. Guter Unterricht lässt sich diesem Prozessmodell zufolge auf Merkmale des professionellen Selbst der Lehrkräfte zurückführen, die ihrerseits von Merkmalen der Schulleitung und des Kollegiums beeinflusst werden.

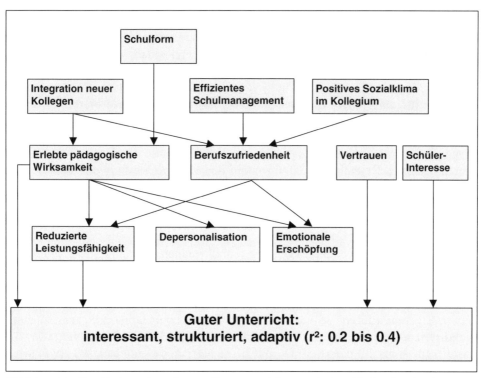

Abbildung 5: Empirisch nachgewiesene Zusammenhänge zwischen Merkmalen der Prozessqualität von Schule und Unterricht

Wozu kann dieses Modell eingesetzt werden? Beispielsweise kann die Schulleitung sich um eine höhere Effizienz der eigenen Arbeit bemühen. Auf der Grundlage des Modells kann erstens überprüft werden, ob dies nach Ansicht des Kollegiums auch gelingt. Die entsprechenden Testverfahren können in der Online-Testothek zu diesem Handbuch abgerufen werden. Zweitens kann überprüft werden, ob dann tatsächlich, wie theoretisch zu erwarten, die Berufszufriedenheit der Lehrkräfte steigt und das Burnoutrisiko sinkt. Ein zweites Beispiel: Lehrkräfte bemühen sich verstärkt, Lernende für ihren Lerngegenstand zu interessieren. Sie überprüfen, ob ihnen dies gelingt und überprüfen weiterhin, ob die Qualität des Unterrichtsprozesses, wie zu erwarten, ebenfalls verbessert wird.

1.2.2 Alternative Modelle

Im vorherigen Kapitel wurden Prozess-Produkt-Modelle zur Erklärung von Unterricht und damit zur Beurteilung von Unterrichtsqualität dargestellt. An dieser Stelle werden nun alternative Sichtweisen auf Unterricht vorgestellt werden. In diesem Zusammenhang werden zwei Modelle präsentiert. Zum einen wird ein Modell vorgestellt, das einen breiten Blick auf Unterricht und Unterrichtsqualität wirft, das Makromodell schulischer Leistungen nach Helmke (2009). Zum anderen wird mit dem transaktionalen Modell der Lehrer-Schüler-Beziehung ein Teilbereich von Unterricht genauer fokussiert und abgebildet. Es soll unter anderem deutlich werden, dass im Gegensatz zur Annahme der bereits dargestellten Prozess-Produkt-Modelle nicht nur lineare Kausalitäten, sondern auch Wechselwirkungen und zirkuläre Prozesse in der Abbildung von Unterrichtsqualität ihre Notwendigkeit und Berechtigung finden. Eine geeignete theoretische Grundlage hierfür bietet die Systemtheorie. Daher werden im Anschluss zunächst der Systembegriff sowie zentrale Grundüberlegungen der Systemtheorie dargestellt und deren Einfluss auf Schule und Unterricht aufgezeigt. Dies erfolgt einerseits durch beispielhafte Anwendungen der systemischen Beratung auf den Unterrichtsalltag und andererseits durch die Darstellung didaktischer Überlegungen, nämlich am Beispiel von Musikunterricht und Englischunterricht für die Primarstufe. Abschließend werden – unter anderem aus einer empirischen Perspektive – Chancen und Grenzen von systemischen Modellen aufgezeigt.

Prozess-Produkt-Modelle folgen der grundlegenden Annahme, dass Unterricht aus verschiedenen miteinander verbundenen Bausteinen oder Prozessen besteht, welche, sofern sie einmal ermittelt sind, einzeln erfassbar und evaluierbar sind. Unterricht besteht danach also aus verschiedenen Prozessen, die zusammen zu einem Ergebnis führen. So wäre etwa die Qualität von Unterricht anhand eines sichtbaren Outputs messbar. Die Schülerleistung oder der Kompetenzzuwachs werden meist als ein derartiger Output betrachtet, da sie einerseits als erwünschte Ziele anerkannt sind und andererseits seit einigen Jahren auch gut messbar sind. Es wird also in diesem Fall ein Zusammenhang zwischen der Qualität dieser Prozesse und der Unterrichtsqualität bzw. der Lernleistung der Schüler angenommen.

Selbstverständlich können Sie aus Ihrer Lehrerfahrung genügend Argumente schöpfen, die sich gegen eine unmittelbare Verbindung von Unterrichtsqualität und schulischer Leistung anführen lassen. Beispielsweise kann es sein, dass Sie mit einer Klasse oder mit einem Schüler besonders gut zurechtkommen. In diesem Fall stimmt die Passung zwischen Lehrer und Schüler, hier findet das statt, was Hermann Nohl mit pädagogischem Bezug bezeichnet hat. In einem anderen Fall kann nun das Gegenteil auftreten: Sie dringen einfach nicht zu einem Schüler oder einer Klasse durch, es findet kein richtiger Kontakt statt. Und die Schülerleistung in beiden Fällen muss nicht mit Ihrer Einschätzung der Qualität Ihres Unterrichts zusammen hängen, oder um in diesem Beispiel zu bleiben, Ihres Gefühls, wie nah Sie an die Lebenswelt und die Erfahrungen und Sichtweisen der Schüler herankommen.

Ein Modell, welches versucht, diese Diskrepanzen zu erklären, ist folgendes Makromodell der Bedingungsfaktoren schulischer Leistung nach Helmke (2009):

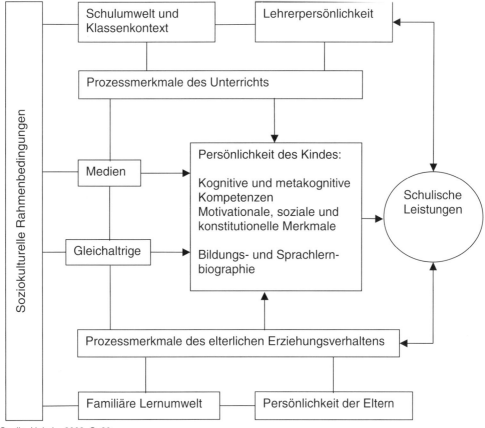

Quelle: Helmke 2009, S. 30

Abbildung 6:   Makromodell der Bedingungsfaktoren schulischer Leistungen

Diese Abbildung soll Folgendes verdeutlichen: Ob ein einzelner Schüler oder eine Klasse gute Leistungen bringt, ist nicht abhängig von einem bestimmten Faktor, sondern ergibt sich aus einem Netz von Einflussfaktoren. Diese Faktoren können wir einerseits nur vermuten, andererseits können auch in Einzelfällen noch ganz andere Faktoren, weitab unserer Annahmen, eine Rolle spielen. Die Definition des Systems ist also immer abhängig vom Kontext bzw. vom Einzelfall. Die einzelnen

Felder können sich entweder verstärken oder aber ausgleichen bzw. ersetzen. Beispielsweise wäre es möglich, dass ein von seinen Mitschülern ausgegrenzter Schüler sich (positive) Rückmeldungen eher über Medien oder seine familiäre Umwelt holt. Oder eine empathische und umsichtige Lehrkraft könnte ungünstige Schul- und Klassenkontexte auffangen. So ist es etwa auch Aufgabe der Lehrkraft, nicht die Augen vor möglichen Mobbingprozessen zwischen Schülern zu verschließen, sondern diese zu thematisieren.

Nicht nur die Existenz und Bedingung der dargestellten Faktoren ist schwebend, sondern auch die multiplen Verknüpfungen untereinander können in einem solchen Modell immer nur unzureichend dargestellt werden, etwa wenn sich Eltern in einem hohen Maß im Klassen- und Schulsystem organisieren. Das vorliegende Modell thematisiert jedoch einen Aspekt, welcher in klassischen Prozess-Produkt-Modellen oft vernachlässigt wird: die Persönlichkeit der Lehrkraft. Damit ist gemeint, ob die Lehrkraft extravertiert oder eher introvertiert ist, sicher oder eher ängstlich ist bzw. auftritt usw.

Genau an dieser Stelle wird jedoch ein Problempunkt deutlich, und zwar der geringe Auflösungsgrad dieser und jeder anderen Modellierung: Welche Auswirkungen hat die Persönlichkeit der Lehrkraft genau auf den Unterricht? Welche Persönlichkeitseigenschaften bedingen was und wie ist dies wiederum abhängig vom Verhalten der Klasse oder des einzelnen Schülers? Oder um ein anderes Beispiel zu wählen: Hinter dem Stichwort „Medien" versteckt sich das gesamte mediale Umfeld des Schülers. Das schließt neben Schul- und Unterrichtsangeboten selbstverständlich auch den privaten Zugang zu multiplen Medienlandschaften und die damit verbundene (Medien-)Kompetenz und Verantwortung des einzelnen Schülers mit ein. Das Dilemma wird deutlich: Wir können nicht gleichzeitig alle Faktoren erfassen und diese auch noch scharf abbilden. Jeder einzelne Faktor bedürfte wiederum einer eigenen Modellierung. Die gesamte Dimension müsste man noch einmal in Subdimensionen aufbrechen. Hier werden die Grenzen des Erfassbaren und Darstellbaren erreicht. Natürlich untersteht die jeweilige Ausdifferenzierung auch immer der kritischen Frage nach deren Nützlichkeit. Brauche ich diese Informationen überhaupt? Wie viel ist mir der zusätzliche Erkenntnisgewinn wert? (vgl. hierzu Ausführung zur Aufklärung der Varianz in Kapitel 1.2.1)

Neben allen Unsicherheiten und begrenzten Aussagefähigkeiten des vorliegenden Modells macht es jedoch eine weitere zentrale Aussage, es unterscheidet zwischen proximalen und distalen Faktoren. Proximale Faktoren sind solche Faktoren, die näher am Endprodukt, also den Schülerleistungen, sind. Demgegenüber stehen die distalen Faktoren in einem weiteren Abstand zu den schulischen Leistungen. Dies sagt nichts über die jeweilige Relevanz der Systemkomponenten aus, sondern lediglich über deren Nähe zum Ziel. (vgl. Helmke 2009, 30f.) Das heißt im Umkehrschluss, dass proximale Faktoren durch eine größere Anzahl anderer Faktoren bedingt sind als distale Faktoren. Proximale Faktoren sind also sozusagen „abhängiger" und damit auch schwerer genau zu fassen als distale Faktoren. Ein Beispiel soll das Gesagte verdeutlichen: Das Modell nimmt an, dass die schulischen Leistungen hauptsächlich von der Persönlichkeit des Kindes, dem Unterricht und dem elterlichen Erziehungsverhalten beeinflusst sind. Dies sind die proximalen Faktoren. Sie sind wiederum von mehreren anderen Faktoren beeinflusst. Die familiäre Lernumwelt hingegen wird als distaler Faktor gezeichnet.

Es bestehen hier lediglich Einflüsse durch soziokulturelle Rahmenbedingungen und Erziehungsstil der Eltern.

Auch ist davon auszugehen, dass sich Konstellationen des *differenzierten Profits* ergeben: Das heißt, ein bestimmter Unterricht kann sich gleichzeitig auf einige Schüler positiv und auf andere wiederum negativ auswirken, etwa abhängig von kognitiven oder motivationalen Voraussetzungen. Beispielsweise nehmen selbstbewusste und leistungsstarke Schüler einen stark strukturierten, lehrerzentrierten Unterricht eher als Bevormundung wahr, weshalb sich diese Unterrichtsform negativ auf deren Motivation auswirkt. Leistungsängstlichere Schüler hingegen brauchen diese direkten Instruktionen für ihren Lernfortschritt (vgl. Helmke 2009, S. 34ff.).

Eine weitere Möglichkeit der Interaktion zwischen den einzelnen Modellfaktoren ist die der wechselseitigen Beeinflussung. So können etwa Erwartungen auf den eigentlichen Gegenstand vorgreifen.

In der Forschung ist die wechselseitige Beeinflussung von (falschen) Erwartungen und Tatsachen unter dem Begriff Pygmalion-Effekt thematisiert worden. In der bekannten Studie von Rosenthal und Jacobson (vgl. Rosenthal/Jacobson 1968) wurden zunächst Intelligenztests mit Schülern durchgeführt. Daraufhin wurden den Lehrern Namen von Schülern mitgeteilt, die bei einem Test zur Erkennung begabter Kinder besonders gut abgeschnitten hätten. Diese Namen waren jedoch vorher lediglich per Zufall ermittelt worden. Nach einem Jahr wurde ein erneuter Intelligenztest mit denselben Schülern durchgeführt. Es stellte sich heraus, dass sich die Ergebnisse der vermeintlich begabten Schüler stärker verbessert hatten als die der weniger begabten Schüler. Allein die Erwartungen der Lehrkräfte haben sich also auf die tatsächliche Intelligenz der Schüler ausgewirkt. Man erklärt sich den Effekt damit, dass Lehrer die klügeren Kinder freundlicher behandeln und diesen mehr Aufmerksamkeit schenken als dem Rest. Auch wenn sich dieser Effekt auf die ersten beiden Klassen beschränkt, ist er dennoch sehr interessant. Er zeigt, wie Ergebniserwartungen den Prozess selbst beeinflussen. „Falsche Erwartungen (oder Hypothesen) beeinflussen die eigene Wahrnehmung und das Verhalten anderer und können auf diese Weise die Realität produzieren, die dann letztlich mit den (anfangs falschen) Erwartungen, Hypothesen oder Vorurteilen übereinstimmt." (Diekmann 2008, S. 625)

Wie in diesem Beispiel deutlich wird, bestehen Wechselwirkungen zwischen verschiedenen Faktoren des Unterrichtssystems. Betroffen davon sind nicht nur Erwartungshaltungen, wie im Pygmalion-Effekt beleuchtet, sondern darüber hinaus auch Faktoren wie Absichten, Ziele, Einstellungen, Situationswahrnehmungen, implizite Persönlichkeitstheorien, Ursachenbeschreibungen, Wissen, Kosten-Nutzen-Erwägungen, Routinen, Affekte, Emotionen und viele andere (vgl. Lüders 2008).

Zur weiteren Veranschaulichung der Wechselwirkungen soll noch eine weitere Perspektive auf den Unterricht dargestellt werden, welche genau diesen Punkt thematisiert: die interaktionistische oder transaktionale Perspektive.

Um das Potenzial dieser Sichtweise zu verdeutlichen, möchten wir an dieser Stelle ein Modell zur Erklärung eines Teilbereichs von Unterricht, und zwar der Lehrer-Schüler-Interaktion, darstellen (s. Abbildung 7). Es handelt sich dabei um ein älteres Modell, welches zwar nicht den aktuellen Forschungsstand präsentiert, jedoch als richtungsweisend gilt und daher als Anschauungsmaterial gut geeignet ist.

Die Anteile, welche Lehrer und Schüler auf den Interaktionsverlauf haben, sind gleich verteilt. Die eigentliche Interaktion „besteht aus einer permanenten wechselseitigen Verhaltenssteuerung, die durch Erwartungen an den jeweils anderen bereits im Vorfeld in eine spezifische Richtung gelenkt wird." (Thies 2008, S. 91)

Danach werden für die Erklärung des Lehrer- und Schülerverhaltens die je soziokulturellen Bezugsrahmen berücksichtigt. So ist etwa die Wahrnehmung des Schülers durch den Lehrer abhängig von dessen Lernerfahrungen in Schule, Elternhaus, aber auch speziellen Erfahrungen in der Lehrerausbildung. Oder die Erwartungshaltungen und Einstellungen des Schülers sind geprägt durch seine gegenwärtigen sozialen Beziehungen, etwa zu Gleichaltrigen, Eltern, anderen Lehrern oder außerfamiliären Erwachsenen.

Mit objektiven Einflüssen sind auf der Schülerseite etwa Medien oder Literatur und auf der Lehrerseite etwa (Fach)Literatur, Medien, Lehrpläne, Dienstanweisungen und Richtlinien gemeint. Diese haben Einfluss darauf, wie der Lehrer den Schüler wahrnimmt. Soziale Lernvergangenheit, gegenwärtige Erfahrungen sowie objektive Einflüsse bestimmen also Wahrnehmung, Erwartungen und Verhalten von Lehrern und Schülern. Damit wird eine zeitliche Perspektive mit in die Betrachtung einbezogen, es entsteht eine Dynamik, die sich im Zusammenspiel der entstandenen Faktoren fortsetzt. Denn Wahrnehmung, Erwartung und Verhalten, sowohl auf Seiten der Lehrkraft als auch des Schülers, stehen in einem zirkulären, sich ständig verändernden Wechselverhältnis.

Täglich machen Sie im Privatleben und Beruf neue Erfahrungen, die sich auf Ihr Weltbild, Ihre Einstellungen und Erwartungen auswirken. Dies müssen keine umwerfenden Erkenntnisse sein, und die Auswirkungen können sich auch kurzfristig einstellen. Stellen Sie sich beispielsweise folgendes Szenario vor, welches Sie vielleicht kennen: Sie sehen einen Film im Kino, der Sie in irgendeiner Weise anspricht, der einen Denkprozess in Ihnen anstößt und noch den nächsten Tag oder noch einige Zeit in Ihnen wirkt. Je nach Thematik kann dadurch Ihre Wahrnehmung, Ihre Sichtweise beeinflusst werden. Vielleicht sehen Sie hierdurch neue Aspekte im Verhalten einer Schülerin oder Sie erinnern sich an eine Klassensituation in der vergangen Woche, welche Sie noch einmal ansprechen wollen. Dies wird sich auf Veränderungen Ihres Verhaltens auswirken, die wiederum von Ihren Schülern wahrgenommen wird und deren Erwartungen und Verhaltensweisen verändert.

Die beiden dargestellten Modelle unterscheiden sich also in vielfältiger Weise. Zum einen haben sie unterschiedliche Ziele. Während das erste Modell versucht, die Schulleistungen zu erklären, befasst sich das zweite mit der Beziehung zwischen Lehrer und Schüler. Beide Modelle hängen aber miteinander zusammen, weil wir inzwischen wissen, dass die Lehrer-Schüler-Beziehung für die Kompetenzentwicklung der Lernenden von zentraler Bedeutung ist.

Transaktionale Modelle bilden neben statischen und einseitigen Beziehungen auch Wechselwirkungen und zirkuläre Prozesse ab. Außerdem werden neben solchen Variablen, die unmittelbar mit der jeweiligen Interaktion verbunden sind, auch emotionale und kognitive Prozesse beleuchtet. Auch werden Gegenreaktionen und wechselseitig verschränkte selektive Wahrnehmungsprozesse dargestellt. (vgl. Thies 2008, S. 91ff.)

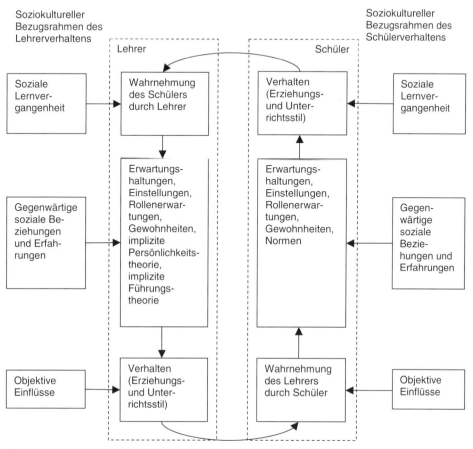

Quelle: Nickel 1976, zit. nach Thies 2008, S. 92

Abbildung 7:   Transaktionales Modell der Lehrer-Schüler-Beziehung

Nun soll eine dritte Perspektive, die systemtheoretisch-konstruktivistische Sicht auf Unterricht vorgestellt werden. Zunächst werden dabei der Systembegriff sowie weitere zentrale Grundüberlegungen und Begriffe der Systemtheorie dargestellt. Es folgt eine Vorstellung von möglichen Umsetzungen der erarbeiteten systemisch-konstruktivistischen Perspektive auf den Unterricht. Neben Anregungen aus der systemischen Beratung werden beispielhafte Auswirkungen der systemtheoretisch-konstruktivistischen Sichtweise auf spezielle Didaktiken aufgezeigt, genauer anhand des Musikunterrichts sowie des Englischunterrichts an der Grundschule. Abschließend werden – unter anderem aus einer empirischen Perspektive – Chancen und Grenzen von systemischen Modellen aufgezeigt.

Systemisch-konstruktivistische Ansätze bilden neben bildungstheoretischen, lehr-lern-theoretischen und interaktionistischen Ansätzen (vgl. Kron 1993) eine vierte Perspektive zur Erklärung und Konstruktion von Unterricht und Didaktik. Vorläufer hierzu ist der kybernetische Ansatz von Didaktik nach von Cube (1965).

Systemische Erziehungswissenschaft geht also von einem konstruktivistischen Systembegriff aus. Durch unsere Wahrnehmungen und Handlungen konstruieren wir unsere Welt und uns selbst. In Erziehungs- und Bildungsprozessen betrifft diese Konstruktion psychische und soziale Systeme (vgl. Huschke-Rhein 2003, S. 13).

Der Systembegriff findet sich bereits bei Bronfenbrenner (1979). Dieser unterscheidet zwischen Mikro-, Meso-, Exo-, Makro- und Chronosystem: Das Mikrosystem meint die kleinste Einheit. Es enthält einzelne Individuen und unmittelbare zwischenmenschliche Beziehungen zwischen den Individuen. Für Sie als Lehrkraft wäre hier etwa Ihre Beziehung zu einem speziellen Schüler zu betrachten. Das Mesosystem besteht aus Wechselbeziehungen zwischen Mikrosystemen. Hier würde die Frage stehen, welche Auswirkungen etwa die Beziehung zu diesem Schüler auf seine Schulleistungen hat. Das Exosystem setzt sich aus Wechselbeziehungen zwischen umliegenden Mikrosystemen zusammen, an welchen das Individuum nicht aktiv beteiligt ist. Beispielsweise wäre die berufliche Tätigkeit der Eltern ein solches Exosystem. Das Makrosystem bezieht den gesamten kulturellen und subkulturellen Rahmen mit ein. So wären hier die Schulordung, aber auch weiter gefasste Dinge wie übermittelte Norm- und Wertvorstellungen oder gesetzliche Regelungen gemeint. Das Chronosystem schließlich fokussiert biographische Entwicklungs- und Wendepunkte. Durch die Hinzunahme des zeitlichen Faktors wird also eine weitere Dimension in die Betrachtung mit aufgenommen.

Hier wird der Charakter der systemischen Sichtweise deutlich. Die ältere Sichtweise verbindet mit dem Begriff Unterrichtssystem lediglich die Klasse und die Lehrkraft. Alle weiteren möglichen Bedingungsfaktoren werden als Unterrichtskontext bezeichnet und fallen somit leichter aus dem Fokus des Beobachters und der Forschung. Neben Strukturen des Unterrichts müssen jedoch auch außerschulische und außerunterrichtliche Faktoren beachtet werden.

Übung

Denken Sie an Ihren Unterricht. Versuchen Sie möglichst viele unterschiedliche Faktoren schriftlich zusammenzutragen, die Ihren Unterricht beeinflussen. Beispiele könnten hier das Unterrichtsfach, der Raum, die Klasse, Ihre eigene Vorbereitung, die Motivation der Schüler usw. sein. Anschließend versuchen Sie eine Ordnung in diese Notizen zu bringen. Was fällt Ihnen auf?

Die Weiterentwicklung des Systembegriffs erfolgte in unterschiedlichste Bereiche, etwa in der Biologie (Maturana/Varela 1987; von Foerster 1985), in soziologischen und erziehungswissenschaftlichen Kontexten (Parsons 1967; Luhmann 1988), sozialpsychologischen Kontexten (Watzlawick/Beavin/Jackson 1990; Reich 1997) und in der Familientherapie (etwa Minuchin 1990).

Zum weiteren Verständnis der systemischen Sichtweise folgt eine kurze Einführung in die Grundbegriffe Autopoiese, operationale Geschlossenheit und Selbstreferentialität. Systeme entstehen grundsätzlich nicht von außen, sondern aus sich selbst, das heißt, sie sind *autopoietisch*.

„Erkennen hat es nicht mit Objekten zu tun, denn Erkennen ist effektives Handeln; und indem wir erkennen, bringen wir uns selbst hervor" (Maturana/Varela 1987, S. 262). Zudem sind Systeme grundsätzlich *operational geschlossen*. Dennoch bleibt eine materiale und energetische Offenheit. Das heißt, Systeme können zwar keine Informationen von der Umwelt aufnehmen, jedoch bilden Reize von außen Störungen im System, auf die das System reagieren muss. In der Behandlung dieser Störungen agiert das System *selbstreferentiell*, das heißt, es reguliert sich selbst und versucht, wieder einen Gleichgewichtszustand (Homöostase) herzustellen.

Die Einflüsse der Systemtheorie auf Schule und Unterricht sind beachtlich. Sie lassen sich vereinfacht auf zwei Anwendungsbereiche reduzieren: Beratung und Didaktik. Zum einen werden Überlegungen und Arbeitsweisen der systemischen Beratung und Therapie (oder auch Familientherapie) auf verschiedene Systemebenen von Schule und Unterricht angewandt. Auf diesen Aspekt soll an dieser Stelle nicht vertieft eingegangen werden. Falls Sie sich dafür interessieren, können Sie Grundlagen und Anwendungen systemischer Beratung etwa bei Bamberger (2005) und deren Übertragung auf die Schule etwa bei Hubrig/Herrmann (2007) nachlesen.

Es folgt eine kleine Aufgabe, die Ihnen einen kurzen Einblick in die systemischen Sicht- und Arbeitsweisen geben und als Selbstreflexionsinstrument dienen soll. Die *Wunderfrage* ist eine in der systemischen Beratung etablierte Fragetechnik. Bezogen auf die Schule könnte Sie etwa folgendermaßen gestellt werden:

Übung

Wie würde Ihr Arbeitstag aussehen, wenn alle damit verbundenen Probleme über Nacht wie durch ein Wunder gelöst wären? Stellen Sie sich den Tag so genau wie möglich vor. Wie sieht hier etwa der Kontakt zu ihren Kollegen aus? Wie ist Ihre Kommunikation mit den Schülern? Wie läuft der Unterricht ab? Wenn Sie dieses Bild mit seinen einzelnen Facetten vor Ihrem inneren Auge haben, lassen Sie es einen Moment auf sich wirken. Wie fühlt es sich an?

Nun überlegen Sie sich bitte, was sie tun könnten, um diesen Zielzustand zu erreichen. Überlegen Sie dabei, was Sie bereits versucht haben und was *nicht* funktioniert hat. Nehmen Sie sich vor, etwas anderes, etwas Neues auszuprobieren.

Konzentrieren Sie sich auf einen Bereich und setzen Sie Meilensteine fest, also Nahziele, die Sie in kurzer Zeit erreichen können. Denken Sie daran: Entscheidend sind Ihre Wünsche und Ziele, nicht bestimmte Routinen und Gewohnheiten.

Zunehmenden Einfluss gewinnt die Systemtheorie auch auf die Thematiken *Lernen* und *Didaktik*. Wenn wir es bei den Beteiligten im Lehr-Lern-Prozess mit operational geschlossenen Systemen zu tun haben, die alle Impulse von außen nicht automatisch aufnehmen, sondern als Störungen behandeln und sich daraufhin vielmehr selbstreferentiell, also auf sich selbst beziehend, in einen Gleichgewichtszustand bringen, dann wird der traditionelle Begriff von Lernen und Didaktik komplett in Frage gestellt. Bilder der normativen Pädagogik, die den Erzieher etwa als Gärtner und den Zögling als zu begießendes und zu pflegendes Subjekt darstellen, sind damit endgültig vom Tisch. Der Lehrer kann dagegen nur Angebote machen, um im Bild zu bleiben, nur die Gießkanne neben den Schüler stellen. Da es jedoch unklar ist, ob der Inhalt der Gießkanne der richtige ist oder der Behälter selbst angebracht ist, müssen multiple Angebote gemacht werden. Nun können Sie natürlich zu Recht einwerfen: Wenn alle Erkenntnis Konstruktion ist, wie kann man dann überhaupt wissen, welche Inhalte relevant sind und welches die angemessene Form der Übermittlung ist? Dazu gibt es einen Anhaltspunkt: Viabilität. Systemisch relevant ist also, was viabel ist, das heißt zum Überleben des Systems beiträgt.

Die Aufgabe von Erziehung und Bildung liegt also weniger darin, „von den Menschen etwas bestimmtes zu wollen, als vielmehr zuzulassen, daß sie, als selbstorganisierende Organismen gedacht, Autopoiese durch eine Teilhabe an der Fülle der Wirklichkeit vollziehen können und so den Raum der Individualisierungsmöglichkeiten zu erweitern." (Lenzen 1992, S. 83)

Aus einer systemisch-konstruktivistischen Sicht auf Unterricht ist die konstruktive Eigentätigkeit der Lernenden und Kontextbezug beim Lernen zentral. Handlungen der Lehrkraft sind keine Instruktionen – solche sind bei operationalen geschlossenen Systemen zwecklos – sondern vielmehr aktive Konstruktionen. Die so geschaffenen Lernumgebungen sollen Bezüge zu realen „authentischen Lebenssituationen haben" (vgl. Helmke 2009, S. 68ff.) und alles Lernen soll in einen sozialen Kontext eingebettet werden. Dies folgt der Annahme, dass Lernprozesse sozial geteilte Aktivitäten sind. Die Lernenden sollen also aktiv in den Lernprozess eingebunden werden. Anwendung finden diese Grundüberlegungen in didaktischen Konzeptionen wie dem entdeckenden und dem situierten Lernen. Die Tendenzen gehen dabei stets von der Fremdsteuerung zur Eigenverantwortung.

Anforderungen an den Unterricht, welche zwar nicht systemtheoretisch fundiert sind, den besagten Grundüberlegungen dennoch sehr nahe stehen, finden sich beispielsweise in Kriterien guten Englischunterrichts für die Primarstufe. Durch den Unterricht sollen zahlreiche authentische, echte Kommunikationsanlässe generiert werden, die sowohl an bisherige sprachliche Kenntnisse der Schüler anknüpfen, als auch in vertraute Kontexte eingebunden sind (vgl. Elsner/Kessler 2009). Es sollen „entschlüsselbare Lernsituationen" geschaffen werden, die viele Gelegenheiten zu eigenen freien und ungezwungenen Sprachproduktionen bieten. Der Unterricht soll handlungsorientiert und abwechslungsreich sein, die Schüler sollen die Möglichkeit haben, Dinge selbst zu entdecken und überhaupt vom Gefühl abgebracht werden, es ginge im Unterricht lediglich um Lernen (vgl. ebd.).

Fehler seitens der Schüler sollen nicht aus einer defizitären Sichtweise betrachtet, sondern als Indikatoren des Lernprozesses und damit als Chancen genutzt werden (vgl. Engel 2008). Das könne etwa dadurch geschehen, dass Fehler bis zu einem gewissen Maß ignoriert oder beiläufig, etwa durch Wiederholungen, korrigiert werden. Keinesfalls soll die Fehlerkorrektur die Lust der Kinder an selbstständigen Äußerungen, Kreativität und Risikobereitschaft hemmen. Es geht also um eine Unterstützung von Sprachbewusstheit fernab von grammatikalischem Regellernen (vgl. ebd.).

Die in diesem Kapitel dargestellten alternativen Modellierungsansätze zeichnen sich im Vergleich zu Prozess-Produkt-Modellen durch eine höhere Dynamik aus.

Sie schaffen es manchmal besser, die Verbindung von fachlichen und sozialen Aspekten abzubilden. Auch Veränderungen, Wechselwirkungen und zirkuläre Prozesse finden hierbei stärkere Berücksichtigung. Damit haben diese Modelle den Anspruch, die Realität authentischer abzubilden. Wie weiter oben dargestellt wurde, geht dieser Anspruch jedoch auf Kosten ihrer Umsetzungsmöglichkeiten. Denn komplexe Sachverhalte sind empirisch schwierig zu erfassen. So sind aus konstruktivistisch-systemtheoretischer Perspektive qualitative Methoden quantitativen Erhebungsinstrumenten vorzuziehen (vgl. Huschke-Rhein 2003, S. 241). Empirisch-analytische und statistische Methoden sind jedoch als Zugangsmöglichkeiten grundsätzlich nicht auszuschließen. Allerdings hat die Feldforschung bei diesem Ansatz immer Vorrang gegenüber der Laborforschung. Außerdem sollte die Vernetzung zwischen den pädagogischen Systemen stets beachtet werden (ebd.). Problematisch bleiben bei diesem Ansatz die erkenntnistheoretischen Grundannahmen und Schlussfolgerungen, etwa seine Zirkularität und mangelnde Falsifizierbarkeit. Dies gilt vor allem für den radikalen Konstruktivismus, weniger für seine gemäßigten Varianten.

1.3 Fazit

Während Prozess-Produkt-Modelle und das Angebots-Nutzungs-Modell eher kausale Prozesse abbilden und Interventionsmöglichkeiten aufzeigen, zielen transaktionale, systemische und konstruktivistische Modelle auf Prozesse, die bestimmte Zustände aufrechterhalten, manchmal auch unerwünschte Zustände. Dem transaktionalen Ansatz zufolge werden Menschen durch ihre Handlungen ihre Umwelt so verändern, dass diese veränderte Umwelt auf ihr Handeln und Erleben zurückwirkt. Systemische Modelle suchen nicht nach Anfang oder Ende solcher Zusammenhänge, sondern betrachten sie als sich selbst erzeugend und selbst stabilisierend. Natürlich sind trotzdem Veränderungen möglich, diese erfordern aber oft eine Umdeutung der Situation und eine radikale Neukonstruktion der Zusammenhänge aus der Sicht der Betroffenen. Veränderungen erfolgen dann eher sprunghaft und nicht allmählich oder kumulativ. Konstruktivistische Ansätze betonen die Geschlossenheit und autopoietische Natur von Erkenntnis und Interaktionssystemen.

Alle aufgeführten Modelle sind nützlich, weil vermutlich verschiedene Arten von Wirklichkeit gegeben sind, die Realität der Bedingungszusammenhänge, die langfristig wirken, und die Realität der durch menschliches Denken und Handeln geschaffenen Systeme, die sich sprunghaft in Krisensituationen verändern können, aber auch infolge ihrer operationalen Geschlossenheit oft sehr resistent gegenüber Veränderungsversuchen sind. Im Hinblick auf die Messung pädagogischer Qualität ist zu beachten, dass wir im Unterschied zum radikalen Konstruktivismus an der Idee festhalten, dass es durchaus Kriterien für die Unterscheidung zwischen „wahr" und „falsch" gibt und dass die Falsifikation, also die Widerlegung von theoretisch begründeten Annahmen durch empirische Überprüfung, einen wissenschaftlich sinnvollen Weg zur Erweiterung unseres Wissens über pädagogische Qualität darstellt. Selbst wenn die Idee des guten Unterrichts nur eine Fiktion wäre, so wäre sie doch eine nützliche Fiktion. Aber sie ist mehr als eine Fiktion.

2 Indikatoren und Messinstrumente

Im zweiten Kapitel dieses Buches stellen wir Ihnen konkrete Indikatoren und Messinstrumente für die Qualität von Unterricht vor. Dazu wird zunächst einmal geklärt, was denn überhaupt ein gutes Messinstrument auszeichnet. Sie werden die einschlägigen Gütekriterien mit verständlich aufbereiteten Fachbegriffen kennen lernen und nach der Lektüre gut einschätzen können, wann ein Messinstrument besser im Papierkorb verschwinden sollte und wann es sich um ein qualitativ hochwertiges Instrument handelt.

Nach der Einführung in die Merkmale guter Messinstrumente möchten wir Ihnen einige Beispiele aus der Praxis der Empirischen Bildungsforschung vorstellen. Wir halten eine Einteilung der Zielbereiche von Unterrichtsforschung in vier Kategorien für sinnvoll. Eine erste grundlegende Einteilung unterscheidet zwischen fächerübergreifenden und fachspezifischen Merkmalen und Ergebnissen von Unterricht. *Fachspezifisch* ist alles, was einem bestimmten Fach exklusiv zugeordnet werden kann und eine Besonderheit des Faches darstellt. Das können etwa die erlebte Sicherheit der Bewegungsdimension im Sportunterricht oder die fachspezifischen aktiven Gestaltungsmöglichkeiten wie Komponieren oder aktives Musizieren im Musikunterricht sein. *Fächerübergreifend* sind unspezifische Qualitätsindikatoren von Unterricht wie etwa die Interessantheit oder die Strukturiertheit des Unterrichts. Diese Messinstrumente können auf jeden beliebigen Unterricht bezogen werden.

Nun zerlegen wir die bisherige Einteilung in zwei Felder noch einmal, und zwar auf der einen Seite in den prozessorientierten Fokus und auf der anderen Seite in den ergebnisorientierten Fokus. Einen knappen Überblick dazu liefert Tabelle 2.

Tabelle 2: Einteilung der Indikatoren und Instrumente in vier Bereiche

Fachspezifische Prozessqualität	Fächerübergreifende Prozessqualität
Bezieht sich auf die Qualität eines bestimmten Unterrichtsfaches und analysiert den Ablauf.	Bezieht sich auf die Qualität von Unterricht im Allgemeinen.
Beispiel: das Sicherheitserleben im Sportunterricht	Beispiele: der Motivierungsgehalt oder die Strukturiertheit von Unterricht
Fachspezifische Ergebnisqualität	**Fächerübergreifende Ergebnisqualität**
Güte der Leistungen und Kompetenzen, die durch den Unterricht erzielt werden, sowie die Einstellungen zum jeweiligen Fach.	Güte der überfachlichen Kompetenzen sowie erzieherischen Effekte.
Beispiele: mathematische Kompetenzen und Einstellungen zur Mathematik	Beispiele: Selbstregulationskompetenzen, kommunikative Kompetenzen, Sozialkompetenz

Die zuvor genannten Beispiele betreffen die *prozessorientierte Fragestellung*, da jeweils die Qualität des fachspezifischen oder fächerübergreifenden Unterrichtsprozesses im Mittelpunkt steht. Die ergebnisorientierte Seite bezieht sich auf den Output bzw. auf das Outcome – im Schulkontext überwiegend bei den Schülern, seltener bei den Lehrkräften. Auch das Outcome kann sich sowohl fachspezifisch als auch fächerübergreifend gestalten. So wäre eben die spezifische Erweiterung von Fachkompetenz, nachgewiesen durch Kompetenztests, oder auch die veränderte Einstellung zu einem Fach ein fachspezifisches Ergebnis. Wenn sich ein Schüler aber effektive Lernstrategien aneignet oder die kommunikative Kompetenz verbessert, dann sind diese Ergebnisse fächerübergreifend messbar und nicht fachgebunden.

Zu jeder der vier Dimensionen werden wir in den Kapiteln 2.2 und 2.3 nützliche Erhebungsinstrumente aus unserer Testothek vorstellen. Die kostenlose und ständig erweiterte Online-Testothek finden Sie unter: http://www.zebid-testothek.de

Im folgenden Kapitel erwartet Sie eine Einführung in die Gütekriterien von Erhebungsinstrumenten.

2.1 Gütekriterien und Testmodelle

Ziel dieses Kapitels ist es, Ihnen zu vermitteln, wie die Qualität eines Messinstruments beurteilt werden kann.

Vorab seien drei Werke mit recht unterschiedlichen Ansprüchen zu diesem Thema empfohlen. Eine kurze Vorstellung der drei wesentlichen Gütekriterien der empirischen Sozialforschung liefert das mit vielen Beispielen gefüllte Handbuch von Mittelstädt (2006, S. 58ff.). Das Buch richtet sich an Lehrkräfte, die selbst erste Evaluationsstudien in ihrem Unterricht durchführen möchten und einen praktischen, für den Laien verständlichen Ratgeber suchen. Zweitens empfehlen wir ein sehr umfangreiches und übersichtlich gestaltetes Kapitel von Moosbrugger und Kelava (2007, S. 7ff.). Dort werden weit mehr sinnvolle Gütekriterien als die üblichen drei vorgestellt. Neben der guten Verständlichkeit und Darstellung erfüllt das Buch einen hohen wissenschaftlichen Anspruch. Vor allem der erste Teil des Buches (Grundlagen) ist für methodisch interessierte Leser hervorragend geeignet, um zu verstehen, was hinter all den Skalen und Testinstrumenten der Forscher steckt bzw. stecken sollte. Aber Vorsicht: Spätestens ab der zweiten Hälfte (Erweiterungen) wendet sich das Buch mit modernen statistischen Verfahren doch stark der wissenschaftlichen Spitzenforschung zu. Das dritte und letzte Buch, auf das sich dieses Kapitel stützt, mag den Laien schnell wegen seiner ständig präsenten Formeln abschrecken. Dennoch zählt das umfangreiche Werk von Bortz und Döring (2002, S. 193) zu den absolut unumgänglichen Klassikern für versierte Forscher.

Die drei bekanntesten Gütekriterien von Tests sind die Objektivität, die Validität und die Reliabilität. In diesem Kapitel möchten wir zusätzlich noch die Kriterien „Testökonomie", „Zumutbarkeit" und „Fairness" vorstellen.

Objektivität

Stellen Sie sich einmal vor, jemand kommt mit einem Fragebogen auf Sie zu und spricht Sie an, ob Sie denn an einer kurzen Umfrage teilnehmen möchten. Sie bejahen und die Befragung geht los. Schnell stellen Sie fest, dass die durchführende Person kein großes Interesse an der Arbeit hat, sogar manche Fragen auslässt oder selbst ankreuzt und auch schon manchmal die eine oder andere Frage in eigene Worte fasst. Am nächsten Tag treffen Sie wieder auf dieselbe Umfrage, aber dieses Mal durchgeführt von einer zuverlässigen und freundlichen Person. Sie machen sich den Spaß und nehmen erneut teil. Die Kreuze werden gewissenhaft gesetzt, die Fragen werden deutlich und präzise vorgetragen, es macht auch Ihnen spürbar mehr Freude, an der Umfrage teilzunehmen. Glauben *Sie*, dass nun die Test-ergebnisse in beiden Fällen identisch ausfallen? Wohl kaum. Ein objektiver (und zuverlässiger) Test aber gelangt zu immer dem gleichen Ergebnis, unabhängig von der durchführenden Person. Damit eine hohe *Durchführungsobjektivität* erreicht wird, müssen die Untersuchungsleiter entsprechende Instruktionen für die Durchführung erhalten. Ein solcher Hinweis kann etwa sein, die Fragen wortwört-lich zu stellen. Ebenfalls haben sich standardisierte Antwortformate bewährt, die jede Möglichkeit diskret abdecken und der durchführenden Person keinen Spiel-raum für eigene Interpretationen mehr bieten. Es ist auch zu klären, wie auf Rück-fragen zu reagieren ist, damit die befragten Personen möglichst gleichartig behan-delt werden.

Bortz und Döring (2002, S. 194) liefern eine knappe, präzise Definition für die Objektivität eines Tests: „Die Objektivität eines Tests gibt an, in welchem Ausmaß die Testergebnisse vom Testanwender unabhängig sind."

Sie haben bereits eine Vorstellung davon, was unter Durchführungsobjektivität zu verstehen ist. Wie bei der Durchführung, so können ebenfalls während der Auswertung eines Tests Verzerrungen durch unterschiedliche Auswertungsschritte von Mitarbeitern entstehen. Was ist etwa bei fehlenden Werten zu tun? Sollen diese durch einen realen Mittelwert ersetzt, als fehlend markiert oder durch den theoretischen Mittelwert ersetzt werden? Was ist zu tun, wenn ein Fragebogen zurückkommt, bei dem in einer Aufgabe zwei Aussagen angekreuzt wurden, ob-wohl nur eine erlaubt war? Soll hier der Zufall entscheiden, welcher der beiden Werte gewählt wird, nimmt man einfach den Mittelwert oder zählt hier die Auf-gabe als nicht beantwortet? Fragen genau dieser Art müssen im Vorfeld schon be-rücksichtigt und klar beantwortet werden, damit eine hohe *Auswertungsobjektivität* gewährleistet ist. Wir verwenden beispielsweise bei unseren Untersuchungen oft Fragebögen, auf denen die Kodierung der Antwortvorgaben schon mit kleinen grauen Zahlenwerten für die Dateneingabe angegeben ist.

Ein dritter Unterbereich der Objektivität bezieht sich auf die Interpretation der Testergebnisse. Die Bewertung eines Ergebnisses kann je nach Stichprobe ganz unterschiedlich ausfallen. Nehmen wir einmal an, Sie führen eine Datenerhebung in einer Klasse durch und erhalten nach der Auswertung einen Mittelwert der Gruppe von 10. Der maximal erreichbare Wert des Tests liegt bei 30. Was bedeutet nun die 10 für Sie? Ist die Klasse nun schlecht, weil sie im Schnitt nur ein Drittel der Aufgaben gelöst hat? Sie benötigen also eine Bezugsnorm. Das kann beispiels-weise der Hinweis sein, dass bei anderen Klassen in derselben Altersstufe der

Mittelwert bei 8,5 liegt. Ihre Klasse hat demnach also sogar überdurchschnittlich gut in dem anspruchsvollen Test abgeschnitten. Ohne solche Bezugsnormen fällt die Interpretation eines Testergebnisses schwer. Eine hohe *Interpretationsobjektivität* ist also nur dann gegeben, wenn es Vergleichswerte gibt. Üblicherweise finden Sie solche Werte in der so genannten Skalendokumentation eines Instruments. Entsprechende Beispiele für eine solche Dokumentation finden Sie in den folgenden Kapiteln und auch bei allen unserer online verfügbaren Skalen.

Die exzellente Zusammenfassung von Moosbrugger und Kelava (2007, S. 10) zum Gütekriterium Objektivität trägt noch einmal das Wichtigste zusammen. Objektivität ist dann erfüllt, „wenn das Testverfahren, bestehend aus Testunterlagen, Testdarbietung, Testauswertung und Testinterpretation so genau festgelegt ist, dass der Test unabhängig von Ort, Zeit und Testleiter und Auswerter durchgeführt werden könnte und für eine bestimmte Testperson bzgl. des untersuchten Merkmals dennoch dasselbe Ergebnis zeigen würde."

Validität

Bortz und Döring (2002, S. 199) verstehen unter Validität, „wie gut der Test in der Lage ist, genau das zu messen, was er zu messen vorgibt." Was zunächst trivial klingt, ist bei genauerer Betrachtung oft ein Problem bei der Messung von psychometrischen Merkmalen. Wenn ein Test etwa vorgibt, die mathematische Kompetenz zu messen und nur Aufgaben zur Rechtschreibung in Deutsch enthält, ist schon die *Inhaltsvalidität* eindeutig verletzt. Wie aber sieht es aus, wenn es sich um einen Test zur allgemeinen mathematischen Kompetenz handeln soll und nur Additionsaufgaben auftauchen? Offensichtlich wird dann nur ein Teil der mathematischen Kompetenz gemessen. Der Test gilt als valide, ist aber in seinem Geltungsbereich stark eingeschränkt. Es müssen also weitere Untertests konstruiert werden, welche ebenso Multiplikation und je nach Zielgruppe altersbedingt auch Bruchrechnung oder Prozentrechnung enthalten. Dadurch kann der Geltungsbereich und eben auch die Validität weiter verbessert werden.

Empirisch überprüfen lässt sich die Validität eines Tests, wenn äußere Kriterien vorliegen, die auf die *Kriteriumsvalidität* schließen lassen. So kann etwa ein außerschulischer Mathematiktest in der Lage sein, die Zeugnisnote eines Schülers vorherzusagen. Diese Untergruppe der Kriteriumsvalidität nennt sich *Vorhersagevalidität*. Je näher die normierten Messwerte der beiden Tests beieinanderliegen, desto höher fällt die Validität aus. Wenn bereits das Ergebnis eines äußeren Kriteriums verfügbar ist und dann mit dem neuen Instrument gemessen wird, so erhalten Sie einen Hinweis auf die *Übereinstimmungsvalidität*. Die Kriteriumsvalidität kann üblicherweise Werte zwischen null und eins annehmen, wobei null auf gar keine Validität und eins auf ein absolut valides Instrument hindeutet.

Nun gibt es zur Absicherung der Validität nicht nur die Inhalts- und Kriteriumsvalidität, sondern auch eine Kombination dieser Ansätze, die schließlich in der *Konstruktvalidität* mündet. Dazu wird ein ganzes Netzwerk von Hypothesen generiert, d.h. das neue Testinstrument (bspw. zur erlebten pädagogischen Wirksamkeit) sollte mit zwei Außenkriterien (Berufszufriedenheit und Burnout) einen hohen Zusammenhang aufweisen, mit einem Außenkriterium (dem Alter) keinen

Zusammenhang zeigen und aufgrund seiner inneren Struktur keine Subdimensionen beinhalten, also eindimensional sein. Mithilfe von speziellen statistischen Verfahren kann dann geprüft werden, ob das komplette Modell durch die gemessenen Daten bestätigt wird.

Reliabilität

Dieser Fachbegriff aus der wissenschaftlichen Forschung beschreibt, wie zuverlässig ein Testinstrument den wahren Wert eines untersuchten Merkmals ohne Messfehler erfasst. Ein Instrument stellt sich als zuverlässig heraus, wenn es bei gleicher Merkmalsausprägung immer wieder zu demselben Ergebnis führt. Das klingt erst einmal so, als wäre diese Forderung einfach einzulösen, aber in der Praxis und besonders in der Individualdiagnostik ist das fast gar nicht zu leisten. Es gibt um den Messwert herum immer einen mehr oder weniger großen Vertrauensbereich, in dem der wahre Wert mit ausreichender Sicherheitswahrscheinlichkeit liegt.

Wie aber kann die Zuverlässigkeit eines Tests überhaupt bestimmt werden?

Üblicherweise werden in einem Test mehrere Aufgaben bearbeitet, um damit ein Personenmerkmal, z.B. die mathematische Kompetenz, zu erfassen. Im vorigen Abschnitt wurde schon dargelegt, dass mithilfe nur einer Aufgabe keine valide Aussage über die Kompetenz oder die Ausprägung eines Merkmals getroffen werden kann. Es ist daher eine größere Anzahl von Indikatoren für so ein nicht direkt sichtbares bzw. latentes Personenmerkmal erforderlich. Das Ergebnis einer Vielzahl von systematisch variierten Aufgaben kann schon ein sehr valides Abbild des zu erfassenden Konstrukts liefern.

Eine Möglichkeit zur Bestimmung der Reliabilität besteht darin, einen Test einfach zu wiederholen und die Ergebnisse zu vergleichen. Dieses Verfahren erfasst die so genannte *Retest-Reliabilität*. Stimmen die Ergebnispaare sehr gut überein, wird eine hohe Reliabilität nahe dem Werte eins erreicht. Weichen die Ergebnispaare stark voneinander ab, so geht die Reliabilität gegen null. In der Praxis kann die idealisierte Vorstellung von identischen Versuchsbedingungen und Merkmalsausprägungen aufgrund von Erinnerungseffekten oder Lernzuwächsen kaum realisiert werden. Hier wird auch deutlich, dass besonders die Objektivität einen maßgeblichen Einfluss auf die Reliabilität nimmt. Falls beim zweiten Testdurchlauf, dem Retest, die Durchführung oder Auswertung verändert abläuft, so ergibt sich womöglich ein deutlicher Einfluss auf das Ergebnis und die Reliabilität nimmt ab. Eine hohe Reliabilität kann also nur erreicht werden, wenn eine ausreichende Objektivität des Tests vorliegt. Die Objektivität ist daher ein notwendiges Kriterium für die Reliabilität.

Anstatt nun zweimal denselben Test zu unterschiedlichen Zeitpunkten einzusetzen, ist es ebenso möglich, die Ergebnisse mit einem sehr ähnlichen Test zu vergleichen und so die *Paralleltest-Reliabilität* zu bestimmen. Dadurch entsteht der Vorteil, dass kein zeitlicher Versatz mehr notwendig ist, die Tests können nacheinander oder ineinander verflochten dargeboten werden. So tritt das Problem mit unterschiedlichen Testbedingungen und Merkmalsausprägungen kaum mehr auf. Für beide Tests liegen dieselben Bedingungen vor.

Eine ähnliche Lösung wie beim Paralleltest-Verfahren wird erreicht, wenn ein Test in zwei ganz ähnliche Hälften zerlegt wird. Der Vorteil hier ist, dass die Zerlegung in zwei Hälften auch nachträglich, nach der Datenerhebung, noch durchgeführt werden kann. Je ähnlicher die Ergebnisse der beiden Testhälften ausfallen, umso höher ist die *Testhalbierungs-Reliabilität*.

Kann man nun aber einen Test nicht auch noch in viel mehr als nur in zwei ähnliche Hälften aufteilen? Ein bereits geteilter Test könnte doch auch erneut in zwei weitere ähnliche Hälften zerlegt werden usw. Führt man diese Prozedur nun immer so fort, bleiben schließlich nur noch einzelne Items für einen Vergleich miteinander übrig. Genau dieses Verfahren wird in der empirischen Forschung zur Bestimmung der Reliabilität von Testinstrumenten üblicherweise angewandt und führt zu dem α-Koeffizienten von Cronbach. Da jedes Item, betrachtet als kleinster Einzeltest, mit den übrigen Items auf die Ähnlichkeit hin überprüft wird und höhere Werte der Reliabilität entstehen, je ähnlicher sich die Items sind, spricht man im Zusammenhang mit Cronbachs α auch von einem Maß für die *Interne Konsistenz* eines Tests. Instrumente mit einer Reliabilität von über 0.7 gelten allgemeinhin als reliabel. Sie sollten daher eine große Portion Skepsis den Skalen oder Tests gegenüber hegen, die ein geringeres Cronbachs α aufweisen. Bei solchen Instrumenten ist das Testergebnis zu wenig präzise und die Konsistenz ist fragwürdig. Mehr über Cronbachs α-Koeffizient können Sie bei Bühner (2006, S. 131ff.) erfahren.

Sie haben jetzt die drei wichtigsten Gütekriterien Objektivität, Validität und Reliabilität von Testinstrumenten kennen gelernt. Wir möchten Ihr Wissen in den nächsten Abschnitten noch um drei weitere interessante Gütekriterien, nämlich Testökonomie, Zumutbarkeit und Fairness ergänzen.

Testökonomie

Die Ökonomie eines Tests möchten wir anhand des folgenden Beispiels verdeutlichen. An mehreren Schulen soll die Interessantheit des Unterrichts erfasst und dann miteinander verglichen werden. Insgesamt werden 200 Schüler befragt. In einem fiktiven Fall sollen die Schüler einen kleinen Aufsatz über den Unterricht ihres Klassenlehrers verfassen, nicht zu lang, nur eine DIN-A4-Seite. Die 200 Aufsätze werden dann von zahlreichen Mitarbeitern in ein spezielles Programm für die qualitative Inhaltsanalyse eingegeben, anschließend kodiert und ausgewertet. Am Ende wurde mit heuristischen Verfahren die Interessantheit des Unterrichts eingeschätzt. In einem anderen Fall wird den 200 Schülern eine Skala mit neun Aussagen zur Interessantheit des Unterrichts vorgelegt. Ein Beispiel für eine Aussage aus einer solchen Skala wäre: „Unsere Lehrerin/unser Lehrer stellt Verbindungen zwischen dem Unterrichtsstoff und dem täglichen Leben her." Diese Aussage kann dann über vier Antwortvorgaben von „stimme voll zu" bis „stimme gar nicht zu" von den Schülern durch Ankreuzen bewertet werden. Das gleiche gilt für die übrigen acht Aussagen zur Interessantheit des Unterrichts.

Welches der beiden zuvor genannten Verfahren halten Sie für ökonomischer?

Im ersten Fall müssen die Schüler einen eigenen Fließtext verfassen und benötigen etwa 30 Minuten Zeit. Im zweiten Fall füllen die Schüler eine Skala mit neun Aussagen aus und brauchen dazu etwa 5 Minuten. Auch die Dateneingabe und die Datenauswertung gehen im zweiten Fall deutlich schneller. Im zweiten Fall ist also nicht nur der zeitliche Aufwand auf der Schülerseite wesentlich geringer, sondern auch der zeitliche und damit finanzielle Aufwand beim Forscherteam. Fraglich ist auch, ob die qualitative Inhaltsanalyse überhaupt ein geeignetes Verfahren ist, um später Schulvergleiche auf quantitativer Ebene vorzunehmen. Die besondere Stärke von qualitativen Verfahren liegt gerade in der Erschließung von Sinnzusammenhängen, die hier aber gar kein Ziel der Forschung waren. Das zweite Verfahren weist also eine deutlich bessere Testökonomie auf.

Moosbrugger und Kelava (2007, S. 21) fassen die Testökonomie folgendermaßen zusammen: „Ein Test erfüllt das Gütekriterium der Ökonomie, wenn er, gemessen am diagnostischen Erkenntnisgewinn, relativ wenig Ressourcen wie Zeit, Geld oder andere Formen beansprucht."

Die Testökonomie umfasst demnach den finanziellen Aufwand, den zeitlichen Aufwand und ein günstiges Verhältnis von Kosten und Erkenntnisgewinn. Der finanzielle Aufwand entsteht nicht nur durch die Personalkosten, sondern auch durch Lizenzgebühren für spezielle Programme oder für das Testmaterial. Der zeitliche Aufwand umfasst die Vorbereitung der Datenerhebung, die Testdurchführung, die Dateneingabe und -auswertung, aber eben auch die Erstellung und ggf. persönliche Vorstellung einer Ergebnisrückmeldung.

Den Gütekriterien Objektivität, Reliabilität und vor allem der Validität ist gegenüber der Testökonomie allerdings der Vorzug zu geben. Denn was nützt es, wenn ein Ergebnis an Validität verliert, weil bei einer Beobachtungsstudie einer von zwei Beobachtern eingespart wurde? Abschließend ist es sicherlich eine gute Empfehlung, bei jeder Forschungsstudie zu fragen, ob nicht auch eine günstigere, weniger zeitintensive Alternative den gleichen Erkenntnisgewinn erzielt.

Zumutbarkeit

Der Aspekt der Zumutbarkeit bezieht sich ausschließlich auf die zu testenden Personen und fordert, dass ein Testverfahren die Probanden schont. Hier kann sozusagen von einer Testökonomie auf der Seite der Getesteten gesprochen werden. Ausschlaggebend für die Beurteilung der Zumutbarkeit eines Testverfahrens ist sicherlich die Bedeutung der Entscheidung, die von den Ergebnissen abhängt. Beispielsweise kann ein aufwändiges Assessment-Center für Führungskräfte im mittleren Management vollkommen angemessen und zumutbar sein, während das gleiche Verfahren für Hilfskräfte als unzumutbar angesehen wird. Es hängt also von gesellschaftlichen Normen ab, ob ein Test noch als zumutbar oder eben nicht angesehen wird.

Moosbrugger und Kelava (2007, S. 22) liefern für die Zumutbarkeit eine interessante Definition, welche drei Dimensionen von Belastung bei den Probanden erkennt: „Ein Test erfüllt das Kriterium der Zumutbarkeit, wenn er absolut und relativ zu dem aus seiner Anwendung resultierenden Nutzen die zu testende Person in zeitlicher, psychischer sowie körperlicher Hinsicht nicht über Gebühr belastet."

Berücksichtigen Sie bei der Auswahl eines Testinstruments daher auch die zeitlichen, psychischen und körperlichen Belastungen für die Testpersonen.

Fairness

Die Fairness eines Tests ist dann gegeben, wenn die Testaufgaben zu keiner systematischen Benachteiligung von Personengruppen führen. Beispielsweise werden Frauen durch Tests zur Mentalen Rotation auch nach Training stärker benachteiligt als durch andere Tests zum räumlichen Vorstellungsvermögen (vgl. Linn/Petersen 1985). Intelligenztests sollten daher auf diese spezielle Art von Aufgaben verzichten, damit die Fairness des Tests hergestellt wird. Ähnliches gilt, wenn ein Test Personen allein aufgrund ihres Migrationsstatus, ihrer Hautfarbe, Religion oder politischen Präferenz diskriminiert.

Ein Test ist dann fair, wenn die Zugehörigkeit zu ethnischen, soziokulturellen oder geschlechtsspezifischen Gruppen keinen ursächlichen Effekt auf die Testergebnisse ausübt (vgl. Moosbrugger/Kelava 2007, S. 23).

Testmodelle

Die Entwicklung von Testinstrumenten und deren Auswertung basierte bis in die 1990er Jahre hinein fast ausschließlich auf der klassischen Testtheorie. Dies gilt auch heute noch (vgl. Amelang/Schmidt-Atzert 2006, S. 33). Noch immer wird in der gegenwärtigen Zeit die so genannte Item-Response-Theorie wenig bei der Konstruktion und Auswertung von Testinstrumenten berücksichtigt. Dabei ergeben sich daraus viele Vorteile gegenüber der klassischen Lösung. Aus diesem Grund halten wir die Nutzung der jüngeren Item-Response-Theorie (IRT) für ein Gütekriterium von Tests. Es folgt daher eine kurze Einführung in die Grundlagen beider Theorien und die Vorstellung der Vorteile eines sehr erfolgreichen Modells aus der IRT.

In der *klassischen Testtheorie* wird davon ausgegangen, dass sich ein Messergebnis aus dem *wahren Wert* und einem *Messfehler* zusammensetzt. Der wahre Wert entspricht dabei der tatsächlich vorhandenen Merkmalsausprägung (Fähigkeit oder Kompetenz) einer Person zum Testzeitpunkt. An den wahren, nämlich messfehlerfreien Wert einer untersuchten Merkmalsausprägung gelangt der Forscher im Rahmen dieser Testtheorie, indem er eine unendliche Anzahl an Messungen durchführt. Das erscheint in der Praxis kaum durchführbar und gilt daher als ein Kritikpunkt (vgl. Amelang/Schmidt-Atzert 2006, S. 60) der Theorie. Die unendlich wiederholten Messungen zeigen in der Theorie den großen Vorteil, dass die Messfehler sich gegenseitig aufheben und schließlich der wahre Wert isoliert dasteht. Der Grund liegt darin, dass etwa in der einen Hälfte der Messungen das Ergebnis mehr oder weniger unter dem wahren Wert und in der anderen Hälfte mehr oder weniger darüber liegt. Messfehler entstehen durch unsystematische und unkontrollierte Störeinflüsse wie z.B. Müdigkeit oder Lärm, aber auch durch geringe Motivation, weil etwa die Befragung als äußerst störendes Ereignis und als wenig sinnvoll wahrgenommen wird. (Bühner 2006, S. 26f.) Messfehler stehen also der klassischen Testtheorie zufolge in keinem statistischen Zusammenhang zueinander und summieren sich über die idealtypische Annahme von unendlich vielen Messungen zu Null. (vgl. Amelang/Schmidt-Atzert 2006, S. 34)

Ein anderer Weg wird mit der so genannten *Item-Response-Theorie* gegangen. Bei dieser Theorie besteht die Grundannahme, dass die Testaufgaben direkte Indikatoren für eine latente Merkmalsausprägung sind. Die Lösung der Aufgaben hängt allein von dem Fähigkeitsniveau des Probanden ab. Die großen Vorteile ergeben sich nun vor allem im Rahmen der probabilistischen, d.h. wahrscheinlichkeitsbasierten Testtheorie, die einen sehr großen Raum innerhalb der Item-Response-Theorie einnimmt. Die Item-Response-Theorie kann wohl am besten mit Item-Antwort-Theorie oder Item-Reaktion-Theorie übersetzt werden. Im Gegensatz zur klassischen Testtheorie können mit der *probabilistischen Testtheorie* Aussagen über die Lösungswahrscheinlichkeiten einzelner Aufgaben in Abhängigkeit von individuellen Fähigkeitsniveaus getroffen werden. Schauen wir uns zunächst einmal ein Beispiel für einzelne Testergebnisse an. Ist die Interpretation von Testergebnissen immer eindeutig?

Der Fachbereich Sport hat es zumindest in der Leichtathletik recht leicht, Leistungen oder Fähigkeiten zu ermitteln, da auf physikalische Maßeinheiten zurückgegriffen werden kann. Diese Maßeinheiten zeigen enorme Vorzüge. Wählen wir zur Veranschaulichung einmal das Beispiel Hochsprung. Die Höhe der Latte kann sehr genau mit einem Instrument (z.B. geeichter Zollstock) ermittelt werden. Die Maßeinheit Meter liegt auf einer Verhältnisskala, d.h. die Skala beinhaltet den absoluten Nullpunkt und zeigt Intervallskalenniveau. (vgl. Bühner 2006, S. 74) Zeigt eine Person absolut keine Fähigkeit für Hochsprung, so wird nicht einmal die niedrigste mögliche Latte übersprungen. Das Ergebnis im Hochsprung wird daher null Meter heißen. Springt eine Person, nennen wir sie Anton, 50 cm, eine andere Person Berta 70 cm Meter und eine weitere Person Caesar 90 cm hoch, so kann aufgrund des Intervallskalenniveaus gesagt werden, dass die Differenzen zwischen den Personen A. und B. (20 cm) sowie B. und C. (20 cm) jeweils gleich groß sind (vgl. Abbildung 8).

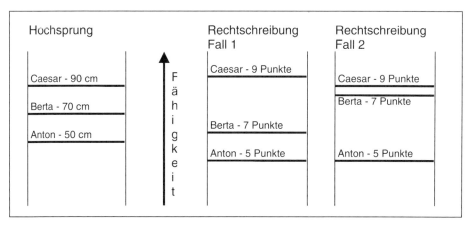

Abbildung 8: Beispiele für die Interpretation von Messwerten nach Fähigkeit

Wie ist das nun mit psychometrischen Merkmalen, etwa der Rechtschreib-fähigkeit? Einmal angenommen eine Person bearbeitet einen Test und erreicht null von 20 Punkten. Liegt die Rechtschreibfähigkeit dann wirklich bei null und ist damit nicht vorhanden? Es kann doch auch sein, dass der Test zu schwer und dem Niveau nicht angemessen war. Offenbar gibt es unterschiedliche Bedeutungen des Ergebnisses null, etwa wenn die Fähigkeit für Hochsprung mit der Fähigkeit Rechtschreibung verglichen wird. Wie sieht es nun bei der Rechtschreibung mit den Differenzen zwischen einzelnen Ergebnissen von Personen aus? Wenn Anton fünf Punkte erzielt, Berta sieben Punkte und Caesar neun Punkte, sind die Abstände auf einem fiktiven Fähigkeitsmaßband zwischen Anton und Berta (2 Punkte) sowie zwischen Berta und Caesar (2 Punkte) dann wie im Beispiel aus dem Hochsprung identisch? Was ist, wenn Caesar im Vergleich zu Berta zwei sehr schwere Aufgaben zusätzlich gelöst hat und auf diese Weise zu den neun richtig gelösten Aufgaben kam? Ist die Differenz der Fähigkeiten zwischen Berta und Caesar dann nicht größer einzuschätzen als zwischen Anton und Berta, auch wenn rein rechnerisch die Differenz jeweils genau zwei beträgt (vgl. Abbildung 8, Recht-schreibung – Fall 1)? Es ist ebenso denkbar, dass der Fall 2 aus der Abbildung für die Ergebnisse der Rechtschreibung gilt und die Fähigkeiten von Berta und Caesar ganz ähnlich ausfallen, während sich Berta und Anton deutlicher unterscheiden. Woran kann das liegen? Es ist nach der klassischen Testtheorie möglich, dass Caesar eine ganze Menge einfache Aufgaben gelöst hat, Berta hingegen im Ver-hältnis zu Caesar mehr schwierige Aufgaben lösen konnte und bei einigen ein-fachen Aufgaben falsch lag. Die Interpretation der Ergebnisse hängt also auch da-von ab, welche Aufgaben gelöst wurden. Dadurch wird die Interpretation deutlich erschwert. Abhilfe schafft die probabilistische Testtheorie mit einem heraus-ragenden Modell, das nachfolgend genauer erläutert wird.

Eine elegante Möglichkeit, um Ergebnisse aus der Psychometrie ähnlich dem aus Forschersicht sehr günstigen physikalischen Modell interpretieren zu können, liefert Georg Rasch (1960/1980) mit dem nach ihm benannten Rasch-Modell. Häufig wird dieses Modell auch das einparametrige logistische Modell genannt, da nur ein Parameter, nämlich die Differenz von Personenfähigkeit und Item-schwierigkeit darüber entscheidet, mit welcher Wahrscheinlichkeit die Aufgabe gelöst wird (vgl. Rost 2004, S. 133). Die Itemfunktion einer Aufgabe, die perfekt in das Rasch-Modell passt, zeigt die folgende Abbildung.

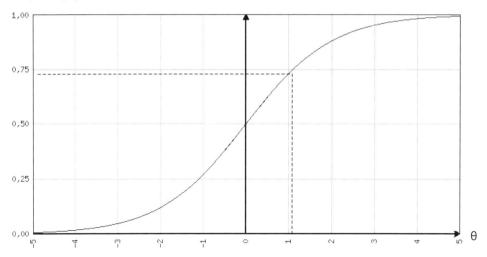

Abbildung 9: Die Itemfunktion des Rasch-Modells

Auf der Ordinate (y-Achse) sind die Lösungswahrscheinlichkeiten abgetragen. Diese reichen von 0 bis 100% (identisch mit 0 bis 1). Auf der Abszisse (x-Achse) verläuft die Differenz aus Personenfähigkeit (θ, sprich „theta") und Itemschwierigkeit (σ, sprich „sigma") von minus fünf bis plus fünf. Was bedeuten diese Werte nun nach dem Rasch-Modell? Entspricht die Personenfähigkeit genau der Itemschwierigkeit, beträgt die Differenz null. An dieser Stelle liegt die Lösungswahrscheinlichkeit der Aufgabe bei 50%. Liegt die Personenfähigkeit eine Einheit über der Itemschwierigkeit, so erhöht sich die Lösungswahrscheinlichkeit von 50% auf 73% (s. gestrichelte Linien in Abbildung 9). Tabelle 3 zeigt Ihnen eine Übersicht über die Lösungswahrscheinlichkeiten in Abhängigkeit der Differenz aus Personenfähigkeit und Itemschwierigkeit. Diese Differenz entspricht vereinfacht zusammengefasst dem Logit der Lösungswahrscheinlichkeit.

Tabelle 3: Lösungswahrscheinlichkeit in Prozent und Logit der Lösungswahrscheinlichkeit

Logit	-5	-4	-3	-2	-1	0	1	2	3	4	5
Lösungswahrscheinlichkeit in %	1	2	5	12	27	50	73	88	95	98	99

Im Rahmen der probabilistischen Testtheorie erfolgt eine Parameterschätzung der Personenfähigkeit und Itemschwierigkeit. In der korrekten Fachsprache wird die individuelle Merkmalsausprägung dann als Personenparameter und die geschätzte Itemschwierigkeit als Itemparameter bezeichnet. Die Schätzungen der Parameter erfolgen üblicherweise mithilfe von iterativen Verfahren so, dass „für die empirisch beobachtete Datenmatrix eine bestmögliche Anpassung resultiert." (Amelang/ Schmidt-Atzert, S. 75) Die Aufgaben bzw. Items eines Rasch-konformen Tests liefern idealerweise die in Abbildung 9 abgetragenen Lösungswahrscheinlichkeiten von Probanden, und zwar immer in Abhängigkeit der Personenfähigkeiten, deren numerische Werte in der probabilistischen Testtheorie durch Personenparameter ausgedrückt werden.

In Abbildung 10 sehen Sie die Lösungswahrscheinlichkeiten von drei Items mit den Parametern $\sigma_1 = -1$, $\sigma_2 = 0$ und $\sigma_3 = 1$. Das heißt, eine Person mit dem Parameter $\theta = 0$ löst das mittelschwere Item mit dem Parameter σ_2 mit 50%iger Wahrscheinlichkeit, das leichtere Item (σ_1) mit 73%iger und das schwierigere Item (σ_3) mit 27%iger Wahrscheinlichkeit.

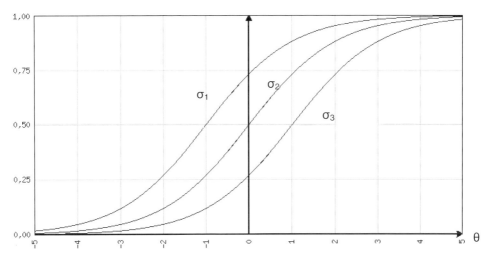

Abbildung 10: Itemfunktionen von drei Items mit den Parametern $\sigma_1 = -1$, $\sigma_2 = 0$ und $\sigma_3 = 1$

Eine Person, deren Parameter (Fähigkeit) ein Logit höher ausfällt ($\theta = 1$), löst Item$_1$ mit 88%iger, Item$_2$ mit 73%iger und Item$_3$ mit 50%iger Wahrscheinlichkeit. Sie erkennen an dem Beispiel der beiden Personen, dass es keine Rolle spielt, wie schwer ein Item absolut betrachtet ist, sondern es nur auf die relative Schwierigkeit, nämlich der Differenz aus Personen- und Itemparameter für die Lösung einer Aufgabe ankommt. Diese Eigenschaft des Rasch-Modells wird auch *Additivität von Item und Personenparameter* genannt. (vgl. Bühner 2006, S. 340f.) So können im Rahmen der probabilistischen Testtheorie personenspezifische Lösungswahrscheinlichkeiten von Aufgaben berechnet werden. Auf der Grundlage der klassischen Testtheorie ist das nicht möglich. Personenspezifische Lösungswahrscheinlichkeiten von Items sind aber eine notwendige Voraussetzung für das adaptive, computergestützte Testen, bei dem im Wesentlichen nur Aufgaben vorgelegt werden, die der Personenfähigkeit entsprechen. Mit diesem Verfahren kann eine sehr schnelle und präzise Diagnostik von Merkmalsausprägungen gelingen (vgl. Frey 2007).

Wir möchten Ihnen nun eine dem Rasch-Modell vorbehaltene Eigenschaft zeigen. Wie Sie an den Kurvenverläufen der Lösungswahrscheinlichkeiten der Items, auch Item-Characteristics-Curves (ICCs) genannt, erkennen können, überschneiden sich diese nicht. Sie sehen, dass die ICCs parallel verlaufen und lediglich nach links oder rechts verschoben sind. Diese Eigenschaft führt dazu, dass die Itemschwierigkeiten immer dieselbe Ordnung (Reihenfolge) einhalten. Es ist dabei egal, ob eine Person eine hohe oder niedrige Merkmalsausprägung zeigt, die Rangordnung der Itemschwierigkeiten bleibt identisch. Ein Item mit einer geringeren Schwierigkeit ist dem Modell nach für alle Personen einfacher zu lösen. Analoges gilt für schwierigere Items. In der Praxis der Testkonstruktion zeigt sich, dass das längst keine Selbstverständlichkeit ist, sondern eine hohe Anforderung an die Aufgaben stellt. Erfüllt ein Test diese Anforderungen, dann löst eine Person die Aufgaben unterhalb ihres Fähigkeitsniveaus mit höherer Wahrscheinlichkeit und die Aufgaben oberhalb ihres Niveaus mit niedrigerer Wahrscheinlichkeit. Es kommen dabei immer Ausreißer und Ausnahmen vor, da es sich um wahrscheinlichkeitsbasierte und nicht um determinierte Aussagen über die Lösung von Aufgaben handelt. Diese Ausnahmen bleiben aber innerhalb des vom Modell akzeptierten Rahmens. Sie sind sogar ein Bestandteil der Bestätigung des Modells: Nur wenn nicht zu viele und nicht zu wenige Ausnahmen bestehen, wird das probabilistische Modell angenommen. (vgl. Linacre/Wright 1994)

Wenn die Items nun die in der Abbildung 10 gezeigten parallelen Verläufe aufweisen, dann liegen *erschöpfende Statistiken* vor. Allein die Summe der gelösten Aufgaben liefert dann eine suffiziente Auskunft über die Personenfähigkeit. Gleiches gilt aber auch für die Itemschwierigkeit, die suffizient darüber bestimmt werden kann, wie viele Personen das Item gelöst haben. Dabei ist es unnötig zu wissen, welche Personen das im Einzelnen waren. Für die Schätzung der genauen Item- und Personenparameter auf der Grundlage einer erschöpfenden Statistik bestehen statistische Verfahren wie etwa die bedingte Maximum-Likelihood-Methode. Eine gut verständliche Einführung in die Berechnung der Parameter mit verschiedenen Likelihood-Methoden liefern Bühner (2006, S. 336ff.) und Amelang/Schmidt-Atzert (2006, S. 73ff.).

Liegen Rasch-konforme Items vor, so sind die Testergebnisse in Form der Personenparameter *spezifisch objektiv*. Die Differenz zwischen Personenparametern kann damit unabhängig von den ausgewählten Items eines Tests bestimmt werden. Auf der anderen Seite können die Differenzen zwischen den Itemparametern unabhängig von den ausgewählten Personen – stichprobenunabhängig – bestimmt werden. Bühner (2006, S. 340) merkt dazu einschränkend an, dass bei einem Vergleich von unterschiedlichen Personengruppen die Modellgeltung innerhalb der Gruppen gegeben sein muss. Erweist sich ein Test etwa bei Gymnasiasten als Rasch-konform, so ist die Modellgeltung nicht automatisch bei Hauptschülern gegeben. Das Modell muss zunächst an beiden Gruppen validiert werden, um eine spezifische Objektivität der Vergleiche auch zwischen den Gruppen (Hauptschüler und Gymnasiasten) zu erlauben.

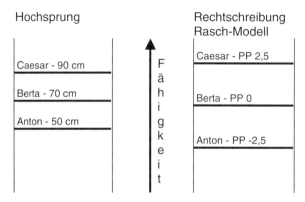

Abbildung 11: Interpretation von Messwerten auf Intervallskalenniveau

Wir möchten auf den Vergleich von Ergebnissen aus der physikalischen Messung (Hochsprung) mit denen aus der psychometrischen Messung (Rechtschreibung) zurückkommen. Sie sehen in Abbildung 11 erneut die bekannten Werte von Personen beim Hochsprung. Sie haben bereits erfahren, dass es sich bei der Einheit Meter um eine Intervallskala mit absolutem Nullpunkt (auch Verhältnisskala genannt) handelt. Das heißt, die Abstände zwischen den Personen fallen nicht nur numerisch, sondern auch in Bezug auf die Fähigkeit für Hochsprung gleich groß aus. Sie haben zuvor in Abbildung 8 gesehen, dass solche Aussagen aufgrund von Ergebnissen in der psychometrischen Diagnostik problematisch sein können. Gleich große numerische Abstände von Messergebnissen bedeuten eben nicht zwangsläufig auch gleiche Abstände der Personen in Hinblick auf ihre Merkmalsausprägung.

Mit der Logit-Skala aus der probabilistischen Testtheorie wird nun ebenfalls ein Intervallskalenniveau erreicht. Allerdings wird der Nullpunkt nicht absolut, sondern künstlich festgelegt. Bühner (2006, S. 74) spricht daher von Differenzskalenniveau. Sie haben bereits erfahren, dass der Nullpunkt auf der Logit-Skala bedeutet, dass der Personen- mit dem Itemparameter übereinstimmt und die Lösungswahrscheinlichkeit an diesem Punkt bei 50% liegt. Das kann sich auf ein Item oder auf den kompletten Test beziehen. In der Abbildung sehen Sie die Personenparameter von drei Personen. Anton erreicht nur einen niedrigen, unter dem mittleren Niveau des Tests liegenden Wert von –2,5 auf der Logit-Skala. Berta erzielt einen Personenparameter von null. Die Personenfähigkeit entspricht damit der Testschwierigkeit. Berta wird also etwa die Hälfte der Aufgaben lösen. Caesar liegt weitere 2,5 Logits über dem Personenparameter von Berta. Schauen wir in die zuvor gezeigte Tabelle 3, so wird Caesar zwischen 88% (Logit 2) und 95% (Logit 3) der Aufgaben lösen. Der genaue Wert liegt bei 92,4% (Logit 2,5). (Zur Berechnung s. Rost 2006, S. 264) Anton wird im Umkehrschluss nur 7,6% (Logit – 2,5) der Aufgaben lösen. Im Rahmen der probabilistischen Testtheorie ist es also möglich, von den Ergebnissen auch direkt auf die Merkmalsausprägung bzw. Personenfähigkeit zu schließen. Zwischen Anton und Berta liegen 42,4 Prozentpunkte, zwischen Berta und Caesar ebenso. Die Differenzen der latenten Merkmalsausprägung fallen bei gleich großen Differenzen der Testergebnisse (Personenparameter auf der Logit-Skala) identisch aus.

Sie haben nun eine Einführung in die probabilistische Testtheorie erhalten und konnten dadurch einige Vorteile gegenüber der klassischen Testtheorie kennen lernen. Es erweist sich gerade das Rasch-Modell mit der erschöpfenden Statistik durch geordnete, parallel verlaufende Itemfunktionen als besonders wertvoll. Nur mit so konstruierten Tests ist es streng genommen überhaupt erst zulässig, die Summenscores von Testaufgaben zu berechnen. (vgl. Rost 2004, S. 122) Das Rasch-Modell bietet zudem den enormen Nutzen der spezifisch objektiven Vergleiche. Erst dadurch ist das sehr effiziente adaptive Testen möglich: Probanden, deren Fähigkeitsniveau ungefähr bekannt ist, können mit speziell ausgewählten Aufgaben schnell und präzise getestet werden. Ein weiterer Vorteil ist, dass die Testergebnisse auf der Logit-Skala ein Intervallskalenniveau erreichen. Gleiche Abstände der Ergebnisse bedeuten daher auch gleiche Abstände der Merkmalsausprägung von Personen. Für professionelle Forscher sei schließlich noch angemerkt, dass sich mithilfe der probabilistischen Testtheorie individuelle Standardmessfehler des Testinstruments bestimmen lassen. (vgl. Moosbrugger 2007, S. 255) Man kann also für jede einzelne Person genau bestimmen, mit welcher Zuverlässigkeit der Aufgaben gemessen wurde.

Neben den zuvor in diesem Kapitel genannten Gütekriterien halten wir auch die Rasch-Konformität für ein Gütekriterium von Testinstrumenten. Erweist sich ein Test als modellkonform, so können Sie das als ein Indiz für dessen Qualität betrachten. Oft werden dazu globale oder itembezogene Fit-Werte angegeben (vgl. Linacre/Wright 1994), deren Bedeutung im Detail ein weiteres Kapitel in diesem Handbuch gewidmet werden müsste. Eine ausführliche Abhandlung über Modelltests liefert Bühner. (2006, S. 341ff.) Wir möchten uns an dieser Stelle darauf beschränken, Ihnen zu empfehlen darauf zu achten, ob die Passung in das Rasch-Modell zumindest geprüft und im Idealfall auch bestätigt wurde. Liegt ein Rasch-konformer Test vor, so können Sie auch ohne spezielle Computerprogramme den Nutzen daraus ziehen, wenn Sie mit den Summenscores der Aufgaben arbeiten. Diese sind dann bekanntlich eine erschöpfende Statistik und zeigen mit höheren Werten tatsächlich auch eine steigende Personenfähigkeit an. Den vollen Nutzen erzielen Sie mit Computerprogrammen wie WINMIRA und WINSTEPS, wenn Sie die Parameterschätzungen durchführen und die Werte auf der Logit-Skala abtragen. Nur mit dieser computergestützten Auswertung erzielen Sie Ergebnisse mit Intervallskalenniveau.

Wir möchten abschließend im Zusammenhang mit dem Rasch-Modell einen Querverweis auf Kapitel 5.3 einbringen. Dort wurden die Vorteile des Modells genutzt, um Niveaustufen auf der Skala zur erlebten Wirksamkeit von Schulleitern zu definieren.

2.2   Instrumente zur Messung der Prozessqualität

Wir möchten Ihnen nun einige Instrumente zur Messung der Prozessqualität von Unterricht aus unserer Testothek vorstellen. Sämtliche Instrumente stammen aus der wissenschaftlichen Forschung und wurden an einer ausreichend großen Stichprobe geeicht. Dadurch stehen Ihnen Bezugswerte zur Verfügung, die Ihnen bei der Interpretation von selbst erhobenen Ergebnissen zur Orientierung dienen.

Zunächst beziehen wir uns auf interessante und nützliche Skalen zur Befragung von Schülern und deren Sicht auf die Qualität des Unterrichts. Sie mögen nun fragen, ob Schüler überhaupt eine objektive und valide Quelle für Aussagen hinsichtlich der Unterrichtsqualität darstellen. Wir gehen davon aus, dass beispielsweise die Interaktionsgeschwindigkeit oder ein angenehmes Sozialklima in der Klasse valide durch die Schüler eingeschätzt werden können. Problematisch ist dann schon eher, wenn Schüler abstrakten Fragen ausgesetzt werden, wie etwa „Wie beurteilst du die didaktische Qualität des Unterrichts?" Sämtliche im Folgenden vorgestellten Instrumente enthalten daher konkrete Indikatoren für gut sichtbare Qualitätsmerkmale des Unterrichts. Auf diese Weise werden eine möglichst hohe Objektivität, Validität und eben auch Fairness der Lehrkraft gegenüber erreicht. Eine weiterführende Diskussion und Gegenüberstellung von Argumenten für und gegen Schülereinschätzungen finden Sie bei Bauer (2007, S. 37).

Neben Schülereinschätzungen können auch Personenmerkmale der Lehrkräfte, etwa die erlebte pädagogische Wirksamkeit oder aber auch die Gefährdung durch Burnout, mit entsprechenden Skalen erfasst werden. Hierin liegen mittelbare Indikatoren für die Unterrichtsqualität, denn die Qualität wird nicht direkt gemessen, sondern indirekt über eine Variable, die je nach Ausprägungsgrad einen positiven oder negativen Effekt auf die Qualität von Unterricht auszuüben vermag. Mehr dazu erfahren Sie am Ende des nächsten Unterkapitels.

Wir werden uns in den nächsten Abschnitten einerseits auf fächerübergreifende Merkmale der Unterrichtsqualität beziehen und andererseits auf fachspezifische Qualitätsindikatoren in den Fächern Sport und Musik. Die fachspezifischen Instrumente wurden von uns in einer engen Zusammenarbeit mit Kolleginnen und Kollegen aus der fachdidaktischen Forschung entwickelt.

2.2.1   Fächerübergreifende Qualitätsindikatoren

In diesem Kapitel stellen wir einige ausgewählte fächerübergreifende Instrumente zur Messung der Qualität von Unterricht vor. Die Fragebögen richten sich zunächst an Schüler, später im Fall der Skalen zum Burnout auch an Lehrkräfte. Einige Instrumente werden nur ausschnittsweise vorgestellt. Die vollständigen Instrumente mit der jeweiligen Skalendokumentation finden Sie auf unserer Testothek unter http://www.zebid-testothek.de.

Interaktionstempo

Gruehn nutzt in ihrer Studie zur Überprüfung von Zusammenhängen zwischen Schülerangaben zur Unterrichtsqualität und den erzielten fachlichen Leistungen einige neu konstruierte Skalen. Eine dieser Skalen misst das Interaktionstempo im Unterricht (vgl. Gruehn 2000, S. 130). In Abbildung 12 sind die einzelnen Aussagen der Skala aufgelistet.

Wie hoch ist das Tempo im Unterricht? Bitte kreuze zu jeder Aussage immer genau ein Kästchen an.				
Unser Lehrer…	Trifft voll und ganz zu	Trifft eher zu	Trifft eher nicht zu	Trifft überhaupt nicht zu
	(4)	(3)	(2)	(1)
1) … verlangt oft blitzschnelle Antworten.	❑	❑	❑	❑
2) … lässt bei Fragen kaum Zeit zum Nachdenken.	❑	❑	❑	❑
3) … geht sofort zum Nächsten, wenn man nicht sofort antwortet.	❑	❑	❑	❑
4) … fragt oft unberechenbar in die Klasse und erwartet sofortige Antworten.	❑	❑	❑	❑

Abbildung 12: Skala zum Interaktionstempo im Unterricht

Sie sehen, dass es sich um eine recht kurze Skala mit insgesamt nur vier Aussagen (Items) handelt. Alle Items sind gleich gepolt, d.h., die Antwortvorgabe „trifft voll und ganz zu" bestätigt stets ein hohes Interaktionstempo. Obwohl die Skala kurz ausfällt, ist sie mit einem Cronbachs α von 0.87 reliabel und sehr konsistent. Die Befragung von 2158 Schülern mit diesem Instrument ergibt einen Mittelwert der Summenscores von 9.54. Die Summenscores ergeben sich durch einfache Addition der kodierten Werte. Sie sehen beispielsweise unter der Antwortvorgabe „trifft voll und ganz zu" eine kleine Vier in Klammern gesetzt. Das heißt, wenn eine Person diese Antwortvorgabe wählt, wird zum Summenscore der Wert „4" hinzuaddiert. Kreuzt eine Person nur diese Antwortkategorie an, erzeugt sie schließlich einen Summenscore von 4 + 4 + 4 + 4 = 16, den maximal möglichen Werte der Skala. Kreuzt eine Person hingegen nur die rechte Seite („trifft überhaupt nicht zu") an, liefert sie nur einen Summenscore von 4, gibt also ein sehr niedriges Interaktionstempo an. Der theoretische Mittelwert der Summenscores dieser Skala liegt bei (16 + 4) / 2 = 10. Der empirische Mittelwert liegt mit 9.54 nun etwas unterhalb des theoretischen Mittelwerts. Für den Anwender ist als Bezugsnorm der empirische Wert relevant.

Sie können nun beispielsweise mit einigen Kollegen einmal eine kleine Schülerbefragung durchführen. Jede Lehrkraft befragt dazu eine Klasse mit dem Fragebogen zum Interaktionstempo. Sie schreiben dann die Summenscores jedes Schülers in eine Tabelle, etwa in Microsoft Excel, und zwar so, dass je eine Klasse immer eine Spalte belegt. Der Exkurs in Kapitel 3 zeigt Ihnen, wie Sie die Daten dann statistisch auswerten und paarweise prüfen können, ob es signifikante Unterschiede zwischen den Klassen bzw. dem Interaktionstempo der Lehrkräfte gibt. Wenn Sie eine Lehrkraft bzw. Klasse mit den Daten von mehreren anderen Klassen vergleichen möchten, so müssen Sie nur die Daten der anderen Klassen in *einer* einzelnen Spalte untereinander auflisten und dann mit den beschriebenen Schritten den Mittelwert und das Konfidenzintervall ausrechnen (vgl. Kapitel 3).

Abbildung 13 liefert Ihnen die zusammengetragenen Daten zur Skala „Interaktionstempo".

Kunter u.a. empfehlen nach einer Studie über Mathematikunterricht aus Sicht der Schüler, das Interaktionstempo so „einzustellen", dass die Schüler nicht überfordert sind und Zeit zum Nachdenken haben (vgl. Kunter et al. 2005). Für die Ergebnisse auf der Skala zum Interaktionstempo bedeutet das nun, dass vor allem zu hohe Summenscores auf einen Mangel der Unterrichtsqualität hinweisen. Als zu hoch gelten die Werte, die oberhalb des Mittelwerts plus einer Standardabweichung (SD) liegen. Der Mittelwert der Summenscores einer Klasse sollte daher auf gar keinen Fall den Wert 9.54 + 3.36 = 12.90 überschreiten, ansonsten ist das Tempo viel zu hoch. Ergänzend möchten wir die Empfehlung aussprechen, auch bei Werten über 11.20 darüber nachzudenken, das Interaktionstempo ein wenig zu reduzieren. Lehrkräfte, deren Klassen einen Mittelwert von weniger als 6.18 erreichen, wählen ein sehr niedriges Interaktionstempo. Das kann zu unangenehm langen Denkpausen und zu einer Langatmigkeit des Unterrichts führen.

Kategorie	Prozessqualität – fächerübergreifend
Dimension	Unterrichtstempo
Subdimension	Interaktionstempo
Zielgruppe	Schülerinnen und Schüler
Beschreibung	Die Skala misst das Interaktionstempo im Unterricht. Beispielitem: *„Unser Lehrer lässt bei Fragen kaum Zeit zum Nachdenken."*
Anzahl der Items	4
Antwortvorgaben	4 = trifft voll und ganz zu; 3 = trifft eher zu; 2 = trifft eher nicht zu; 1 = trifft überhaupt nicht zu
Reliabilität	Cronbachs $\alpha = 0.87$
Mittelwert	M = 9.54 (Summenscores)
Standardabweichung	SD = 3.36 (Summenscores)
Spannweite	min = 4; max = 16 (Summenscores)
Stichprobenumfang	N = 2158
Quelle	Gruehn, S. (2000): Unterricht und schulisches Lernen. Waxmann: Münster.

Abbildung 13: Skalendokumentation der Skala zum Interaktionstempo

Angemessenheit der Aufgaben

Wir möchten Ihnen eine weitere Skala vorstellen, welche neben der bereits vorgestellten Skala zum Interaktionstempo eine weitere Dimension von Aspekten der individuellen Lernunterstützung erfasst (vgl. Kunter u.a. 2005, S. 507). Im Rahmen des DFG-Projekts „Qualität von Schule und Unterricht" wurde eine ganze Reihe von Skalen für Schüler und Lehrkräfte zur Messung der Unterrichtsqualität entwickelt und optimiert (vgl. Ditton/Merz 2000).

Ein aus dem Projekt stammendes Instrument misst, ob die Aufgaben bezogen auf das individuelle Leistungsniveau der Schüler differenziert werden. Eine durch die Schüler zu bewertende Aussage aus der Skala lautet etwa: „Unsere Lehrerin/unser Lehrer gibt den Schüler/innen unterschiedliche Aufgaben, je nach ihrem Können." Eine volle Zustimmung wurde wie üblich mit dem Wert „4" kodiert, eine komplette Ablehnung mit dem Wert „1". Das Instrument zeigte in der erwähnten Studie einen hochbedeutsamen Unterschied zwischen den Schulformen Realschule und Gymnasium einerseits und der Hauptschule andererseits auf. So werden an dem Gymnasium und an der Realschule Arbeitsgruppen kaum nach Leistungsniveaus gebildet oder abhängig von den Schülerleistungen unterschiedliche Aufgabenstellungen gegeben. An der Hauptschule liegt der Mittelwert 63% höher als an den anderen beiden Schulformen (vgl. ebd.).

Insgesamt liegt der Mittelwert der Skala mit 1.50 deutlich unter dem theoretischen Mittelwert von 2.50. Bitte beachten Sie, dass uns zu dieser Skala nicht die Summenscores, sondern die Mittelwerte aus den kodierten Werten der Aussagen vorliegen. Diese berechnen sich aus den Summenscores geteilt durch die

Anzahl der Items. Um die Summenscores zu erhalten, müssen Sie also noch die Mittelwerte mit der Anzahl der Items multiplizieren. Da die Skala drei Items umfasst, erhalten Sie einen Summenscore von 4.50. Insgesamt werden also den Schüleraussagen zufolge in der Sekundarstufe nur sehr selten differenzierte Aufgaben gestellt. Das Instrument ist mit einem Cronbachs α von 0.84 reliabel.

Gerechtigkeitserleben

Den dritten und letzten Faktor der individuellen Lernunterstützung nennen Kunter u.a. (2005) „Soziale Orientierung" der Lehrkraft. Dies umfasst „die Übernahme der pädagogischen Verantwortung in fachlicher und persönlicher Hinsicht" (ebd., S. 505). Darin liegt ein weiteres Qualitätsmerkmal von Unterricht.

En einem engen Zusammenhang mit der sozialen Orientierung der Lehrkraft stehen Respekt und Wertschätzung gegenüber den Schülern. Eine exemplarische Subdimension dieser sozialen Komponente besteht in der Skala zum Gerechtigkeitserleben der Schüler. Das Instrument stammt aus der umfassenden Dokumentation der Erhebungsinstrumente von PISA 2003, dem zweiten internationalen Ländervergleich (vgl. PISA-Konsortium Deutschland 2006). Ein Vorteil der so genannten PISA-Skalen liegt in der Eichung nach der probabilistischen Testtheorie. Das probabilistische Testmodell fordert noch strengere Kriterien für Items einer Skala als die klassische Testtheorie. Eine genaue Ausführung der Vor- und Nachteile verfehlt allerdings das Ziel dieses Handbuchs. Daher beschränken wir uns auf eine Empfehlung, falls Sie eine gut verständliche Einführung in das Thema suchen, und verweisen auf Bühner (2006, Kapitel 7).

Die Reliabilität und Konsistenz der Skala ist mit einem Cronbachs α von 0.83 gegeben. Für eine Skala mit nur drei Items ist das ein sehr zufriedenstellender Wert. Ein Beispielitem des Instruments lautet „Unser Lehrer/unsere Lehrerin behandelt mich gerecht." Ebenso wird abgefragt, ob auch gerecht benotet wird und ob die Lehrkraft Wert darauf legt, als gerecht erlebt zu werden. Wie zuvor, gibt es auch bei dieser Skala vier Antwortvorgaben, welche mit den ganzzahligen Werten von „4" bis „1" kodiert wurden. Der Summenscore der drei Items liegt bei 9.16, also über dem theoretischen Mittelwert von 7.5. Das Gerechtigkeitserleben der Normgruppe mit über 2000 Schülern liegt demnach etwa in der Antwortkategorie „trifft eher zu".

Wir hoffen, diese kleine Auswahl an Instrumenten hat Sie neugierig auf unsere Testothek mit vielen weiteren fächerübergreifenden Skalen zur Unterrichtsqualität gemacht. Die kostenlose Online-Testothek finden Sie auf der Website http://www.zebid-testothek.de.

Burnout

Mit der Bedrohung durch Burnout können Sie ein indirektes Merkmal der fächerübergreifenden Unterrichtsqualität messen. Die folgenden Instrumente richten sich im Gegensatz zu den bereits genannten Skalen nicht an Schüler, sondern an

Lehrkräfte. Körner hat das Instrument in einer umfangreichen Studie zum Burnout an einer Stichprobe von knapp 1000 Lehrkräften auf die drei folgenden Subskalen reduziert. Die einzelnen Subskalen zum Burnout erfassen die Dimensionen reduzierte persönliche Leistungsfähigkeit, emotionale Erschöpfung und die Depersonalisation. Die Skala zur persönlichen Leistungsfähigkeit misst, wie erfolgreich und energiegeladen sich die Lehrkraft in ihrem pädagogischen Handlungsfeld fühlt. Die Skala zur emotionalen Erschöpfung enthält Indikatoren dazu, wie ausgebrannt sich eine Lehrkraft wegen ihres Berufes erlebt. Depersonalisation beschreibt den Zustand, dass Lehrkräfte ihren Schülern gegenüber abgestumpft und gleichgültig handeln. Wenn die Skala zur persönlichen Leistungsfähigkeit umgepolt wird, dann sind die drei Subskalen gleich gepolt und es kann ein valider Gesamtscore durch einfaches Aufsummieren der kodierten Werte zu den angekreuzten Antwortvorgaben berechnet werden.

Wir möchten Ihnen im Folgenden kurz erläutern, inwiefern durch Burnout bedrohte Lehrkräfte die Qualität des Unterrichts beeinflussen.

Eine Studie zur Lehrerbelastung kommt zu dem Ergebnis, dass sich die Bedrohung durch Burnout auf viele Aspekte der Qualität von Unterricht negativ auswirkt (vgl. Klusmann/Kunter/Trautwein/Baumert 2006). So zeigen die bedrohten Lehrkräfte im Gegensatz zu gesunden Lehrkräften, die einen leider ziemlich seltenen Typus darstellen, den Schülerurteilen zufolge ein deutlich höheres Interaktionstempo, sie fördern die Selbstständigkeit weniger, sie weisen eine auffallend niedrige Sozialorientierung auf und sie erzeugen ein deutlich niedrigeres Gerechtigkeitserleben bei den Schülern.

Wir haben in einer Untersuchung ebenfalls festgestellt, dass eine höhere Bedrohung durch Burnout mit einer niedriger eingeschätzten Interessantheit, Strukturiertheit und Adaptivität des Unterrichts auf das individuelle Leistungsniveau der Schüler einhergeht. Wohlgemerkt haben hier die Lehrkräfte selbst ihren Unterricht eingeschätzt. Die (reduzierte) persönliche Leistungsfähigkeit hat sich als die Subdimension mit dem stärksten Einfluss auf die erwartete Interessantheit, Strukturiertheit und Adaptivität des Unterrichts herausgestellt. Insgesamt erklärt die Gefährdung durch Burnout zwischen 16 und 23% der Varianz bei den drei genannten Dimensionen der Qualität von Unterricht. Ob die Qualität des Unterrichts von den Schülern auch tatsächlich als schlechter wahrgenommen wird, müssen weitere Studien noch klären.

Sie können die drei Subskalen nun selbst einmal ausfüllen und anschließend die Summenscores berechnen. Die Skalen finden Sie über unsere Online-Testothek auf http://www.zebid-testothek.de unter dem Menüpunkt „Download-Suche" mit dem Suchbegriff „Burnout". Falls Ihr Ergebnis im Intervall von Mittelwert plus/minus einer Standardabweichung (SD) liegt, so ist Ihre Bedrohung durch Burnout weder über- noch unterdurchschnittlich ausgeprägt. Sollte Ihr Wert allerdings über oder unter dem beschriebenen Intervall der einzelnen Skalen liegen, so sind Sie entweder besonders stark oder besonders wenig durch Burnout gefährdet. Suchen Sie sich professionelle Hilfe, falls Sie stark gefährdet sind. Sollten Sie wenig gefährdet sein, haben Sie wohl die richtige Berufswahl getroffen und können sich glücklich schätzen. Individualdiagnostische Probleme bei der Messung von psychometrischen Merkmalen an einzelnen Personen lassen wir an dieser Stelle unbehandelt. Falls Sie sich für diese Problematik interessieren sollten, möchten wir Ihnen gerne Bühner (2006, Kapitel 4.8 zum Reliabilitätskonzept in der psychometrischen Einzelfalldiagnostik) empfehlen.

Die Subskalen des Instruments zum Burnout sind allesamt reliabel (Cronbachs α zwischen 0.80 und 0.87. Die Normierung haben wir an einer Stichprobe von 412 Lehrkräften aus der Primar- und Sekundarstufe vorgenommen (vgl. Bauer/Kemna 2009a und 2009b). Die Werte der Bezugsnorm finden Sie in der Skalendokumentation der Instrumente in unserer Online-Testothek auf http://www.zebid-testothek.de.

2.2.2 Fachspezifische Qualitätsindikatoren

Fächerübergreifende Instrumente zur Messung der Prozessqualität von Unterricht wurden im vorausgegangenen Kapitel bereits vorgestellt. Nun möchten wir zwei fachspezifische Instrumente präsentieren, die bestimmte Bereiche der Qualität von Sport und Musik erfassen. Die Instrumente sind in engerer Kooperation mit den Fachdidaktiken im Rahmen des vom Ministerium für Wissenschaft und Kultur in Niedersachsen geförderten Projekts „Unterrichtsqualität und fachdidaktische Evaluation" entstanden, nachdem wir festgestellt hatten, dass es an fachspezifischen Instrumenten zur Messung der Prozessqualität doch erheblich mangelt. (Mehr über das Projekt verrät Ihnen die folgende Online-Präsentation: http://www.zebid.uni-vechta.de/upload/praesentationen/ufe_praesentation_v4.pdf).

Erlebte Sicherheit im Sportunterricht

Ein qualitativ hochwertiger Sportunterricht enthält die folgenden Merkmale (Gebken 2005, S. 236ff.; zit. nach Wolters 2008, S. 21). Zunächst ist guter Unterricht, und das bezieht sich nicht nur auf das Fach Sport, gut strukturiert, es gibt klare Leistungserwartungen der Lehrkraft und der Unterricht zeichnet sich durch eine effektive Zusammenstellung von Zielen, Inhalten und Methoden aus. Die Schüler werden bewusst gefördert, d.h. die diagnostische Kompetenz der Lehrkraft stellt individuelle Schülerprofile fest und ergreift binnendifferenzierte Maßnahmen. Wenden wir uns den fachspezifischen Qualitätsmerkmalen zu, so nennt Gebken (a.a.O.) einen hohen Anteil an Bewegungszeit und als weiteren Punkt ein bewegungsförderliches Unterrichtsklima.

Das zentrale Element und damit die fachspezifische Besonderheit von Sport stellt also offenbar die Bewegung dar. Im Gegensatz zu den übrigen, doch hauptsächlich kognitiv orientierten Fächern fördert Sport vor allem die physischen Fähigkeiten von Schülern. Die Bewegung als zentrale fachspezifische Besonderheit kann nun sowohl hinsichtlich der Quantität als auch der Qualität differenziert werden. Quantitative Aspekte wären etwa der Umfang von Bewegung, z.B. die Frage nach der Zeitdauer, bis die Schüler in Bewegung geraten und die Frage, wie lange die Bewegung anhält bzw. wie hoch der Anteil an Bewegung im Sportunterricht ausfällt. Neben dem Umfang der Bewegung ist es gleichsam denkbar, die Intensität von Bewegung zu erfassen, etwa durch die Messung des Körperpulses während einer Sportstunde.

Da wir uns in diesem Buch stärker auf die Qualität von Sport beziehen möchten, interessiert uns die qualitative Seite der Bewegung erheblich mehr. Die Qualität von Bewegung kann ihrerseits in zwei große Felder unterteilt werden, die zum einen die innere und zum anderen die äußere Perspektive betreffen. Die innere Perspektive erfasst die Erlebnisdimension von Sport und verfolgt etwa die Frage, wie nachhaltig Sport ist, ob er in die alltägliche Lebensgestaltung der Schüler Einzug hält und ob bzw. in welcher Form Effekte auf die Gesundheit und Fitness bestehen. Die äußere Perspektive auf die Bewegungsdimension von Sport erscheint uns differenzierter. Hierzu zählt die Vielfalt an Bewegungsabläufen ebenso, wie die Vielfalt an den angebotenen Sportarten. Die äußere Perspektive erfasst zudem die Ausführungsgüte der Bewegung und eng verbunden damit auch den Lernfortschritt. Schließlich gelangen wir zu einem für den Sport wohl exklusiv reservierten Feld, dem fundamentalen Sicherheitsaspekt.

Der Sicherheitsaspekt erfährt im Fach Sport die wohl größte Bedeutung von allen Unterrichtsfächern. Wir haben uns nach der Sichtung einiger Unterlagen der Krankenkassen (vgl. Bös/Bremer/Postuwka 2000; Bundesverband der Unfallkassen 2004) dazu entschlossen, eine Skala zum Sicherheitserleben für Schüler im Sportunterricht zu konstruieren. Die Skala erfasst gleich mehrere Subdimensionen. So etwa, wie wohl sich die Schüler im Sportunterricht fühlen, ob die Lehrkraft bei Unsicherheiten Rücksicht nimmt und behutsam vorgeht, ob die Schüler ihre Ängste bedenkenlos mitteilen können und ob die Schüler schon einmal den Eindruck hatten, zu etwas gezwungen zu werden, wovor sie Angst hatten.

Übung

Der letztgenannte Aspekt wird durch ein so genanntes negativ gepoltes Item mit der Aussage „Meine Lehrkraft hat mich schon einmal gezwungen etwas zu tun, wovor ich wirklich Angst hatte" erfasst. Die Antwortvorgaben lauten „trifft voll zu" (4), „trifft eher zu" (3), „trifft eher nicht zu" (2) und „trifft gar nicht zu" (1). Eine hohe Zustimmung bei dieser Aussage lädt negativ auf das Gesamtkonstrukt „erlebte Sicherheit im Sport" und muss daher für die statistische Auswertung in ein positives Verhältnis zum Konstrukt „gedreht" werden.

Nehmen Sie selbst einmal eine numerische Umpolung vor und berücksichtigen Sie dabei die Kodierungen der Antwortvorgaben (vgl. Abbildung 12 und 13 in Kapitel 2.21). Die Lösung finden Sie am Ende des Kapitels.

Neben dem Umgang mit Ängsten und dem Wohlfühlen im Sportunterricht werden auch Indikatoren für den Sicherheitszustand der eingesetzten Geräte, deren Aufbau und Umgebung erfasst. So etwa mit der Aussage „Während der Übungen kontrolliert meine Lehrkraft, ob noch alles richtig und ordentlich aufgebaut ist." Das Instrument erfasst ferner die Individualisierung des Unterrichts, z.B. ob die Lehrkraft die Stärken und Schwächen der Schüler kennt; es umfasst die allgemeine Aufmerksamkeit und Anwesenheit der Lehrkraft sowie einzelne Aussagen zur Disziplin und zu aufgestellten Regeln im Unterricht.

Auch wenn Ihnen das Instrument jetzt bunt gemischt vorkommen mag, so haben doch alle Aussagen etwas mit der mittel- oder unmittelbaren Sicherheit im Sportunterricht zu tun. Die hohe Konsistenz des Instruments wird auch durch ein Cronbachs α von 0.92 bei insgesamt 37 Aussagen bestätigt. Die Faktorenanalyse (vgl. Bühner 2006, Kapitel 5), ein analytisches Verfahren, mit dem einzelne Subdimensionen aufgeklärt werden können, ergab ebenfalls nur zwei Faktoren. Der erste Faktor umfasst 24 Aussagen, und zwar genau diejenigen, die positiv auf das Gesamtkonstrukt laden. Die Reliabilität liegt, trotz der nun kürzeren Skala (vgl. dazu Moosbrugger 2007, S. 108), ebenfalls bei einem Cronbachs α von 0.92. Daher liegt der Schluss nahe, dass die negativ gepolten Items insgesamt weniger konsistent und reliabel ausfallen. Die Vermutung wird durch ein Cronbachs α von nur 0.80 bei 13 negativ gepolten Items bestätigt. Die Reliabilität ist damit nicht mehr sehr gut, aber immer noch in einem akzeptablen Bereich. Weil aber die negativ gepolten Items nicht nur eine bloße Negation der positiv gepolten Aussagen darstellen, sondern weitere Inhalte erfassen, wird für eine valide Messung der erlebten Sicherheit im Sportunterricht empfohlen, auch die komplette Skala mit beiden Faktoren einzusetzen.

Ästhetische Erfahrungsräume im Musikunterricht

Neben dem Instrument zur Erfassung einer Qualitätsdimension von Sportunterricht wurde ein mehrdimensionales Instrument zur Messung der Qualität von ästhetischen Erfahrungsräumen im Musikunterricht konstruiert und anschließend mithilfe einer Stichprobe von knapp 300 Schülern einige wichtige Gütekriterien für Testinstrumente (s. Kapitel 2.1) überprüft.

Die Skala umfasst zunächst fünf Aussagen zur Erlebnisdimension von Musik, etwa zum Flow-Gefühl mit „Im Unterricht vertiefe ich mich so sehr in Musik, dass ich alles um mich herum vergesse." Hier geben die Antwortkategorien vor, wie häufig ein Erlebnis im Musikunterricht vorkommt. Das einzige negativ gepolte Item lautet: „Im Unterricht langweile ich mich." Die folgende Abbildung zeigt einen Ausschnitt des ersten Teils der Skala.

Denke an deinen Musikunterricht bei deiner jetzigen Lehrkraft in den letzten sechs Monaten. Wie häufig kommt Folgendes vor? Bitte kreuze zu jeder Aussage immer genau **ein** Kästchen an.				
	sehr häufig	häufig	manch- mal	nie oder fast nie
	(4)	(3)	(2)	(1)
1) Im Unterricht vertiefe ich mich so sehr in Musik, dass ich alles um mich herum vergesse.	❏	❏	❏	❏
2) Es kommt vor, dass mir etwas im Unterricht so viel Freude macht, dass ich mich damit weiter beschäftigen möchte.	❏	❏	❏	❏
3) Es kommt vor, dass ich am Ende eine andere Meinung über ein Stück habe als am Anfang der Stunde.	❏	❏	❏	❏
4) Es kommt vor, dass ich am Ende ein Musikstück anders höre als am Anfang der Stunde.	❏	❏	❏	❏
5) Im Musikunterricht langweile ich mich. (–)	❏	❏	❏	❏

Abbildung 14: Ausschnitt aus der Skala zum ästhetischen Erleben im Musikunterricht

Die weiteren acht Items der Skala messen die Zustimmung der Schüler zunächst in Bezug auf ihre Lernfortschritte. So etwa das Item mit der Aussage „Durch den Unterricht habe ich gelernt, besser über Musik zu sprechen." Eine andere semantische Subdimension bezieht sich auf die Lehrkraft und fragt die Schüler, wie sehr die Lehrkraft von Musik begeistert ist und wie gut sie selbst musizieren kann.

Die 13 Aussagen sind insgesamt mit einem Cronbachs α von 0.88 reliabel. Die exploratorische Faktorenanalyse ergab zudem nur einen einzigen Faktor und bestätigt damit die Eindimensionalität des Instruments.

Die beiden fachspezifischen Instrumente zur Messung der Unterrichtsqualität finden sie ebenfalls in unserer kostenlosen Testothek auf http://www.zebid-testothek.de.

Lösung zur Übung

Eine hohe Zustimmung wird mit dem numerischen Wert der entsprechend hohen Ablehnung der Aussage kodiert. Auf diese Weise wird die Aussage bzw. das Item umgepolt und alle Aussagen laden gleich gerichtet auf das Merkmal.

Die Lösung lautet daher 4 = 1, 3 = 2, 2 = 3 und 1 = 4.

Wenn etwa die Antwortkategorie „trifft voll zu" angekreuzt wurde, die bei positiver Polung eines Items den Wert „4" erhält, wird einem negativ gepolten Item der Wert „1" zugeteilt. Es gilt für Items mit vier Antwortkategorien immer die Formel: 5 minus den angekreuzten Wert.

2.3 Instrumente zur Messung der Ergebnisqualität

An dieser Stelle wenden wir uns der Erfassung der Ergebnisqualität des Unterrichts zu. Dazu soll in einem ersten Schritt erarbeitet werden, was das Ergebnis eines guten Unterrichts sein könnte. In diesem Zusammenhang wird der Kompetenzbegriff vorgestellt und kritisch diskutiert. Es wird hier eine Unterscheidung zwischen fächerübergreifenden und fachspezifischen Kompetenzen vorgenommen. Anschließend werden beispielhaft Instrumente zur Erfassung der fächerübergreifenden sowie der fachspezifischen Kompetenzen dargestellt.

Im vorigen Kapitel wurde eine Beurteilungsform von Unterricht präsentiert, welche die Prozesse im Unterricht in den Blick nimmt. Im Kontrast dazu wählen wir nun eine vielleicht auf den ersten Blick näher liegende Sichtweise, die Output-Orientierung. „Näher liegend" ist diese Sichtweise, weil die Erfassung der Schülerleistung in Form von Schulnoten oder Testergebnissen traditionell und intuitiv das erste Vergleichskriterium darstellt – und zwar zunächst im Hinblick auf den Vergleich zwischen zwei Lehrkräften, die ein und dieselbe Klasse unterrichten.

Die Qualität eines speziellen Unterrichts lässt sich nun, so die zu Grunde liegende Annahme, anhand des Ergebnisses messen. Es kommt in dieser Perspektive also weniger darauf an, was im Unterricht passiert und wie die Schüler zu diesem Output kommen, sondern vielmehr ob und in welchem Maß die Schüler vom Unterricht profitiert haben. Nun stellt sich zunächst die zentrale Frage: Welches soll dieser Output sein? Wie soll der Output gemessen werden?

In diesem Zusammenhang wurde vor Jahren ein Paradigmenwechsel im deutschen Bildungssystem vorgenommen. Anstatt Lerninhalte eindeutig fachlich zuzuordnen und deren Prüfung über ebensolche separierte und überwiegend auf Wissen beschränkte Modi abzufragen, geht es zunehmend darum, Kompetenzen zu definieren, gezielt zu vermitteln und auch zu messen. Diese Kompetenzen, auch als Grundfähigkeiten oder Basisqualifikationen bezeichnet, wurden unter anderem in den Untersuchungsreihen von IGLU, PISA und TIMSS erfasst.

Zur Klärung des Begriffs der Kompetenzen sollen nun zunächst zwei Definitionen von Kompetenzen vorgestellt werden. Weinert (2001, S. 27f.) versteht unter Kompetenzen zunächst „die bei Individuen verfügbaren oder durch sie erlernbaren kognitiven Fähigkeiten und Fertigkeiten, um bestimmte Probleme zu lösen, sowie die damit verbundenen motivationalen, volitionalen und sozialen Bereitschaften und Fähigkeiten, um die Problemlösungen in variablen Situationen erfolgreich und verantwortungsvoll nutzen zu können".

Diese sehr allgemeine Definition deutet bereits an, dass es sich bei Kompetenzen um konkrete Fähigkeiten, die an einer bestimmten Sache festzumachen sind, handeln kann. Es kann sich aber auch um breiter angelegte Leistungsdispositionen handeln, die sich eben nicht auf ein bestimmtes Sujet beziehen, sondern in vielen unterschiedlichen Situationen eingesetzt werden.

Die erste Kompetenzform können wir, bezogen auf die Schule, einem bestimmten Fach oder einer Fächergruppe zuordnen. Wir bezeichnen sie deshalb als fachbezogene Kompetenzen oder einfach Fachkompetenzen. Die zweite Kompetenzform ist fächerübergreifend, sie erfasst Fähigkeiten und Fertigkeiten, die in unterschiedlichen Fächern vermittelt und benötigt werden, beispielsweise die Lesekompetenz, Sozialkompetenz oder allgemeine Lernfähigkeiten.

Weinert (2001) unterscheidet noch genauer fächerübergreifende Kompetenzen (z.B. Problemlösen, Teamfähigkeit) und Handlungskompetenzen (z.B. Motivation, Volition). Diese weitere Unterscheidung werden wir im Folgenden jedoch nicht vornehmen, sondern das in Kapitel 2 dargestellte vierdimensionale Schema nutzen.

In einer früheren Arbeit schlägt Weinert (1999) vor, Kompetenz u.a. zu sehen „als ein spezialisiertes System von Fähigkeiten oder individuellen Dispositionen, um etwas erfolgreich zu lernen, erfolgreich zu tun oder ein spezifisches Ziel zu erreichen". Weiterhin sieht er Kompetenzen etwa „als kognitive Fähigkeit und Fertigkeit für eine umschriebene Klasse von Aufgaben", die bestimmt sind von speziellen Situationen und Anforderungen und damit verbundenen kognitiven Leistungsdispositionen. Weinert sieht Kompetenzen jedoch auch im Sinne von motivationalen Orientierungen, Handlungskompetenzen und Schlüsselqualifikationen (vgl. ebd).

Diese Vielfalt des Kompetenzbegriffs wird jedoch nicht aufrechterhalten. Die Kultusministerkonferenz (KMK) bedient sich stattdessen der fachspezifischen Ausrichtung des Kompetenzbegriffs und dessen Reduktion auf Kognitionen, um die Kompatibilität mit dem bestehenden Bildungssystem zu gewährleisten. Damit erfolgte auch eine Abwendung von der Vorstellung, übergreifende Schlüsselkompetenzen seien auf spezifische Bereiche transferierbar (vgl. Klieme 2004, S. 12).

Was bedeutet das für allgemeine Kompetenzen, die nicht speziellen Schulfächern zuzuordnen sind? Klammern wir diese einfach aus?

Übung

Vielleicht sind Sie der Meinung, dass die Übermittlung fächerübergreifender Kompetenzen durch den Unterricht eine Utopie ist, die am gegenwärtigen Schulalltag vorbeigeht.

Greifen Sie für eine reflektierte Stellungnahme in diesem Punkt für einige Minuten auf persönliche Erinnerungen zurück. Überlegen Sie sich, welches Ihrer Meinung nach die Aufgabe von Schule ist. Vielleicht denken Sie auch zurück an Ihre eigene Schulzeit: Was haben Sie in der Schule außer dem fachlichen Wissen und Können gelernt? Gab es da vielleicht eine Lehrkraft, die Sie besonders beeindruckt hat? Denken Sie auch an Ihr heutiges Auftreten als Lehrkraft. Welche Aspekte Ihrer Arbeit und Ihres Auftretens zielen nicht ausschließlich auf die Übermittlung von fachspezifischem Wissen und Kompetenzen?

Was mit dieser kurzen Übung vielleicht klar geworden ist: Immer wenn wir es mit Menschen zu tun haben, üben wir einen Einfluss auf unser Gegenüber aus, ob wir wollen oder nicht, selbst wenn wir uns vornehmen würden, dies nicht zu tun. Wir können eben nicht nicht kommunizieren. Und wir können nicht nicht beeinflussen, wenn wir Beeinflussung als jeglichen bleibenden Eindruck verstehen, den unser Verhalten in einem anderen hinterlässt. Wenn diese Effekte also da sind, sollten wir auch versuchen, sie zu messen.

Doch zunächst noch ein Wort zu Kompetenzen im Allgemeinen. Wichtig ist an dieser Stelle noch einmal festzuhalten, dass *Kompetenz* nicht gleich *Wissen* ist. Kompetenz stellt vielmehr „die Verbindung zwischen Wissen und Können her und ist als Befähigung zur Bewältigung unterschiedlicher Situationen zu sehen." (vgl. Klieme 2004, S. 13)

Eine andere zentrale begriffliche Abgrenzung ist notwendig zwischen den Begriffen Kompetenz und Performanz. Während die Handlung sichtbar ist, steht die Kompetenz, welche diese Handlung ermöglicht, unsichtbar dahinter, sie bleibt *latent*. Sie müssen sich beide Aspekte als zwei Seiten einer Münze vorstellen, als zwei Teile eines größeren Ganzen. Das heißt, wenn wir Kompetenzen messen wollen, sind wir immer auf die sichtbare, performative Seite angewiesen, die uns einen sichtbaren, messbaren Output liefert.

Nach diesen Grundüberlegungen werden Sie nun in den folgenden beiden Kapiteln Beispiele für fächerübergreifende und fachspezifische Kompetenzen finden.

2.3.1   Fächerübergreifende Kompetenzen und erzieherische Effekte

Was sind fächerübergreifende Kompetenzen und wie sind diese messbar? Im Gegensatz zu fachlichen Kompetenzen, deren Gegenstandsbereich klarer eingegrenzt ist, müssen wir uns bei den überfachlichen Kompetenzen erst einmal darauf einigen, welche Fähigkeiten überhaupt berücksichtigt werden sollen. Wir orientieren uns dabei am Stand der Kompetenzforschung, die bestimmte Dispositionen präzise definiert und eingehend untersucht hat. Unter dem Begriff *fächerübergreifende Kompetenzen* ist also zunächst ein Bündel von Fähigkeiten und Fertigkeiten zu verstehen, die zur erfolgreichen Bewältigung fächer- und lebensbereichsübergreifender Anforderungen notwendig sind. Diese zeigen sich wiederum in vielfältigen Rollen und komplexen Lebenslagen. Doch welches sind diese Fähigkeiten?

Hier stellt sich letztendlich die alte Frage nach den Zielen von Erziehung und Bildung, welche die Geschichte der Erziehungswissenschaft prägt. Brezinka (1971) etwa sieht es als Aufgabe der Erziehung an, die positiven Persönlichkeitsmerkmale eines Menschen zu stärken und die negativen Merkmale dagegen einzugrenzen. Hier wird die Frage zunächst verschoben und dann genauer gestellt. Welches sind die unerwünschten negativen Merkmale, und, vor allem, welches sind die positiven Eigenschaften, die wir fördern wollen? Spätestens hier wird deutlich, dass es letztlich um eine normative Entscheidung geht.

Doch die Ausführungen gehen an dieser Stelle zu weit. Wir überlassen Sie an dieser Stelle der einschlägigen Fachliteratur und Ihren eigenen Assoziationen. Hierzu eine erste Aufgabe zur Anregung:

Übung

Nehmen Sie sich 10 Minuten Zeit. Überlegen Sie sich, welche zentralen überfachlichen Kompetenzen und erzieherischen Ziele die Schule Ihrer Meinung nach
vermitteln bzw. anstreben sollte. Nehmen Sie in Ihre erste Sammlung ruhig alles
auf, was Ihnen in den Sinn kommt. In einem zweiten Schritt nehmen Sie sich
bitte weitere 5 Minuten, um die drei wichtigsten davon auszuwählen.

Als eine erste Annäherung an überfachliche Kompetenzen soll hier wieder die
Definition von Weinert dienen. Dieser nennt hier die „motivationalen, volitionalen
und sozialen Bereitschaften und Fähigkeiten". (Weinert 2001, S. 27f.) Dementsprechend werden an dieser Stelle drei ausgewählte fächerübergreifende Effekte
vorgestellt: Motivation, Volition und soziale Kompetenzen.

Andere mögliche fächerübergreifende Kompetenzbereiche wären die Selbst-
regulation oder die Kommunikation. Zur letztgenannten kommunikativen Kompetenz hat ein Teil der Autorengruppe bereits eine erste Modellierung vorge-
schlagen (vgl. Bauer/Bohn 2009) und arbeitet an deren Umsetzung in einen
validen und reliablen Kompetenztest. Bevor wir jedoch auf die genannten fächerübergreifenden Kompetenzen genauer eingehen werden, an dieser Stelle noch ein
Wort zu deren Relevanz:

Ein Einfluss der Schule auf Erziehung ist zwar nicht zu leugnen, darf jedoch
auch nicht überschätzt werden. Die Ergebnisse empirischer Studien gehen in
diesem Punkt immer wieder weit auseinander. Nach Leutwyler/Maag Merki (2009)
etwa gibt es Anhaltspunkte dafür, dass für bestimmte Kompetenzdomänen die
Schule der wichtigste Einflussfaktor ist. Wie Sie am besten aus Ihrer eigenen
Erfahrung berichten können und wie auch bereits in Abbildung 6 (s. Kapitel 1.2.2)
vereinfacht gezeigt wurde, konkurriert die Schule hier jedoch mit anderen Ein-
flussgrößen wie dem elterlichen Erziehungsverhalten, Medien und Gleichaltrigen.

Motivation

Damit die Schüler am Unterricht aktiv teilnehmen können, ist es notwendig, dass
sie auch motiviert sind, das zu tun. Eine Möglichkeit zur Messung von Leistungsmotivation, die an dieser Stelle vorgestellt werden soll, legen Grob/Maag Merki
(2001, S. 473ff.) vor.

In Anlehnung an die Arbeiten von Heckhausen (1989) und Dahme/Jungnickel/
Rathje (1993) weist die Skala eine zweifaktorielle Struktur auf. Das heißt konkret,
die insgesamt acht Items lassen sich sowohl semantisch als auch empirisch in zwei
Gruppen aufteilen. Die eine Hälfte der Items ist demnach der positiven Dimension
Hoffnung auf Erfolg zuzuordnen, und die andere Hälfte der Items ist mit dem Label
Furcht vor Misserfolg treffend beschrieben.

Ein Beispielitem für die Subskala *Hoffnung auf Erfolg* ist etwa „Probleme, die
etwas schwieriger zu lösen sind, reizen mich." Für die Subskala *Furcht vor Misserfolg*
ist ein beispielhaftes Item: „Es beunruhigt mich, etwas zu tun, wenn ich nicht
sicher bin, dass ich es kann". Die Skalierung erfolgt anhand der Antwortkategorien

trifft gar nicht zu (1) bis *trifft genau zu* (4). Es überrascht hier nicht, dass die beiden Subskalen signifikant negativ (-.51) miteinander korrelieren, was ein Hinweis auf die Validität der Subskalen und damit auch wiederum der Gesamtskala ist.

Sowohl die Gesamtskala als auch die Subskalen können als reliabel bezeichnet werden. Bei einer Stichprobe von n=174 weist die Skala *Leistungsmotivation* ein Cronbachs α von .82 auf. Bei derselben Stichprobengröße ergibt sich für die Skala *Hoffnung auf Erfolg* ein Cronbachs α von .77 und für *Furcht vor Misserfolg* von .78. Der durchschnittliche Mittelwert liegt bei 2.79, eine Standardabweichung beträgt .56.

Volition

Von der Leistungsmotivation bis zur eigentlichen Durchführung der Aufgabe fehlt nun jedoch noch ein Zwischenschritt. Man kann durchaus motiviert sein etwas zu tun und sich trotzdem immer wieder alle möglichen Dinge ausdenken, warum man nun gerade dieses eine nicht macht. Sie werden dieses Phänomen vielleicht von einzelnen Ihrer Schüler kennen. Sie machen wohl einen motivierten Eindruck, arbeiten im Unterricht auch gut mit, aber wenn es um die Disziplin bei der Bearbeitung der Hausaufgaben oder Vorbereitung auf Klassenarbeiten geht, dann scheint diese Motivation zu verpuffen. Herbart hätte dieses Problem damit beschrieben, dass uns die Vernunft nicht unmittelbar zugänglich ist. Hierfür bedürfe es einer weiteren Instanz, und zwar dem Gehorsam gegenüber der Vernunft. Nur so kann der Wille auch wirklich umgesetzt werden.

Unter Wille oder auch Volition ist nun bei Kuhl (1996, S. 678ff.) eine „Kategorie kooperierender psychischer Funktionen" zu verstehen, „welche bei Vorliegen von näher zu bestimmenden Realisierungsschwierigkeiten die zeitliche, räumliche, inhaltliche und stilistische Koordination einer großen Anzahl einzelner Teilfunktionen [...] aufgrund eines einheitlichen Steuerungsprinzips vermittelt, das wir als ‚Absicht' oder ‚Ziel' bezeichnen."

Eine genauere Eingrenzung der Volition findet sich bei Heckhausen (vgl. 1989, S. 212). Er unterscheidet zwischen zwei Volitionsphasen: Eine präaktionale Phase, in der die Intention noch keine Gelegenheit und Zeit hatte, umgesetzt zu werden, und eine aktionale Phase, die bis zum Erreichen des Handlungsergebnisses andauert. Hier wird also deutlich, dass die Volition an zwei unterschiedlichen Ansatzpunkten greift. Zum einen, bevor die Handlung überhaupt begonnen wurde, und zum anderen, wenn die Handlung bereits in Gang ist. Im ersten Fall würde also die Vernunft sagen: „Jetzt fang doch endlich mal damit an. Es wird doch nicht besser, wenn du die Aufgabe ständig vor dir herschiebst!" Und im zweiten Fall würde sie sagen: „Du findest wohl immer wieder neue Ausreden, um dich ablenken zu lassen, was? Jetzt setz dich einfach auf deinen Hosenboden und bring deine Aufgabe zu Ende."

Wenn wir uns diese beiden fiktiven Aussagen einer personalisierten Vernunft vorstellen, wird deutlich, dass in beiden Fällen Botschaften dahinterstehen. Dennoch könnten die unterschiedlichen Zeitpunkte als Anregungen für die Generierung von Items dienen. Grob und Maag Merki (2001, S. 504ff.) bedienen sich bei der Skalenkonstruktion dieser Möglichkeit jedoch nicht, sondern die Items der

Skala zur Volition beziehen sich durchweg auf den Zeitpunkt vor der eigentlichen Auseinandersetzung mit der Aufgabe.

Neben den genannten theoretischen Fundierungen beziehen sich die Autoren bei der Skalenkonstruktion auf eine Skala zur Realisierung von Lernintentionen von Schiefele und Moschner (1997, zit. n. Grob/Maag Merki 2001). Das Ergebnis ist eine Skala zur Volition, die aus fünf Items besteht (vgl. Grob/Maag Merki 2001, S. 507ff.). Ein Beispielitem ist: „Wenn ich eine schwierige Aufgabe zu bearbeiten habe, beginne ich lieber gleich damit, als sie aufzuschieben." Die Antwortvorgaben sind, genau wie in der Skala zur Leistungsmotivation, von „trifft gar nicht zu" (1) bis „trifft genau zu" (4). (Grob/Maag Merki 2001, S. 508ff.) Bei einer Stichprobe von N=176 berichten die Autoren von einem Cronbachs α von .845, einem Mittelwert von 2.82 und einer Standardabweichung von .71.

Soziale Kompetenzen

Die soziale Kompetenz ist die dritte überfachliche Kompetenz, die in diesem Zusammenhang vorgestellt werden soll. Genauer handelt es sich hierbei nicht um eine einzelne Kompetenz, sondern um ein ganzes Inventar sozialer Kompetenzen (vgl. Kanning 2009).

Kanning (vgl. 2009, S. 7) stellt mit der sozialen Kompetenz eine Alternative und zugleich ein übergeordnetes Konstrukt zu Konzepten wie der sozialen Intelligenz, der emotionalen Intelligenz oder der interpersonalen Kompetenz vor.

Als übergeordnetes Konstrukt könnte man die sozialen Kompetenzen deshalb bezeichnen, weil es sich dabei nicht um ein einzelnes Merkmal eines Menschen handelt, sondern um eine Vielzahl miteinander verbundener Kompetenzen (vgl. ebd.).

Wie bereits in Kapitel 2.3 ausgeführt besteht ein Unterschied zwischen Kompetenz und Performanz. Um dies noch einmal zu verdeutlichen und gleichzeitig klarer herauszustellen, was soziale Kompetenz genau meint, wird der Unterschied der beiden Begriffe hier noch einmal explizit herausgestellt. Bezogen auf die sozialen Kompetenzen wäre die Performanz also ein sozial kompetentes Verhalten, das „Verhalten einer Person, das in einer spezifischen Situation dazu beiträgt, die eigenen Ziele zu verwirklichen, wobei gleichzeitig die soziale Akzeptanz des Verhaltens gewahrt wird." (Kanning 2009, S. 8) Soziale Kompetenz wäre demgegenüber die „Gesamtheit des Wissens, der Fähigkeiten und Fertigkeiten einer Person, welche die Qualität eigenen Sozialverhaltens – im Sinne der Definition sozial kompetenten Verhaltens – fördert." (ebd.)

Wir haben die Skalen deshalb an dieser Stelle ausgewählt, weil an diesem Beispiel die Komplexität des Konstruktionsprozesses einer Skala von der Modellierung zur Eichung sehr schön deutlich wird. Dementsprechend geben die folgenden Zeilen einen kurzen Überblick zur Entstehung der Skalen, den Sie auch überspringen können, falls Sie sich an dieser Stelle nicht hierfür interessieren.

Zunächst erfolgte eine umfangreiche Aufarbeitung des Forschungsstands. Bisherige Konstrukte zur Thematik der sozialen Kompetenzen wurden recherchiert und die Kataloge zusammengetragen. Die gefundenen Dimensionen wurden anhand eines datenreduzierenden Verfahrens gebündelt. Hierbei wurden Mehrfachnennungen gestrichen und auch Dimensionen, die zwar unter verschiedenen Bezeichnungen laufen, aber eigentlich weitgehend das Gleiche meinen, zusammengefasst.

Daraus ergab sich ein Gesamtkatalog von ca. 20 Kompetenzbereichen. Anschließend wurden zu den so ermittelten Kompetenzen Items formuliert. So entstand dann eine erste Version der Skala mit 530 Items. Durch mehrere Datenerhebungsverfahren und anschließende statistische Analysen wurde die Skala auf 108 Items reduziert. (vgl. Kanning 2009, S. 12ff.)

Grundsätzlich werden in diesem Schritt die Variablen immer wieder daraufhin überprüft, ob die Antworten eine Normalverteilung aufweisen, ob die Variablen semantisch eindeutig und verständlich sind und ob sie mit der Gesamtskala oder mit Unterskalen korrelieren (Itemschwierigkeits- und Trennschärfeanalyse). Außerdem wird geprüft, welche innere Struktur sich innerhalb einer Skala aufzeigt. Letzteres wird mit der so genannten Faktorenanalyse gerechnet, welche dann Hinweise auf Dimensionen und Subdimensionen innerhalb des gesamten Item-Pools gibt. Die so erstellten Skalen werden auf ihre Reliabilität geprüft und standardisiert. (vgl. hierzu auch Kapitel 2.1) Falls Sie sich für den Vorgang der Skalenkonstruktion und Skaleneichung näher interessieren, empfehlen wir Bühner (2006) zur Einführung in die Test- und Skalenkonstruktion.

Doch nun wieder zurück zum ISK: Die Skala in ihrer endgültigen Version kann in vier Dimensionen und diese wiederum in vier bis fünf Subdimensionen unterteilt werden (s. Abbildung 15):

Soziale Orientierung	**Offensivität**
Prosozialität Perspektivenübernahme Wertepluralismus Kompromissbereitschaft Zuhören	Durchsetzungsfähigkeit Konfliktbereitschaft Extraversion Entscheidungsfreudigkeit
Selbststeuerung	**Reflexibilität**
Selbstkontrolle Emotionale Stabilität Handlungsflexibiliät Internalität	Selbstdarstellung Direkte Selbstaufmerksamkeit Indirekte Selbstaufmerksamkeit Personenwahrnehmung

Quelle: Kanning 2009, S. 15

Abbildung 15: Skalen des Inventars sozialer Kompetenzen

Die Bezeichnungen der meisten Skalen dürften eindeutig sein. Im Folgenden wird daher eine Auswahl solcher Skalen in aller Kürze näher beschrieben, deren Bedeutung sich vielleicht nicht auf den ersten Blick erschließt. Außerdem werden zu den entsprechenden Skalen Beispielitems genannt.

Prosozialität erfasst, inwiefern sich jemand altruistisch gegenüber anderen Personen verhält, sich ihnen gegenüber fair und solidarisch zeigt und sich aktiv für sie engagiert. (*Beispielitem: Im Umgang mit anderen Menschen achte ich besonders darauf, fair zu sein.*)

Mit *Perspektivenübernahme* ist die Fähigkeit und Bereitschaft gemeint, sich in einen anderen Menschen hineinzuversetzen und die Welt aus seiner Perspektive zu betrachten. (*Beispielitem: Selbst bei Meinungsverschiedenheiten gelingt es mir nahezu immer, die Sachlage auch einmal mit den Augen meines Gegenübers zu sehen.*)

Wertepluralismus heißt sowohl Toleranz gegenüber den Meinungen anderer, als auch die Fähigkeit, Werthaltungen und Normen in Frage zu stellen. (*Beispielitem: Wenn ich merke, dass ich in einem Gespräch Unrecht habe, dann bin ich immer sofort bereit, meinen Standpunkt zu überdenken.*)

Die Skala *Handlungsflexibilität* misst „die Fähigkeit eines Menschen, sein Handeln situations- und adressatenspezifisch zu steuern […], Rollenerwartungen zu erfüllen und auf sich wandelnde Rahmenbedingungen zu reagieren." (Kanning 2009, S. 20) (*Beispielitem: Wenn ich in einer Situation mit meinem Vorgehen nicht weiterkomme, dann fällt mir schnell etwas Neues ein.*)

Mit *Internalität* ist gemeint, wie sehr sich jemand als die Ursache von Ereignissen und Konsequenzen seines Handelns sieht. (*Beispielitem: Was geschieht, hängt immer von mir selbst ab.*)

Selbstaufmerksamkeit bezeichnet die bewusste Auseinandersetzung mit dem eigenen Verhalten. Dies kann nun auf zwei unterschiedlichen Wegen geschehen: Zum einen über die Reflexion und Beobachtung des eigenen Verhaltens (*direkte Selbstaufmerksamkeit; Beispielitem: Oft, wenn ich mit anderen Menschen zusammen bin, beschäftige ich mich in Gedanken auch mit mir selbst.*) und zum anderen über die Beobachtung und Interpretation des Verhaltens anderer. Da das eigene Verhalten in der zweiten Variante erst über den Umweg des Verhaltens anderer im Sinne von Erwartungserwartungen beeinflusst wird, spricht man in diesem Fall von der *indirekten Selbstaufmerksamkeit*. (*Beispielitem: Fast immer wenn ich mit andern Menschen zusammen bin, versuche ich herauszubekommen, ob mein Verhalten beim Gegenüber so ankommt, wie ich es gemeint habe.*) (vgl. Kanning 2009, S. 18ff.)

Das Inventar Sozialer Kompetenzen (ISK) wird in einer Langversion mit 108 Items und in einer Kurzversion (ISK-K) mit 33 Items angeboten. Die Bearbeitungszeit wird für den ISK auf 20 Minuten und für den ISK-K auf unter 10 Minuten geschätzt. Zielgruppe des gesamten Inventars sind Erwachsene und Jugendliche ab 16 Jahren. Die Auswertung erfolgt anhand eines beiliegenden Auswertungsbogens.

Die Mittelwerte (MW) und Standardabweichungen (SD) der Skalen des ISK und ISK-K zeigt Ihnen folgende Tabelle. Bitte beachten Sie, dass es sich bei den Werten um Summenscores handelt, also um aufaddierte Werte der einzelnen Items.

Tabelle 4: Statistische Kennwerte des ISK und des ISK-K (Summenscores)

Skala		ISK		ISK-K	
		MW	SD	MW	SD
Soziale Orientierung				29.50	3.82
(7 Items)	Prosozialität	21.48	4.92		
(6 Items)	Perspektivenübernahme	18.38	3.94		
(7 Items)	Wertepluralismus	20.87	5.03		
(6 Items)	Kompromissbereitschaft	16.29	4.03		
(6 Items)	Zuhören	17.58	4.47		
Offensivität				21.16	3.50
(7 Items)	Durchsetzungsfähigkeit	18.34	4.61		
(5 Items)	Konfliktbereitschaft	12.79	4.27		
(6 Items)	Extraversion	15.35	4.91		
(6 Items)	Entscheidungsfreudigkeit	15.91	4.73		
Selbststeuerung				21.30	3.92
(6 Items)	Selbstkontrolle	16.48	4.71		
(6 Items)	Emotionale Stabilität	15.45	5.13		
(6 Items)	Handlungsflexibilität	16.69	4.39		
(9 Items)	Internalität	24.84	6.70		
Reflexibilität				20.25	2.94
(7 Items)	Selbstdarstellung	18.36	5.22		
(6 Items)	Direkte Selbstaufmerksamkeit	17.86	4.32		
(6 Items)	Indirekte Selbstaufmerksamkeit	16.90	4.47		
(6 Items)	Personenwahrnehmung	17.55	4.31		

Quelle: Kanning 2009, S. 177ff.; Summenscores nach Berechnungen der Verfasser

Anhand einer Gesamtnormierungsstichprobe von N = 4208 ergeben sich folgende Reliabilitätswerte:

Tabelle 5: Reliabilitäten der Skalen erster und zweiter Ordnung für ISK und ISK-K

Skala	Cronbachs α	
	ISK	ISK-K
Soziale Orientierung	.90	.75
Prosozialität	.73	
Perspektivenübernahme	.80	
Wertepluralismus	.69	
Kompromissbereitschaft	.77	
Zuhören	.80	
Offensivität	.87	.69
Durchsetzungsfähigkeit	.79	
Konfliktbereitschaft	.79	
Extraversion	.84	
Entscheidungsfreudigkeit	.82	
Selbststeuerung	.87	.74
Selbstkontrolle	.74	
Emotionale Stabilität	.80	
Handlungsflexibilität	.70	
Internalität	.75	
Reflexibilität	.87	.70
Selbstdarstellung	.73	
Direkte Selbstaufmerksamkeit	.75	
Indirekte Selbstaufmerksamkeit	.82	
Personenwahrnehmung	.78	

Quelle: Kanning 2009, S. 42

2.3.2 Fachspezifische Kompetenzen und Interessen

Nachdem wir uns im letzten Kapitel mit fächerübergreifenden Kompetenzen beschäftigt haben, wenden wir uns an dieser Stelle den fachspezifischen Kompetenzen zu. Auch hier wollen wir in einem beispielhaften Überblick der Frage nachgehen, was fachspezifische Kompetenzen sind und wie diese messbar gemacht werden können.

Was den ersten Teil der Frage betrifft, so fällt die Eingrenzung leichter als bei den fächerübergreifenden Kompetenzen. Denn fachliche Kompetenzen haben Bezug zu einem bestimmten Fach, also einer wissenschaftlichen Disziplin. So wurden in der bildungswissenschaftlichen Forschung etwa mathematische Kompetenzen (TIMMS, PISA) oder Lesekompetenzen (PISA, IGLU, Hamburger Lesestudie) in den Fokus gerückt. Innerhalb dieses Kapitels werden wir uns auf die mathematische Kompetenz und auf die Lesekompetenz beziehen. Allerdings sind Kompetenzdomänen nicht mit Schulfächern gleichzusetzen, beispielsweise arbeitet die PISA-Studie mit dem Konstrukt der naturwissenschaftlichen Kompetenz, die ja auch mehrere traditionelle Fächer miteinander verbindet.

Stärker noch als bei den überfachlichen Kompetenzen kommt bei den fachspezifischen Kompetenzen die Idee der Formulierung von Zieldimensionen zur Geltung. Kompetenzen sind quasi als übergeordnete Ziele zu verstehen, die auf verschiedene Stufen heruntergebrochen werden müssen, sowohl bezüglich der Kompetenz als auch bezüglich des Jahrgangs. Eine annäherungsweise Zuordnung der Kompetenz- und Jahrgangsstufen, bezogen auf die Erfassung mathematischer Kompetenzen bei IGLU, PISA und TIMSS, zeigt folgende Abbildung:

4. Jahrgangsstufe (IGLU)			9. Jahrgangsstufe (PISA)			Abschlussklassen der Sekundarstufe II (TIMSS)		
KS	Kompetenz(en)	%	KS	Kompetenz(en)	%	KS	Kompetenz(en)	%
			V	Komplexes Modellieren und innermathematisches Argumentieren	1	IV	Mathematisches Argumentieren	14
			IV	Umfangreiches Modellieren auf der Basis anspruchsvoller Begriffe	12	III	Mathematisches Modellieren und Verknüpfung von Operationen	34
			III	Modellieren und begriffliches Verknüpfen auf dem Niveau der Sekundarstufe I	31	II	Anwendung von einfachen Routinen	37
V	Problemlösen	7	II	Elementare Modellierungen	32	I	Alltagsbezogene Schlussfolgerungen	15
IV	Beherrschung der Grundrechenarten, räumliche Geometrie, begriffliche Modellentwicklung	35	I	Rechnen auf Grundschulniveau	17			
III	Verfügbarkeit von Grundrechenarten und Arbeit mit einfachen Modellen	40	<I		4			
II	Grundfertigkeiten zum Zehnersystem, zur ebenen Geometrie und zu Größenvergleichen	17						
I	Rudimentäres schulisches Anfangswissen	2						

Quelle: Klieme 2004, S. 12 (leicht veränderte Darstellung)

Abbildung 16: Annäherungsweise Zuordnung der Kompetenzstufen nach IGLU, PISA und TIMSS (mathematische Kompetenzen)

Sie können der Abbildung nicht nur die Zuordnung der Kompetenzstufen entnehmen, sondern auch deren prozentuale Verteilung. So beherrschen etwa 35% der getesteten Schüler in der Grundschule die Grundrechenarten, räumliche Geometrie und begriffliche Modellentwicklung (Kompetenzstufe IV aus IGLU). Dies entspricht etwa der Kompetenzstufe I aus den PISA-Erhebungen „Rechnen auf Grundschulniveau", welche in der 9. Jahrgangsstufe 17% der Schüler erreichen.

Hinter den Kompetenzdimensionen stehen spezifische Modellannahmen. Am Beispiel der Lesekompetenz sieht das theoretische Modell folgendermaßen aus:

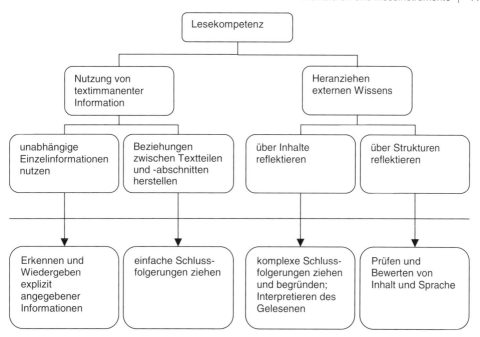

Quelle: Bos/Hornberg et al. 2008, S. 53

Abbildung 17: Angenommene Struktur von Leseverständnis und seinen Teilprozessen nach dem IGLU-Rahmenkonzept

Wie entstehen nun aus solchen Modellierungen konkrete Items, also Aufgaben, die bei (fachspezifischen) Kompetenztests eingesetzt werden? Dazu ist zunächst noch ein Zwischenschritt notwendig:

Aus diesen vier Leseverständnisaspekten müssen nun je spezifische Anforderungsprofile erstellt werden, die dann den Aufgabenstellungen zu Grunde liegen. Die komplette Darstellung dieser Profile würde an dieser Stelle zu weit gehen. Daher soll im Folgenden lediglich beispielhaft das Anforderungsprofil zum Leseverständnisaspekt „Einfache Schlussfolgerungen ziehen" dargestellt werden:

- Ein Wort aus dem Textzusammenhang heraus verstehen und erklären können
- Beispiel(e) für eine allgemeine Aussage im Text finden
- Einzelne Sachverhalte/konkrete Handlungen auf etwas Allgemeines zurückführen
- Sich in die (beschriebene) Situation eines anderen hineinversetzen und stellvertretend für diese Person denken, handeln und sprechen
- Ein Gefühl erkennen und Ursachen benennen
- Die Antwort auf eine auf den Text bezogene Frage mit einer Aussage aus dem Text begründen
- Zusammenhänge zwischen verschiedenen Textstellen herstellen
- Eigenes Vorwissen benutzen, um Antworten auf Fragen zu finden (Voss/Blatt 2009, S. 19)

Von diesen Anforderungsprofilen ist der Weg zum eigentlichen Kompetenztest nicht mehr weit. Das Grundgerüst steht, es muss nur noch mit Inhalten gefüllt werden.

Zunächst muss eine Wahl getroffen werden zwischen zwei verschiedenen möglichen Antwortformaten: offen oder geschlossen. Bei den offenen Antwortformaten sind freie Formulierungen möglich. Die geschlossenen Formate dagegen zwingen zu einer oder mehreren bestimmten Antworten. Beispiele hierfür sind Multiple-Choice- oder Zuordnungsaufgaben.

Übung

Beurteilen Sie beide Antwortformate, offen oder geschlossen, hinsichtlich der Gütekriterien Objektivität, Ökonomie und Fairness (vgl. Kapitel 2.1).

Hinsichtlich Objektivität und Effizienz sind die geschlossenen Antwortformate den offenen weit überlegen. Was hingegen die Reliabilität betrifft, so haben die geschlossenen Antwortformate immer mit dem Problem des Ratens zu kämpfen. Das heißt, bei vier vorgegebenen Antwortalternativen, von denen eine Antwort die richtige ist, besteht immer eine 25%ige Wahrscheinlichkeit, dass die richtige Antwort angekreuzt wird, ohne dass die Kompetenz tatsächlich vorhanden ist. Dieses Problem lässt sich minimieren, indem sowohl die Zahl der möglichen als auch die Zahl der richtigen Antworten erhöht wird. Außerdem wird allen Schülern empfohlen zu raten, auch wenn sie die Antwort nicht wissen, um den Vorteil der ratenden gegenüber den nicht ratenden Schülern zu minimieren. Bei der Aufgabenformulierung sollen gute Distraktoren gewählt werden, d.h. die falschen Antworten sollen ähnlich plausibel wie die richtige Antwort klingen. (vgl. Jonkisz/Moosbrugger 2007, S. 45)

Ein Kompromiss zwischen komplett geschlossenen und offenen Antwortformaten bilden Lückentextaufgaben. Bei diesen C-Tests (Close Tests) wird immer nur eine bestimmte Antwort erwartet. Dies bietet sich etwa bei mathematischen Aufgaben an, bei denen lediglich das Lösungsergebnis in Form einer Zahl notwendig ist.

Beispiele zu den verschiedenen Antwortformaten finden Sie in den folgenden beiden Abbildungen (vgl. Abbildungen 18 und 19). Es handelt sich dabei um Beispielaufgaben aus TIMSS 2007 und IGLU 2006.

Die Aufgaben sind einer Leistungsskala zugeordnet. In diese Skala sind vier sog. Benchmarks eingefügt. Dadurch ergeben sich fünf Intervalle, die dann als Kompetenzstufen bezeichnet werden (vgl. Bonsen/Lintorf/Bos/Frey 2007, S. 40f.). Die Kompetenzstufen sind hierarchisch und kumulativ, d.h. mit einer hohen Wahrscheinlichkeit können Schüler auf einer hohen Kompetenzstufe auch alle Aufgaben lösen, die niedrigeren Kompetenzstufen zuzuordnen sind. Eine annäherungsweise inhaltliche Füllung dieser Kompetenzen konnten Sie bereits Abbildung 17 entnehmen.

Die Zahlen in Klammern geben übrigens die relativen internationalen Lösungs-häufigkeiten an. Das heißt beispielsweise für die erste in Abbildung 18 dargestellte Aufgabe, dass diese Aufgabe zu 15% beantwortet wurde.

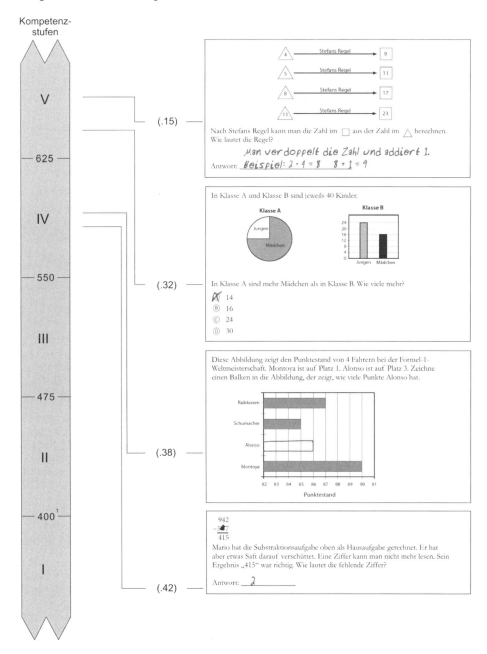

Quelle: Walther/Selter/Bonsen/Bos 2008, S. 70

Abbildung 18: Beispielaufgaben aus TIMSS 2007 mit Kompetenzstufenzuordnung

Zum Abschluss dieses Kapitels wollen wir Ihnen, analog zur mathematischen Kompetenz, noch Beispielaufgaben zur Lesekompetenz aus IGLU 2006 präsentieren (vgl. Abbildung 19). Die Aufgaben beziehen sich auf einen Lesetext, der den Schülern bei der Bearbeitung vorgelegt wird.

Ähnlich wie bei TIMSS gehen die Forscher auch hier von fünf hierarchischen Kompetenzstufen aus, die sich folgendermaßen darstellen (vgl. Tabelle 6):

Tabelle 6: Die Kompetenzstufen nach IGLU 2006 und deren inhaltliche Bedeutung

Kompetenzstufe	Inhalt
I	Dekodieren von Wörtern und Sätzen
II	Explizit angegebene Einzelinformationen in Texten identifizieren
III	Relevante Einzelheiten und Informationen im Text auffinden und miteinander in Beziehung setzen
IV	Zentrale Handlungsabläufe auffinden und die Hauptgedanken des Textes erfassen und erläutern
V	Abstrahieren, Verallgemeinern und Präferenzen gründen

Quelle: Valtin/Bos/Buddeberg/Goy/Potthoff 2008, S. 54

Die Kinder bekommen eine Geschichte zu lesen:

Eine unglaubliche Nacht
von Franz Hohler

Anina war zehn Jahre alt, also konnte sie sogar im Halbschlaf den Weg von ihrem Zimmer zum Badezimmer finden. Ihre Zimmertür stand normalerweise einen Spalt offen, und das Nachtlicht im Flur war so hell, dass sie am Telefontisch vorbei zum Badezimmer gelangen konnte.

Eines Nachts, als sie auf dem Weg zum Badezimmer am Telefontisch vorbeiging, hörte Anina so etwas wie ein leises Zischen. Doch da sie noch halb schlief, achtete sie nicht weiter darauf. Es kam sowieso aus einiger Entfernung. Erst, als sie wieder auf dem Rückweg in ihr Zimmer war, sah sie, woher das Geräusch kam. Unter dem Telefontisch lag ein Stapel alter Zeitungen und Zeitschriften, und dieser Stapel fing jetzt an, sich zu bewegen. Von dort kam auch das Geräusch. Plötzlich begann der Stapel zu kippen – nach rechts, nach links, nach vorne und nach hinten – und überall auf dem Boden lagen Zeitungen und Zeitschriften.

Anina wollte ihren Augen nicht trauen, als sie ein grunzendes, schnaufendes Krokodil unter dem Telefontisch hervorkriechen sah.

Anina stand wie angewurzelt da. Mit großen Augen beobachtete sie, wie das Krokodil ganz zwischen den Zeitungen hervorkroch und sich langsam in der Wohnung umsah. Es schien gerade aus dem Wasser gekommen zu sein, denn es war am ganzen Körper tropfnass. Wo immer es hintrat, wurde der Teppich ganz nass. Das Krokodil bewegte den Kopf vor und zurück und gab ein lautes Zischen von sich. Anina sah das Maul des Krokodils mit seinen schrecklich langen Zahnreihen an und schluckte.

Es bewegte den Schwanz langsam hin und her. Anina hatte im „Tiermagazin" über Krokodile gelesen – wie sie mit dem Schwanz ins Wasser schlagen, wenn sie Feinde vertreiben oder angreifen wollen. Ihr Blick fiel auf die letzte Ausgabe des „Tiermagazins", das vom Stapel gefallen war und zu ihren Füßen lag. Wieder erschrak sie. Auf dem Titelblatt der Zeitschrift war ein großes Krokodil an einem Flussufer abgebildet gewesen. Doch jetzt war das Flussufer leer!

Anina bückte sich und hob die Zeitschrift auf. In diesem Moment schlug das Krokodil so heftig mit dem Schwanz, dass es die große Vase mit den Sonnenblumen zertrümmerte, die auf dem Boden stand. Die Sonnenblumen flogen in alle Richtungen. Mit einem schnellen Sprung war Anina in ihrem Schlafzimmer. Sie knallte die Tür zu und schob ihr Bett vor die Tür. Sie hatte eine Barrikade gebaut, die sie vor dem Krokodil schützen würde. Erleichtert atmete sie aus.

Doch dann zögerte sie. Was wäre, wenn das Ungeheuer einfach nur Hunger hatte? Vielleicht musste sie dem Krokodil etwas zu fressen geben, damit es wegging?

Anina sah wieder zur Tierzeitschrift. Wenn das Krokodil einfach so aus einem Bild kriechen konnte, konnten andere Tiere das vielleicht auch. Hastig blätterte Anina die Zeitschrift durch und hielt bei einem Schwarm Flamingos in einem Sumpf im Dschungel inne. Genau richtig, dachte sie. Die sehen aus wie eine Geburtstagstorte für Krokodile.

Plötzlich hörte man ein lautes Krachen, und die Schwanzspitze des Krokodils schob sich durch die zersplitterte Tür.

Schnell hielt Anina das Bild von den Flamingos an das Loch in der Tür und rief, so laut sie konnte: „Raus aus dem Sumpf! Ksch! Ksch!" Dann warf sie die Zeitschrift durch das Loch in den Flur, klatschte in die Hände, rief und stieß laute Schreie aus.

Sie konnte kaum glauben, was dann passierte. Plötzlich war der gesamte Flur voller kreischender Flamingos, die wild mit den Flügeln schlugen und auf ihren langen, dünnen Beinen durcheinander liefen. Anina sah einen Vogel mit einer Sonnenblume im Schnabel und einen anderen, der den Hut ihrer Mutter vom Haken nahm. Sie sah auch, wie ein Flamingo im Maul des Krokodils verschwand. Mit zwei schnellen Bissen verschlang es den Flamingo und holte sich dann gleich den nächsten, den mit der Sonnenblume im Schnabel.

Nach zwei Portionen Flamingo schien das Krokodil genug gefressen zu haben und legte sich zufrieden mitten im Flur hin. Als es die Augen geschlossen hatte und sich nicht mehr bewegte, öffnete Anina vorsichtig ihre Tür und schlich in den Flur. Sie legte das leere Titelblatt direkt vor die Nase des Krokodils. „Bitte", flüsterte sie, „bitte geh zurück nach Hause." Sie stahl sich zurück ins Schlafzimmer und blickte durch das Loch in der Tür. Das Krokodil war wieder auf dem Titelblatt der Zeitschrift.

Dann ging sie vorsichtig ins Wohnzimmer, wo die Flamingos um das Sofa herum und auf dem Fernseher standen. Anina schlug die Zeitschrift auf der Seite mit dem leeren Bild auf. „Danke", sagte sie, „vielen Dank. Ihr könnt jetzt zurück in euren Sumpf."

Es war sehr schwierig, ihren Eltern am nächsten Morgen den großen nassen Fleck auf dem Boden und die kaputte Tür zu erklären. Die Geschichte mit dem Krokodil überzeugte sie nicht, obwohl der Hut ihrer Mutter wie vom Erdboden verschluckt war.

Quelle: Valtin et al. 2008

Danach werden die in Abbildung 19 dargestellten Aufgaben gestellt.

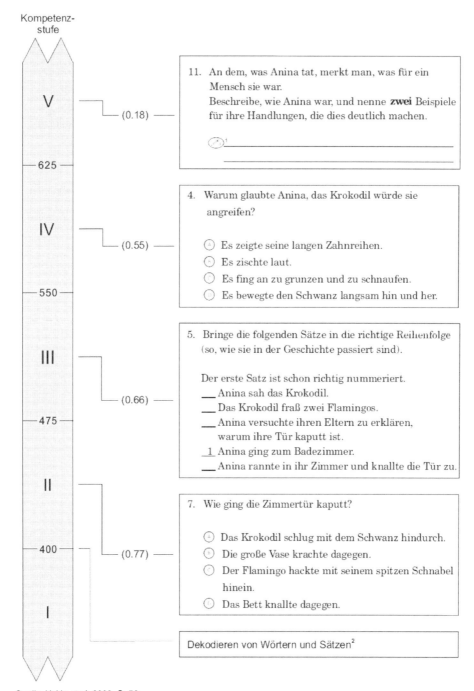

Quelle: Valtin et al. 2008, S. 56

Abbildung 19: Beispielaufgaben aus IGLU 2006 mit Kompetenzstufenzuordnung

2.4 Indikatoren für Schulqualität

Nachdem Sie sich in den vorherigen Abschnitten mit Prozess- und Ergebnisqualität befasst haben, möchten wir uns abschließend noch einmal dem Thema Schulqualität zuwenden. Dabei steht diesmal die Messung von Schulqualität im Mittelpunkt. Dazu werden wir Ihnen zum einen eine Skala zur Messung der Schulqualität aus Elternsicht präsentieren sowie die Ergebnisse einer Untersuchung mit dieser Skala, die im Rahmen der PISA-Studie 2006 verwendet wurde. Zwei weitere Skalen erfassen die Schulqualität aus der Perspektive von Lehrkräften, die ihre Schulleitungen einschätzen, vor allem unter den Gesichtspunkten Führung und Schulmanagement. Hier wird Schulqualität folglich als Management- bzw. Steuerungsaufgabe verstanden. Ferner werden wir Ihnen einen Kriterienkatalog vorstellen, der Entscheidungsgrundlage zur Vergabe des Deutschen Schulpreises in 2010 war, und der ebenfalls Indikatoren für Schulqualität auflistet. Darüber hinaus wird noch auf das Instrumentarium der Niedersächsischen Schulinspektion eingegangen als Beispiel für eine sehr weitreichende und umfassende Beurteilung von Schulqualität.

Schulqualität als übergeordnetes Ziel verlangt vor allem nach einer Veränderung im Verhältnis von Schulaufsicht und Schule zu Gunsten einer Konzentration auf die Schule. Schule wird in diesem neuen Modell in den Mittelpunkt einer Gesamtarchitektur gerückt, bestehend aus Schule, Schulaufsicht, Schulqualität, Evaluation und Unterstützung. Der Anspruch auf Schulqualität kann also nur dann eingelöst werden, wenn die einzelne Schule mehr Autonomie bekommt und damit auch selbstständiger handeln kann. Lohmann (2007, S. 77) fasst diese Entwicklung als „bildungspolitische Neuorientierung [...] in Richtung einer qualitätsbewussten eigenverantwortlichen Schule" zusammen.

Mit dem Ende der Schullaufbahn sollen die Schülerinnen und Schüler durch den Besuch der jeweiligen Institution die Befähigung erhalten haben, verantwortungsbewusst zu handeln und über soziale wie auch fachliche Kompetenzen zu verfügen. Auch hier ist die Abkehr vom Input-Denken hin zum Outcome erkennbar, indem die abschließend vorhandenen Kompetenzen in den Mittelpunkt gerückt werden. Damit ist klar, dass nicht ausschließlich auf Berufsbefähigung (employability) gesetzt wird, sondern dass das Ziel schulischer Ausbildung auch im Engagement für eine demokratische und soziale Gesellschaft gesehen wird. Sofern dieses übergeordnete Ziel eingelöst wird, ist auch Schulqualität in ihrer oben beschriebenen Dimension sichergestellt.

Zur Beantwortung der Frage, ob die jeweilige Schule die geforderte Qualität erbringt, bedarf es allerdings eines Referenzrahmens mit allgemeingültigen und verbindlichen Kriterien, der zur Prüfung und Messung herangezogen werden kann. Mehrere Bundesländer verfügen bereits über einen solchen Referenzrahmen zur guten Schule, der sowohl eine Bestandsaufnahme erlaubt als auch Querverbindungen zu externen Evaluationen (vgl. Lohmann 2007).

Flächendeckend durchgeführte Schulinspektionen sind ein Weg zur Messung der Schulqualität. Das Beispiel Niedersachsen zeigt, dass das angewendete Qualitätsraster vor allem auf qualitativen Daten basiert, ergänzt um quantitative Daten aus der Schulstatistik (Stundentafeln, Raumbelegungen etc.). Zur Erhebung der qualitativen Daten werden Befragungs- und Beobachtungsinstrumente verwendet.

Schulqualität wird hier in sechs Hauptbereiche mit mehreren Unterbereichen gegliedert. Insgesamt gibt es 16 Qualitätskriterien mit bis zu 100 Teilkriterien. Leistung, Lehren und Lernen, Schulkultur, Schulmanagement und Schulentwicklung sowie Lehrerprofessionalität spielen bei der Niedersächsischen Schulinspektion eine wichtige Rolle für die Erstellung eines individuellen, quantitativen Qualitätsprofils. Dieses Profil wird ergänzt durch umfassendes qualitatives Interviewmaterial aus der Befragung von Schulleitungen, Lehrkräften, Eltern, Schülern u.a.

Ein sehr viel konkreteres und auch objektives Instrument zur Messung von Schulqualität stellt die in Abbildung 20 dargestellte Skala zur Schulqualität dar, hier bewertet aus der Perspektive der Eltern. Die repräsentativen Ergebnisse zeigen, dass die Mehrheit der Eltern die Schulqualität insgesamt positiv beurteilt. Dies gilt sowohl für die Kompetenz der Lehrkräfte als auch für Aspekte des schulischen Leistungsniveaus, der angebotenen Inhalte, der Disziplin oder auch Lernfortschritte der Schüler. Das einzige Item, welches nur wenig Zustimmung unter den befragten Eltern findet, ist die Feedback-Kultur der Lehrkräfte. Eltern wünschen sich offensichtlich regelmäßige Informationen von Lehrkräften über die Lernfortschritte der Kinder, doch erhalten sie diese entweder gar nicht oder in nicht ausreichender Form. Lediglich 37% stimmen deshalb der Aussage 6 ganz oder eher zu.

Wie sehr stimmen Sie mit den folgenden Aussagen überein? Bitte in jeder Zeile nur ein Kästchen ankreuzen. (Angaben in %)				
	stimme ganz zu	stimme eher zu	stimme eher nicht zu	stimme gar nicht zu
	(4)	(3)	(2)	(1)
1) Die meisten Lehrer/innen meines Kindes scheinen kompetent und engagiert zu sein.	15*	48	14,9	1,4
2) Das Leistungsniveau in der Schule meines Kindes ist hoch.	14,9	41,2	20,5	2,5
3) Ich bin mit den Inhalten, die in der Schule meines Kindes gelehrt werden, zufrieden und auch mit den Lehrmethoden, die eingesetzt werden.	13,6	42,6	20,6	2,4
4) Ich bin mit der Disziplin in der Schule meines Kindes zufrieden.	21	37,4	16,6	4,2
5) Die Fortschritte meines Kindes werden in der Schule sorgfältig überwacht.	12,9	35,6	25,8	4,8
6) Die Schule meines Kindes stellt regelmäßig nützliche Informationen über die Fortschritte meines Kindes zur Verfügung.	11,7	24,9	31,4	11,3
7) Die Schule meines Kindes leistet gute Arbeit bei der Ausbildung der Schülerinnen und Schüler.	15,2	44,5	16,4	2,4

* Die Differenz zu 100% ergibt sich aus ungültigen Angaben, aus nicht bearbeiteten Statements oder aus dem Unvermögen, diese Aussagen zu beantworten.

Abbildung 20: Skala: Elterliche Wahrnehmung der Schulqualität

In der unten aufgeführten Skalendokumentation finden Sie die Ihnen aus anderen Abschnitten bereits bekannten Kennwerte wie Reliabilität, Mittelwert und Standardabweichung. Mit der vorliegenden Skala, die Sie sich auch aus der Testothek downloaden können, liegt Ihnen nunmehr ein valides und reliables Instrument vor, welches Sie zur Messung der Schulqualität einsetzen können (www.zebid-testothek.de).

Kategorie	Schulqualität
Dimension	Elterliche Wahrnehmung der Schulqualität
Zielgruppe	Eltern
Beschreibung	Die Skala misst die Schulqualität aus Elternsicht. Beispielitem: *„Die Schule meines Kindes leistet gute Arbeit bei der Ausbildung der Schülerinnen und Schüler."*
Anzahl der Items	7
Antwortvorgaben	1 = stimme ganz zu; 2 = stimme eher zu; 3 = stimme eher nicht zu; 4 = stimme gar nicht zu
Reliabilität	Cronbachs $\alpha = 0.84$
Mittelwert	$M = 2.82$ (individuelle Skalenrohwerte)
Standardabweichung	$SD = 0.18$ (individuelle Skalenrohwerte)
Spannweite	min = 1; max = 4
Stichprobenumfang	N = 4891 (3746 gültig)
Quelle	Internationaler Elternfragebogen PISA 2006. In: Frey et al. (Hrsg.) (2009): PISA 2006. Skalenhandbuch. Münster: Waxmann, S. 159f.

Abbildung 21: Skalendokumentation der Skala Elterliche Wahrnehmung der Schulqualität

Die Elternsicht auf die Schulqualität, wie oben beschrieben, ist eine Perspektive. Eine weitere stellt die Bewertung von Unterricht dar und damit die Beurteilung von Schulqualität über die Bewertung der für den Unterricht verantwortlichen Lehrkräfte. Eine dritte Perspektive versteht Schulqualität als Managementaufgabe, die in erster Linie der Schulleitung obliegt. Da es in diesem Buch vor allem um das Thema der Bestimmung von pädagogischer Qualität geht, möchten wir Sie mit zwei weiteren Messinstrumenten vertraut machen, mit deren Hilfe Sie die Schulleitungsqualität in Ihrer Institution erfassen können. Sie als Schulleitung werden dazu aus den Reihen des eigenen Kollegiums eingeschätzt und bewertet. Beide Instrumente stammen aus einem Projekt zur Qualität von Schule und Unterricht und sind über unsere Testothek zu beziehen. Gleiches gilt für die Skalendokumentation, die wir hier nicht abgedruckt haben (www.zebid-testothek.de).

Mit der ersten Skala wird die Effizienz des Schulmanagements erfasst, die sich vor allem daran ablesen lässt, ob die Zuständigkeiten im Kollegium klar zugewiesen sind. Gleichgültig, ob es sich um den Computerraum, die Schulbibliothek oder allgemeiner um die Umsetzung von Entscheidungen handelt, die Skala erfasst, inwieweit in der untersuchten Schule effizientes Schulmanagement umgesetzt und damit diese Dimension der Schulqualität verwirklicht wird. Die Skala besteht aus neun Items, die individuell bewertet werden sollen. Ergebnisse aus eigenen Untersuchungen mit dieser Skala zeigen, dass die Zufriedenheit des Einzelnen stark positiv mit der Führungsqualität und damit auch dem Schulmanagement korreliert. Insbesondere das Wohlbefinden der Lehrkräfte im Arbeitsumfeld und ihre pädagogische Selbstwirksamkeit weisen einen engen Zusammenhang mit der effizienten Führung auf. Diese Ergebnisse über die positiven Effekte guten Schulmanagements auf die pädagogische Qualität betonen nochmals die enorme Bedeutung von pädagogischen Führungskräften. Gute Führung und gutes Schulmanagement sind demnach ein Bedingungsfaktor für Schulqualität.

In welchem Ausmaß stimmen Sie den folgenden Aussagen zu? Bitte kreuzen Sie zu jeder Aussage immer genau ein Kästchen an.				
	Trifft voll zu	Trifft eher zu	Trifft eher nicht zu	Trifft gar nicht zu
	(4)	(3)	(2)	(1)
1) Bei uns ist klar, wer wofür zuständig ist.	❏	❏	❏	❏
2) Wir haben klare Zuständigkeiten für Bibliothek, PC-Raum, Fachräume.	❏	❏	❏	❏
3) * Man hat hier oft das Gefühl, an dieser Schule fühlt sich niemand für etwas zuständig.	❏	❏	❏	❏
4) * Schulische Veranstaltungen werden bei uns erst immer im letzten Moment vorbereitet.	❏	❏	❏	❏
5) * Bis bei uns Entscheidungen zustande kommen, dauert es eine Ewigkeit.	❏	❏	❏	❏
6) * Wenn Entscheidungen anstehen, ist oft erst zu klären, wer zuständig ist.	❏	❏	❏	❏
7) Schulische Veranstaltungen sind bei uns in der Regel gut koordiniert.	❏	❏	❏	❏
8) Wenn etwas entschieden ist, kann man sich sicher sein, dass es auch so realisiert wird.	❏	❏	❏	❏
9) * Die Belastungen durch gemeinsame schulische Aufgaben trifft immer nur einige wenige.	❏	❏	❏	❏

Die mit * gekennzeichneten Items müssen für die Analyse umgepolt werden.

Abbildung 22: Skala zum effizienten Schulmanagement

Bei der zweiten Skala geht es noch stärker um die Beurteilung der Schulleitung und die Frage, ob die Schulleitung Informationen klar kommuniziert oder auch, ob sie im Kollegium den Eindruck hinterlässt, dass sie in schulspezifischen Fragen über die notwendigen Kompetenzen verfügt. Die Skala zum Führungskonzept besteht aus zehn Items mit einer vierstufigen Bewertung von trifft voll zu bis hin zu trifft gar nicht zu.

In welchem Ausmaß stimmen Sie den folgenden Aussagen zu? Bitte kreuzen Sie zu jeder Aussage immer genau ein Kästchen an.				
	Trifft voll zu	Trifft eher zu	Trifft eher nicht zu	Trifft gar nicht zu
	(4)	(3)	(2)	(1)
1) Die Schulleitung sorgt für einen guten Informationsfluss in der Schule.	❑	❑	❑	❑
2) Die Schulleitung stellt sicher, dass relevante Informationen alle Betroffenen rechtzeitig erreichen.	❑	❑	❑	❑
3) Die Schulleitung informiert in ausreichendem Maße über wichtige Entscheidungen und Neuerungen.	❑	❑	❑	❑
4) Die Schulleitung hat die Planung und Durchführung von Lehrerkonferenzen im Griff.	❑	❑	❑	❑
5) Die Schulleitung hat den Überblick über das Geschehen an der Schule.	❑	❑	❑	❑
6) Die Schulleitung trifft transparente Entscheidungen.	❑	❑	❑	❑
7) Die Schulleitung vertritt eine klare Linie.	❑	❑	❑	❑
8) Die Schulleitung vertritt ein klares pädagogisches Konzept.	❑	❑	❑	❑
9) Die Schulleitung ist über relevante Rechts-grundlagen (Schulgesetze etc.) informiert.	❑	❑	❑	❑
10) Die Schulleitung versteht es gut, die Schule nach außen hin zu repräsentieren.	❑	❑	❑	❑

Abbildung 23: Skala zum Führungskonzept der Schulleitung

Im Vergleich zu den eben beschriebenen objektiven Messinstrumenten zur Schul-qualität gibt es auch andere, stärker subjektiv ausgerichtete Instrumente. Ein solches ist beispielsweise das Qualitätsraster zur Vergabe des Deutschen Schul-preises. Dieses aus sechs Kategorien bestehende System operationalisiert Schul-qualität als Leistung, Unterrichtsqualität, Verantwortung, Schulklima, Vielfalt und lernende Institution. Eine hohe Qualität weisen all jene Schulen auf, die in allen Bereichen ein gut und in mindestens einem Bereich ein sehr gut erzielen. Beurteilt wird die Qualität in diesem Fall durch ein zahlreich besetztes Gremium aus Juroren und pädagogischen Experten, das sich vor Ort einen Einblick über die zu bewertende Schulqualität verschafft und anschließend eine Auswahl von Schulen für den Deutschen Schulpreis nominiert.

Die Beispiele zur Messung von Schulqualität haben Folgendes deutlich gemacht: Mit der Einschätzungsskala aus der PISA-Studie liegt Ihnen ein valides und reliables Testinstrument zur Messung von Schulqualität vor, das mit der Eltern-sicht allerdings nur einen Aspekt des umfassenden Konstrukts Schulqualität erfasst. Gleiches gilt für die Schulmanagement- und Führungskonzeptskalen, mit denen Lehrkräfte befragt werden. Anders stellt es sich bei dem vielfältigen Instrumentenkasten der Niedersächsischen Schulinspektion dar. Dieser erstellt auf der Grundlage von Befragungen der am Schulbetrieb beteiligten Akteure wie Schüler, Lehrkräfte und Eltern sowie der Beobachtung des Unterrichts ein umfassendes Qualitätsprofil. Im Gegensatz zur PISA-Skala und anderen objektiven Skalen wird die Beurteilung bei der Schulinspektion durch mehrere Evaluatoren vorgenommen.

3 Hinweise zur Auswertung – ein Beispiel

In diesem Kapitel möchten wir Ihnen anhand eines konkreten Beispiels aus der Praxis zeigen, wie die Rückmeldung von Ergebnissen einer Forschungsstudie an die Schulen ausfallen kann. Ein hoher Nutzen für beide Seiten ergibt sich aus der Kooperation zwischen Schulen und professionell Forschenden. Der Vorteil einer solchen Kooperation: Die Schulen erhalten eine kostenlose und neutrale Datenauswertung von speziell dafür ausgebildeten Fachkräften, die Hochschulen oder Universitäten erhalten wertvolle Daten für die wissenschaftliche Weiterverwertung.

Warum ist die externe Fremdevaluation eine gute Gelegenheit für Schulen?

Im Gegensatz zu den Lehrkräften stehen den Hochschulen entsprechende Ressourcen für die Dateneingabe und Auswertung zur Verfügung, da es sich, wie in unserem Fall, um ein Kerngeschäft von Wissenschaftlern an Universitäten handelt. Die Erfahrungen haben gezeigt, dass Lehrkräfte zumeist schon genug damit zu tun haben, überhaupt die Fragebögen auszufüllen. Nicht selten gibt es nämlich einen ganzen Haufen von Testbögen, die ein Kollegium während eines Schulhalbjahres ausfüllen soll. Da kommen Studierende mit ihren Projekten für die Abschlussarbeit, Doktoranden mit ihren empirischen Studien, die forschenden Professoren und auch noch die Schulinspektion. Lehrkräfte haben dadurch neben ihrem eigentlichen Kerngeschäft des Unterrichtens und allem, was damit in Verbindung steht, auch noch einiges mehr zu tun. Wie soll eine Lehrkraft da selbst noch aufwändige Evaluation betreiben, wenn das bedeutet, zahllose Daten einzugeben und anschließend so aufzubereiten, dass eine verständliche und sinnvolle Rückmeldung an die Kollegen oder, bei mehreren teilnehmenden Schulen, Kollegien entsteht?

Es gibt aber noch weitere Gründe, die für eine Evaluation durch externe Personen sprechen: Die systematische Evaluation von gleich mehreren Schulen verschiedener Schulformen erfordert geradezu einen neutralen Dritten, der nicht nur die Koordination, sondern auch eine absolute Vertraulichkeit garantieren kann. Wir haben oft erlebt, dass gerade die besondere Verschwiegenheit externer Partner und eine damit gekoppelte diskrete Rückmeldung entscheidend für die Teilnahme der Lehrkräfte und Schulen sein können. Nicht ohne Grund schlägt die Deutsche Gesellschaft für Evaluation (DeGEval) vor, dass eine Evaluation nützlich, durchführbar, genau und *ethisch einwandfrei* sein soll (vgl. DeGEval 2002). Ethisch einwandfrei kann nicht nur eine Evaluation, sondern gleichermaßen eine Ergebnisrückmeldung nur sein, wenn der Persönlichkeits- und Datenschutz garantiert und die Würde der einzelnen Menschen geachtet werden. Eine gute Basis für eben diese besondere Rücksicht und Verschwiegenheit, gepaart mit einer hohen Kompetenz der Durchführung, Auswertung und Rückmeldung liefert streng genommen nur die externe (Fremd-)Evaluation. Das mag, wie in unserem Beispiel, eine Kooperation zwischen Schulen und empirischen Bildungsforschern einer Hochschule sein. Mehr über die begriffliche Präzisierung von Evaluation im pädagogischen Kontext können Sie beispielsweise bei Bauer (2007, S. 17–24) erfahren.

Was gibt es bei Rückmeldungen zu beachten?

Neben den allgemeinen Standards der DeGEval, die unter anderem ethische Kriterien wie eine faire, die Persönlichkeitsrechte respektierende Handlungsweise umfassen, gibt es weitere Empfehlungen für die Datenrückmeldung an Lehrkräfte. So haben verschiedene Arbeitsgruppen ermittelt, dass „ca. 80% der befragten Lehrpersonen die jeweiligen Rückmeldungen verständlich fanden und keine weiteren Informationen haben wollten. Außerdem zeigte sich in den Untersuchungen, dass auf Grundlage der Rückmeldungen nur minimale Veränderungen angestrebt bzw. umgesetzt werden" (Schneewind/Kuper 2009, S. 121). Die nur minimale Bewegung, die Rückmeldungen bei Lehrkräften auslösen, nahm eine Doktorandin zum Anlass, genauer zu untersuchen, wie Lehrkräfte mit Ergebnisrückmeldungen aus Schulleistungsstudien umgehen (vgl. Schneewind 2006). Dazu wurden Interviews mit 56 Grundschullehrerinnen aus Berlin in den Jahren 2003 bis 2005 geführt. Ohne auf sämtliche Einzelheiten der Ergebnisse dieser Studie einzugehen, können wir einige Schlussfolgerungen für die Gestaltung der Ergebnisrückmeldung ziehen (vgl. Schneewind/Kuper 2009, S. 127).

So soll die Rückmeldung *zeitlich nah am Testzeitpunkt* erfolgen. Eine Datenrückmeldung, die erst nach etlichen Monaten erfolgt, wenn sich die Lehrkräfte kaum noch an die Studie oder den unmittelbaren Kontext erinnern, bringt den Lehrkräften kaum mehr einen Nutzen. Dass die Dateneingabe, die eventuelle Eichung der Instrumente, die Datenauswertung und -aufbereitung ihre Zeit brauchen, versteht jede Lehrkraft. Die Dauer bis zur Rückmeldung muss aber bereits vor der Datenerhebung beim Erstkontakt kommuniziert und durch die Forscher realistisch eingeschätzt werden. Zeitlich nah sehen wir Ergebnisse in einem Zeitraum von bis zu vier Monaten nach der Datenerhebung. Bei Verzögerungen muss zwangsläufig eine informierende sowie begründende Nachricht an die Kontaktpersonen der Schulen bzw. an die Schulleitung gehen. Generell empfiehlt es sich, Zwischenschritte bis zur Rückmeldung, etwa das Ende der Dateneingabe oder der statistischen Auswertung zu kommunizieren, um den Teilnehmern zu signalisieren, dass etwas getan wird und die Rückmeldung näher rückt. Zwischen der Übergabe der vorbereiteten Fragebögen und der Rückmeldung lagen bei unserer Studie je nach Schule zwei bis drei Monate.

Die Rückmeldung sollte nach Schneewind (2006) nicht nur nah am Testzeitpunkt erfolgen, sondern muss auch ohne größere Hürden zugänglich bzw. *leicht zu erhalten sein*. Das kann etwa dann gewährleistet werden, wenn die Ergebnisse in Papierform direkt an den/die Adressaten übergeben oder per Post verschickt werden. Die Rückmeldung sollte für die Lehrkräfte zudem *einfach zu handhaben und verständlich sein* sowie *keine statistischen Grundkenntnisse voraussetzen*. Dazu haben wir uns überlegt, nur zwei statistische Größen anzugeben, nämlich den Mittelwert und den dazugehörigen Standardfehler in Form von Fehlerbalken. Die Fehlerbalken werden vor der Darbietung der Diagramme in einer Interpretationshilfe so erläutert, dass präzise Rückschlüsse des Lesers auf die eigene Schule möglich sind. Deutliche und im Sinne der Statistik signifikante Abweichungen von der Bezugsnorm, welche die anderen Schulen der eigenen Schulform darstellen, sind durch Verbindungslinien und Sternchen gekennzeichnet. So kann auch der statistische Laie etwas mit den Auswertungen anfangen, ohne dass ein Statistikkurs belegt werden müsste. Wichtig ist bei der Darstellung von Diagrammen, dass die Ergebnisaufbereitung *graphisch übersichtlich* ausfällt und *nicht zu viele Informationen* auf einmal beinhaltet.

In der Rückmeldung sollte ferner ein eindeutiger *Ansprechpartner* ausgewiesen sein. In einigen Fällen haben wir die Ergebnisse sogar persönlich vor den Lehrerkollegien referiert. Dadurch konnten Fragen zu *Verwendungsmöglichkeiten* sowie *Möglichkeiten und Grenzen der Information* direkt und persönlich durch die Forscher beantwortet werden. Informationen zu diesen Aspekten sollten aber ohnehin ein Bestandteil der Rückmeldung sein. Der letzte „Standard" einer guten Rückmeldung besagt, dass die Ergebnisse *den Empfänger unterstützen und nicht abschrecken* sollen. Nun birgt ein negatives Ergebnis immer das Risiko einer Schockstarre oder Resignation, wenn Lehrkräften mit empirischen Methoden ein schlechtes „Zeugnis" ausgestellt wird. Es ist aber wichtig, die Empfänger der Rückmeldung dann nicht sich selbst zu überlassen, sondern gemeinsam über die Bedeutung der Ergebnisse zu sprechen und Lösungsansätze zu entwickeln. Hilfreich können hier Handlungsempfehlungen der Forscher oder die grundsätzliche und wohlwollende Bereitschaft sein, an Maßnahmen zur Verbesserung der Situation mitzuwirken.

Aus welchem Projekt stammt das Beispiel?

In einem Seminar wurden Lehramtsstudierende aufgefordert, aus der Sicht einer Lehrkraft heraus Aussagen zu generieren, die sich auf Bereiche des professionellen Erlebens von Lehrpersonen beziehen (Woran erkennen Lehrkräfte, dass sie eine Wirkung erzielen? Was ist für wirkungsvolles Handeln besonders wichtig? Wie sehen sie ihre Arbeitsumgebung? Was nehmen sie bei den Lernenden wahr?) Auf diese Weise entstanden rund 300 Aussagen, die für einen Pretest gründlich aufbereitet wurden. In vielen weiteren Schritten entstand schließlich ein geeichtes und direkt einsatzbereites Instrument zum arbeitsbezogenen Erleben von Lehrkräften. Das Instrument kann in vier Subdimensionen aufgefächert werden, und zwar in die erlebte pädagogische Wirksamkeit, das Schülerinteresse, Vertrauen/Zutrauen und in das Wohlbefinden im Arbeitsumfeld (vgl. Bauer/Kemna 2009a und 2009b).

Der erfolgreiche Pretest brachte ein finales Testinstrument hervor, welches in einer umfangreichen Datenerhebung die Konstruktvalidierung mithilfe bereits in der Praxis bewährter Skalen zur Qualität in Schule und Unterricht (vgl. Ditton 2001) und aus dem Maslach Burnout Inventar (vgl. Maslach/Jackson/Leiter 1996, Körner 2003) durchlaufen hat. Dazu wurde eine Befragung von 413 Lehrkräften an Grundschulen, Hauptschulen, integrierten Haupt-/Realschulen und Gymnasien durchgeführt. Insgesamt nahmen 22 Schulen teil, davon 15 Schulen aus dem nördlichen Raum (Niedersachsen) und 7 Schulen aus dem südlichen Raum (Nordrhein-Westfalen). *Ein* interessantes Ergebnis der Konstruktvalidierung ist die hohe prädiktive Güte der Skala zur erlebten pädagogischen Wirksamkeit bei der Bedrohung der Lehrkräfte durch Burnout. Die neu konstruierte Skala kann Burnout ähnlich gut voraussagen wie das Instrument zur Berufszufriedenheit aus dem DFG-Projekt „QuaSSU" (vgl. Bauer/Kemna 2010).

Wie groß ist der Arbeitsaufwand für diese Form der Rückmeldung?

Für die Gestaltung der Ergebnisrückmeldung an 22 Schulen wurde eine Hilfskraft mit etwa 50 Arbeitsstunden beschäftigt. Darin enthalten ist die Datenaufbereitung für die statistische Analyse und graphische Darstellung mit Fehlerbalken. Jede einzelne der 13 Dimensionen musste auf signifikante Mittelwertunterschiede der Einzelschule im Vergleich zur Gesamtheit aller Schulen sowie aller Schulen derselben Schulform geprüft werden. Hinzu kommt die manuell generierte graphische Verdeutlichung von statistisch signifikanten Unterschieden in den einzelnen Diagrammen. Jede Schule erhielt zudem eine individualisierte Zusammenfassung der Ergebnisse.

Exkurs: Wie können die Daten für eine einfache Rückmeldung ausgewertet werden?

Wir haben für die statistischen Berechnungen und die graphischen Darstellungen das Programm SPSS (**S**tatistical **P**ackage for the **S**ocial **S**ciences) verwendet. Die Vorbereitung der Datenmatrix zur Eingabe von Daten gestaltet sich mit SPSS sehr einfach. Die Maße der zentralen Tendenz wie Mittelwerte, die Standardabweichung, die Standardfehler des Mittelwertes sowie die minimal und maximal gemessenen Werte können ebenfalls schnell und einfach ausgegeben werden. Eine auch für den Laien gut verständliche Einführung in SPSS liefert das Buch „Statistik mit SPSS für Windows: Version 15" von Diehl und Staufenbiel (2007). Auch ältere Versionen des Buches sind nach wie vor brauchbar (und günstig zu erhalten). Die Instrumente zu den einzelnen Dimensionen aus dem nachfolgenden Beispiel einer Rückmeldung finden Sie vollständig und sofort einsatzbereit auf unserer Website unter http://www.zebid-testothek.de; dann klicken Sie bitte auf „Downloads" und anschließend auf „Prozessqualität fächerübergreifend". Die Kodierung mit Zahlenwerten, welche eine statistische Auswertung überhaupt erst ermöglichen, finden Sie unter den Antwortvorgaben in der ersten Zeile.

Sie können übrigens auch mit dem Office-Programm „Excel" schon eine ganze Menge an wichtigen statistischen Größen berechnen. In den Abbildungen des Beispiels einer Rückmeldung finden Sie die Darstellung der Mittelwerte mit Konfidenzintervall. Mehr zum Konfidenzintervall, häufig auch Vertrauensbereich genannt, finden Sie bei Bortz und Döring (2002, S. 419) oder ebenfalls gut erläutert im Internet. Das (95%ige) Konfidenzintervall bildet sich aus dem Mittelwert, von dem der Standardfehler (**S**tandard **E**rror, SE) multipliziert mit 1,96 einmal abgezogen und einmal hinzuaddiert wird. So erhalten Sie die obere und untere Grenze des Konfidenzintervalls. Mit diesen Grenzen können Sie dann prüfen, ob sich die Mittelwerte zweier Stichproben signifikant (Irrtumswahrscheinlichkeit $P < 0.05$) voneinander unterscheiden. Das ist mit Sicherheit der Fall, wenn sich die Wertebereiche der Konfidenzintervalle *nicht* überschneiden. Eine solche Konstellation finden Sie in der Interpretationshilfe unserer Rückmeldung. Mit Excel (hier aus der deutschen Office-Version 2007) können Sie alle nötigen Parameter berechnen (s. Abbildung 24).

C14		f_x =KONFIDENZ(0,05;STABW(C1:C10);ANZAHL(C1:C10))	
	A	B	C	D

	A	B	C	D
1			3,05	2,95
2			3,15	3,25
3			2,95	2,85
4			2,85	2,75
5	T-Test:		2,75	2,85
6	0,27274774		3,05	2,95
7			3,15	3,05
8			3,25	3,15
9			2,95	2,85
10			3,05	2,75
11				
12		Mittelwert:	3,02	2,94
13	Standardabweichung:		0,14944341	0,166333
14	Standardfehler * 1,96:		0,09262428	0,11789579

Abbildung 24: Beispiel für die Berechnung wichtiger statistischer Größen mit Excel

Das kleine Beispiel enthält die Skalenmittelwerte von 20 fiktiven Personen, d.h. jeweils 10 Personen in einer Stichprobe, aufgelistet in zwei Spalten. Mit der Funktion „=MITTELWERT(C1:C10)" kann der Mittelwert der links gelisteten Stichprobe berechnet werden. Hier wurde die Funktion in die Zelle „C12" eingefügt. Durch einfaches Kopieren der Zelle in die benachbarte Spalte werden die Argumente der Funktion in die neue Spalte abgewandelt. Den für uns wichtigen Standardfehler, und zwar schon automatisch von Excel mit dem Faktor 1,96 multipliziert, berechnet die folgende Funktion: „=KONFIDENZ(0,05;STABW (C1:C10);ANZAHL(C1:C10))". Wichtig ist dabei, dass Sie die Datenbereiche (hier C1 bis C10 für die linke und D1 bis D10 für die rechte Spalte) auf die von Ihnen erstellte Datenmatrix zuschneiden.

In unserem Beispiel liegt das Konfidenzintervall der Spalte „C" in dem Bereich zwischen 3.02±0.09 (2.93 bis 3.11), das der Spalte „D" zwischen 2.94±0.12 (2.82 bis 3.06). Die graphische Ausgabe der Mittelwerte mit Konfidenzintervallen finden Sie in Abbildung 25. Demnach überschneiden sich die Wertebereiche der 95%igen Konfidenzintervalle. Die beiden Mittelwerte der Stichproben unterscheiden sich also *nicht* signifikant voneinander. Bitte bedenken Sie dabei, dass hier eine rechnerisch vereinfachte Methode für die Mittelwertvergleiche zugrunde liegt. Falls sich die Konfidenzintervalle nicht überschneiden, aber – vor allem bei kleinen Stichproben – zwei Grenzen der Wertebereiche dicht beieinander liegen, wird mit der dargestellten Methode *irrtümlicherweise* angenommen werden, dass sich die Mittelwerte *nicht* unterscheiden. Die Voraussetzung von zwei gänzlich unterschiedlichen Bereichen der Konfidenzintervalle als Kriterium für signifikante Mittelwertunterschiede von Stichproben ist daher ein übermäßig strenges Verfahren.

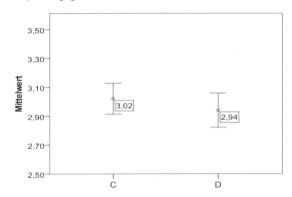

Abbildung 25: Darstellung der Fehlerbalken mit SPSS

Neben der oben beschriebenen „groben" Prüfung auf signifikant unterschiedliche Mittelwerte kann mit Excel auch die exakte Irrtumswahrscheinlichkeit (vgl. Bortz und Döring 2002, S. 29f.) für diese Prüfung berechnet werden. Das Verfahren dazu nennt sich t-Test und wird mit folgender Excel-Funktion auf unser Beispiel angewendet: „=TTEST(C1:C10;D1:D10;2;2)". Zunächst tauchen in den ersten beiden Argumenten die Zahlenreihen der Spalten „C" und „D" auf. Diese müssen Sie dann für Ihren Anwendungsfall wie zuvor beim Konfidenzintervall anpassen. Die beiden letzten Argumente der Funktion sorgen dafür, dass zweiseitig getestet und von unabhängigen Stichproben ausgegangen wird. Die Stichproben sind dann voneinander unabhängig, wenn ausschließlich unterschiedliche Personen in ihnen enthalten sind. Liegt die Irrtumswahrscheinlichkeit des t-Tests unterhalb von 0.05, dann sind die Mittelwerte signifikant, d.h. mit einer wenigstens 95%igen Sicherheit, unterschiedlich. Der t-Test mit Excel berechnet eine Irrtumswahrscheinlichkeit von 0.273. Das Ergebnis liegt damit über 0.05 und bedeutet, dass sich die Mittelwerte nicht signifikant voneinander unterscheiden.

Probieren Sie bei Gelegenheit doch selbst einmal erste Schritte der Datenanalyse aus. Sie verfügen jetzt über alle notwendigen Informationen, um Datenreihen auszuwerten und hinsichtlich signifikanter Mittelwertunterschiede zu überprüfen.

Zu unserem Beispiel einer Datenrückmeldung

Das nun folgende Beispiel enthält die komplette Ergebnisrückmeldung an eine der 22 befragten Schulen. Die originale Rückmeldung wurde für diesen Beitrag überarbeitet und erweitert.

Zunächst finden Sie das Anschreiben mit persönlicher Anrede der Schulleitung. Darauf folgt der Einleitungsteil mit allgemeinen Informationen über die Gestaltung sowie den Sinn und Zweck von Rückmeldungen. Die daraufhin individualisierte Zusammenfassung der Ergebnisse berichtet zum einen über die Rücklaufquote im Vergleich zur Gesamtstichprobe und zum anderen über die signifikanten Abweichungen der einzelnen Schule von der Gesamtheit aller untersuchten Schulen. Einen genauen Überblick über das spezifische Schulprofil liefert eine Tabelle, mit deren Hilfe die Handlungsempfehlungen für die Schulleitung abgeleitet werden. Darin liegen die wohl wertvollsten Informationen für die Schule. Vor der graphischen Präsentation der einzelnen erfassten Dimensionen führt eine Interpretationshilfe in die Darstellung mit Fehlerbalken ein. Falls die betroffene Schule bedeutsame Unterschiede zu den Vergleichsschulen aufweist, gibt es einen den Diagrammen manuell hinzugefügten Hinweis.

Es folgt eine der Praxis entstammende und aufbereitete Rückmeldung an eine Einzelschule. Stellen Sie sich nun vor, Sie wären die Schulleitung und es handelt sich um „Ihre" Schule.

Rückmeldung zur Befragung Ihres Lehrerkollegiums im Frühjahr 2009

Sehr geehrte Frau Leserin,
sehr geehrter Herr Leser,

vor einiger Zeit hat Ihr Lehrerkollegium sich freundlicherweise an einer Befragung zum Thema „Pädagogischer Optimismus und Unterrichtsqualität" beteiligt. Hiermit erhalten Sie nun die seinerzeit versprochene Rückmeldung der Ergebnisse.

Diese schriftliche Rückmeldung geht ausschließlich an Sie persönlich. Die schulbezogenen Daten werden vertraulich behandelt. Wir haben die Werte für den Vergleich mit anderen Schulen aggregiert, so dass Sie nur die Mittelwerte aller Schulen oder Mittelwerte für Ihre Schulform sehen, nicht aber einzelne Werte anderer Schulen.

Für eine möglichst einfache Verwertung der Rückmeldung stehen in der Anlage konkrete Handlungsempfehlungen und eine Interpretationshilfe, welche Ihnen die Verarbeitung der Ergebnisse erleichtern soll.

Gerne sind wir bereit, persönlich zu Ihnen zu kommen und über das Projekt und seine Ergebnisse zu informieren.

Eine gut verständliche Zusammenfassung der wichtigsten Erkenntnisse aus dem Projekt werden wir in einigen Wochen zum Download von unserer Website zur Verfügung stellen. Sobald dies der Fall ist, werden wir Sie kurz darüber informieren.

Für die Teilnahme bedanken sich
Prof. Dr. Karl-Oswald Bauer
Pierre Kemna, Dipl.-Päd.
Christoph Schröder, M.Ed.

Allgemeines zu Rückmeldungen

Im Allgemeinen wird erwartet, dass durch Rückmeldungen Bewegungen in Gang gesetzt werden. Genauer gesagt, wird durch die Bereitstellung von spezifischen Informationen oder eines Feedbacks durch Person A erwartet, dass Person B sichtbar in Bewegung gesetzt wird. Die Praxis zeigt jedoch, dass Ergebnisrückmeldungen oftmals eine andere Reaktion hervorrufen. Sie regen häufig zur Reflexion an, führen aber nicht zwangsläufig zu Veränderungen. Teilweise versickern die Ergebnisse von Rückmeldungen auch gänzlich. Die Gründe hierfür liegen häufig darin, dass nicht erläutert wird, an wen die Rückmeldung gerichtet ist und über wen oder was die Rückmeldung Auskunft gibt. Ein weiterer Grund liegt in der Gestaltung der Rückmeldung. Um die Rückmeldung nutzen zu können, müssen die Informationen verständlich aufbereitet werden und auf das Handlungsfeld des Empfängers übertragbar sein. Ein dritter Faktor, der den erfolgreichen Nutzen von Rückmeldungen behindert, ist die Zeit. Rückmeldungen sollten daher zeitnah zur Erhebung der Daten erfolgen.

Aus diesen Gründen sind wir bestrebt, Ihnen möglichst zeitnah verständliche Ergebnisse über Ihr Kollegium zu liefern. Diese beinhalten Vergleiche zur Schulform und zur Gesamtstichprobe. Wir hoffen, dass Ihnen die Rückmeldung wertvolle Erkenntnisse liefern kann und sie diese konstruktiv nutzen können.

Zusammenfassung Ihrer individuellen Ergebnisse

An Ihrer Schule wurden 92 Fragebögen ausgegeben. Davon gingen 32 Bögen ausgefüllt an uns zurück. Ihr Kollegium erzielt damit eine Rücklaufquote von 34%. Die Gesamtstichprobe umfasst 1102 Lehrkräfte, von denen 37% die Bögen ausgefüllt haben. Die Rücklaufquote an Ihrer Schule liegt also nur unwesentlich unterhalb des durchschnittlichen Rücklaufs der gesamten Stichprobe.

Im Vergleich zu den anderen Gymnasien weist Ihre Schule signifikante Unterschiede bei den Dimensionen „Effizientes Schulmanagement" und „Führungskonzept der Schulleitung" auf. Ihre Schule schneidet auf diesen Dimensionen deutlich schlechter ab als die übrigen Gymnasien. In den Dimensionen „Kollegium – positives Sozialklima", „Emotionale Erschöpfung (Burnout)", „Depersonalisation (Burnout)" und „Reduzierte persönliche Leistungsfähigkeit (Burnout)" erreicht Ihre Schule signifikant bessere Werte als die übrigen Gymnasien. Bei allen weiteren Dimensionen weist Ihre Schule keine signifikanten Abweichungen auf und ist demnach bei keiner der übrigen gemessenen Dimensionen deutlich besser oder schlechter als andere Gymnasien.

Im Vergleich zu den anderen Schulformen zeigt Ihre Schule signifikante Unterschiede auf den Skalen „Wohlbefinden im Arbeitsumfeld", „Effizientes Schulmanagement" und „Führungskonzept der Schulleitung". Ihre Schule erzielt in diesen Dimensionen deutlich schlechtere Ergebnisse als die zusammengefassten Schulen aller anderen Schulformen (Grundschulen, Haupt-/Realschulen und Hauptschulen). In der Dimension „Emotionale Erschöpfung (Burnout)" erreicht Ihre Schule eine signifikant niedrigere Ausprägung und schneidet demnach deutlich besser ab als die Gesamtheit der Schulen aller anderen Schulformen.

Einen Überblick über das spezifische Profil Ihrer Schule (s. nachfolgende Tabelle) und eine abgestimmte Handlungsempfehlung finden Sie auf der nächsten Seite.

Die Tabelle erlaubt Ihnen, die speziellen Profile der einzelnen Schulen zu überblicken. Ein „+" bedeutet, dass der Mittelwert auf dieser Dimension zu einem im Vergleich zum Gesamtmittelwert der Gymnasien besseren Ergebnis führt. Für die Dimensionen des Burnouts bedeutet das „+" einen signifikant niedrigeren Mittelwert, für alle anderen Dimensionen einen signifikant höheren Mittelwert. Bei einem „–" erzielt Ihre Schule ein entsprechend signifikant schlechteres Ergebnis.

Tabelle: Signifikante Mittelwertunterschiede der Gymnasien

	Ihre Schule	Andere Schule	Andere Schule	Andere Schule	Andere Schule	Andere Schule	Andere Schule	Andere Schule	Andere Schule
Erlebte pädagogische Wirksamkeit		+							
Schüler-interesse									
Vertrauen, Zutrauen				+					
Wohlbefinden im Arbeits-umfeld				+	–				
Effizientes Schulmanage-ment	–		+	+	–	+		–	
Führungs-konzept der Schulleitung	–		+	+				–	–
Positives Sozialklima im Kollegium	+	–					–		
Pos. Verhältnis Lehrer/Schüler									
Integration neuer Kollegen				+		+		–	
Berufs-zufriedenheit									
Emotionale Erschöpfung (Burnout)	+								
Deperso-nalisation (Burnout)	+						+		
Reduzierte persönliche Leistungs-fähigkeit (BO)	+					–			

Handlungsempfehlungen

Die Tabelle zeigt, dass Ihre Schule zu den beiden Gymnasien gehört, die auf den Dimensionen „Effizientes Schulmanagement" und „Führungskonzept der Schulleitung" von dem Kollegium deutlich schlechter eingeschätzt werden.

Daher empfehlen wir, die Zuständigkeiten in Ihrem Kollegium zu klären und auch gleichmäßig auf das Kollegium zu verteilen. Klare Zuständigkeiten können dazu beitragen, die Zeitdauer für die Verabschiedung von Entscheidungen zu beschleunigen. Das ist wichtig, weil es den Lehrkräften zufolge lange dauert, bis an Ihrer Schule Entscheidungen getroffen werden. Sie sollten zudem verstärkt darauf achten, dass geplante Vorhaben auch realisiert werden.

Ihr Führungskonzept wird vom Kollegium als weniger transparent und weniger klar bewertet als an anderen Gymnasien. Wichtige Informationen gelangen nicht zu allen Lehrkräften oder werden nicht in einem ausreichenden Maße vermittelt. Werden Sie klarer, machen Sie Ihre Entscheidungen transparenter und verdeutlichen Sie dem Kollegium Ihr (pädagogisches) Konzept. Zeigen Sie, dass Sie sich mit wichtigen Rechtsgrundlagen gut auskennen und den Überblick über das Schulgeschehen haben.

Die besonderen Stärken Ihrer Schule liegen dem Kollegium zufolge in einem deutlich positiven Sozialklima zwischen den Lehrkräften und in einer auf allen Dimensionen niedrigen Bedrohung durch Burnout. Offenbar gelingt es Ihnen, für ein gutes Miteinander im Kollegium zu sorgen und das Risiko von Burnout als einziges Gymnasium im Testfeld deutlich niedriger als an anderen Schulen zu halten. Verdeutlichen Sie dem Kollegium die Stärken Ihrer Schule, um einen guten Anknüpfungspunkt für die Aufarbeitung Ihrer Schwächen zu erhalten.

Interpretationshilfe

Zur erleichterten Interpretation der Ergebnisse möchten wir Ihnen diese Interpretationshilfe anbieten.

Für jede Dimension, die der Fragebogen enthält, haben wir die Mittelwerte der
Antworten ihres Kollegiums berechnet. Dargestellt sind die Ergebnisse durch so
genannte Fehlerbalken. Diese enthalten den Mittelwert, repräsentiert durch einen Kreis
in der Mitte der oberen und unteren Balken. Die Balken spannen das Konfidenzintervall
des Mittelwerts auf. Das Konfidenzintervall bestimmt den Bereich, in dem sich mit einer
95%igen Sicherheit der wahre Mittelwert befindet. Wir arbeiten mit einem bestimmten
Vertrauensintervall des Mittelwerts, da viele befragte Personen vom berechneten
Mittelwert mehr oder weniger abweichen und es so zu einer gewissen Uneinigkeit über
den wahren Mittelwert kommt. Eine immerhin 95%ige Einigkeit über den Mittelwert gibt
das Konfidenzintervall an. Ebenso stimmt die Aussage, dass in 95 von 100
Erhebungen an Ihrer Schule der Mittelwert wieder im Konfidenzintervall liegen wird.

Überschneiden sich die Konfidenzintervalle der Mittelwerte aus den Vergleichsgruppen
nicht, können wir von signifikanten Unterschieden ausgehen. Das heißt, wir haben es
mit ausreichend abgesicherten Mittelwertunterschieden zu tun. Diese Unterschiede
sind mit einem (*) gekennzeichnet und zeigen Stärken und Schwächen Ihrer Schule.

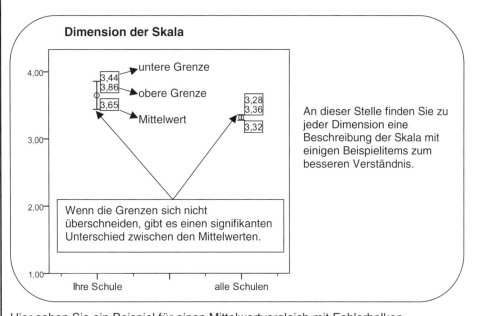

Hier sehen Sie ein Beispiel für einen Mittelwertvergleich mit Fehlerbalken.

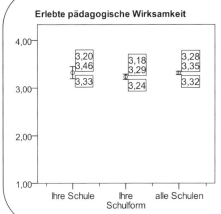

Erlebte pädagogische Wirksamkeit

Die Skala erfasst, wie wirksam Lehrkräfte ihr pädagogisches Handeln erleben.
Pädagogisches Handeln bezieht sich auf die Arbeitsaufgaben Unterrichten und Erziehen.

Beispielitems für diese Skala:
„Ich denke, dass bei mir ein gutes Basiswissen für den weiteren Lebensweg der Schüler vermittelt wird."
„Ich trage auch zur Erziehung der Schüler Wesentliches bei."

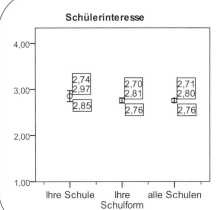

Schülerinteresse

Die Skala misst, wie hoch eine Lehrkraft das Interesse ihrer Schülerinnen und Schüler an den Inhalten des Unterrichts einschätzt.

Beispielitems für diese Skala:
„Meine Schüler zeigen viel Neugier und Interesse."
„Meine Schüler arbeiten selbstständig und sind wissbegierig."

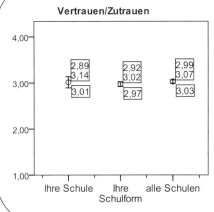

Vertrauen/Zutrauen

Die Skala misst, wie sehr eine Lehrkraft ihren Schülerinnen und Schülern vertraut und ihnen etwas zutraut.

Beispielitems für diese Skala:
„Ich kann meine Klasse problemlos einige Minuten allein lassen."
„Die meisten Schüler bringen bessere Leistungen, wenn ich viel von ihnen erwarte."

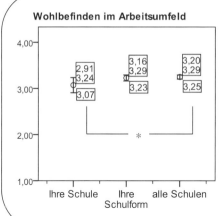

Die Skala überprüft, wie wohl sich eine Person in ihrem schulischen Arbeitsumfeld fühlt. Dabei wird im Sinne transaktionaler Modelle davon ausgegangen, dass Person und Arbeitsumfeld einander wechselseitig beeinflussen.

Beispielitems für diese Skala:
„Die Atmosphäre in unserer Schule trägt zu einem positiven Miteinander bei."
„Das soziale Miteinander wird an unserer Schule sehr hochgehalten."

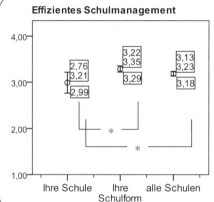

Die Skala misst die Effizienz des Schulmanagements und die Klarheit der Zuständigkeiten.

Beispielitems für diese Skala:
„Bei uns ist klar, wer wofür zuständig ist."
„Wenn etwas entschieden ist, kann man sicher sein, dass es auch so realisiert wird."

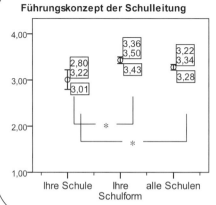

Die Skala überprüft die Führungskompetenz und das Führungskonzept der Schulleitung.

Beispielitems für diese Skala:
„Die Schulleitung sorgt für einen guten Informationsfluss in der Schule."
„Die Schulleitung vertritt eine klare Linie."

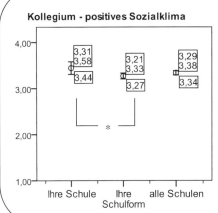

Kollegium - positives Sozialklima

Die Skala misst, wie wohl sich die Lehrer innerhalb des Kollegiums fühlen und wie der Umgang unter den Kollegen bewertet wird.

Beispielitems für diese Skala:
„Im Kollegium herrscht ein gutes soziales Klima."
„Im Kollegium hilft man sich hier auch privat aus, wenn es Schwierigkeiten gibt."

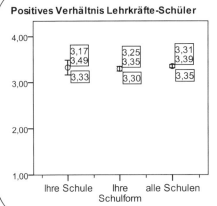

Positives Verhältnis Lehrkräfte-Schüler

Die Skala überprüft das Verhältnis zwischen Lehrern und Schülern. Sie befasst sich vor allem mit dem Umgang der Lehrer mit ihren Schülern.

Beispielitems für diese Skala:
„Die Lehrer bemühen sich, alle Schüler gleich zu behandeln."
„Im Allgemeinen herrscht hier ein freundlicher Umgangston zwischen Lehrern und Schülern."

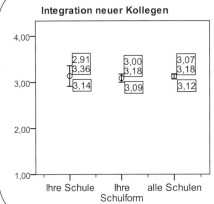

Integration neuer Kollegen

Die Skala trifft eine Aussage darüber, wie die Integration neuer Kollegen eingeschätzt wird.

Beispielitems für diese Skala:
„Als Ansprechpartner für neue Kollegen steht hier immer jemand zur Verfügung."
„Man bemüht sich an unserer Schule sehr darum, dass sich neue Kollegen schnell zurechtfinden."

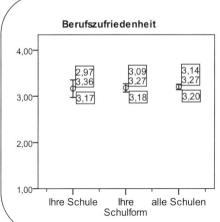

Die Skala gibt Auskunft über das persönliche Befinden der Lehrer in ihrem Beruf. Wie wohl fühlen sich die Lehrer in ihrer Rolle als Lehrperson?

Beispielitems für diese Skala:
„Ich bin mit meinem Beruf sehr zufrieden."
„Wenn ich mein Leben neu planen könnte, würde ich wieder Lehrer werden."

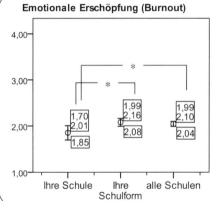

Die Skala misst die emotionale Erschöpfung der Lehrkräfte. Anzeichen hierfür sind Gefühle wie „ausgebrannt sein" und „Gleichgültigkeit".

Beispielitems für diese Skala:
„Ich fühle mich von meiner Arbeit emotional ausgelaugt."
„Ich fühle mich ausgebrannt von meiner Arbeit."

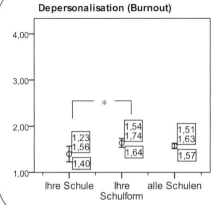

Die Skala gibt Auskunft über die Depersonalisation der Lehrkräfte. Indikatoren dafür können „innerliche Verhärtung" und „mangelnde Individualisierung" der Schüler sein.

Beispielitems für diese Skala:
„Ich befürchte, dass dieser Beruf mich innerlich verhärtet."
„Ich bin abgestumpfter gegenüber den Menschen geworden, seitdem ich in diesem Beruf arbeite."

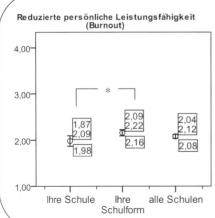

Die Skala überprüft die reduzierte persönliche Leistungsfähigkeit der Lehrkräfte.

Beispielitems für diese Skala:
„Ich fühle mich voller Energie."
„Ich habe viele wertvolle Dinge in diesem Beruf geleistet."

Diese Skala ist so gepolt, dass niedrige Werte eine hohe Leistungsfähigkeit abbilden. Hohe Werte entsprechen einer reduzierten Leistungsfähigkeit, die mit einem hohen Burnout einhergeht. Günstig sind also *niedrige* Werte.

Schlusswort

Wir hoffen, dass Ihnen die Rückmeldung der Ergebnisse gefallen hat, verständlich war und Ihnen eine Hilfe für die Entwicklung Ihrer Schule bietet. Falls es noch unbeantwortete Fragen gibt oder Sie weiteren Erklärungsbedarf haben, freuen wir uns auf Ihre Anfrage.

Wir wünschen Ihnen alles Gute und hoffen auch in Zukunft wieder bei Ihnen zu Forschungszwecken „anklopfen" zu dürfen.

Mit freundlichen Grüßen
Das Forscherteam

Dieses Beispiel für eine Rückmeldung bezieht sich auf eine ganze Schule, Rückmeldungen an einzelne Lehrkräfte stellen wir exemplarisch im nächsten Kapitel dar. Sie können diese Rückmeldungen auch als Muster für die Aufbereitung von Ihnen selbst erhobener Daten betrachten, die Sie allein oder gemeinsam mit Ihren Schülern interpretieren wollen.

4   Ein Leitfaden zur Überprüfung der Unterrichtsqualität

In den vorherigen Kapiteln wurden Ihnen unterschiedliche Modelle und Qualitätskriterien guten Unterrichts vorgestellt. Außerdem haben wir anhand einer Rückmeldung von Evaluationsergebnissen dargestellt, wie die Ergebnisse aufbereitet
und interpretiert werden können. In diesem Kapitel werden wir Ihnen nun zeigen,
wie Sie die Prozessqualität Ihres Unterrichts überprüfen können. Dazu werden wir
ein einfaches Modell der Unterrichtsqualität vorstellen, und an diesem Beispiel
zeigen, wie Sie mit bestehenden Skalen selbst einen Fragebogen zusammenstellen,
eine kleine Erhebung durchführen und die Ergebnisse auswerten können.

4.1   Interessant, strukturiert, adaptiv – ein einfaches Modell der Unterrichtsqualität für den Anfang

Bevor wir Ihnen das Erhebungsinstrument detailliert in seinen Bestandteilen vorstellen, folgt an dieser Stelle eine kurze inhaltliche Eingrenzung und Begründung.

Zur Wahl des Instruments

Wie bereits mehrfach gezeigt, existiert keine einheitliche Theorie zu Merkmalen
von Unterrichtsqualität (vgl. Helmke 2009, S. 168). Dennoch gibt es Versuche,
Qualitätsmerkmale guten Unterrichts zusammenzustellen. In Kapitel 2 haben wir
Ihnen eine mögliche Einordnung dieser Qualitätsmerkmale vorgestellt (vgl. Tabelle
2). Bei der Überprüfung der Prozessqualität Ihres Unterrichts interessieren uns an
dieser Stelle vornehmlich solche Qualitätsmerkmale, welche die fächerübergreifende Prozessqualität erfassen.

Helmke (2009, S. 168f.) nennt hier etwa zehn relevante Qualitätsbereiche:
- Klassenführung
- Klarheit und Strukturiertheit
- Konsolidierung und Sicherung
- Aktivierung
- Motivierung
- lernförderliches Klima
- Schülerorientierung
- Kompetenzorientierung
- Umgang mit Heterogenität
- Angebotsvariation

Diese Qualitätsbereiche stellt Helmke (vgl. ebd.) detailliert und ausführlich dar.
    Wir werden an dieser Stelle mit folgenden drei zentralen Bereichen der Unter-
richtsqualität arbeiten:
- Interessantheit, Motivierungsgehalt
- inhaltliche Strukturiertheit
- Adaptivität

Auch wenn diese drei Bereiche selbstredend den Unterricht in seiner gesamten Breite nicht abdecken können, so stellen sie doch einen zentralen Kern der Unterrichtsqualität dar. Denn diese Qualitätsbereiche lassen sich in verschiedenen theoretischen und empirischen Arbeiten – wenn auch unter anderen Bezeichnungen – wiederfinden.

Ein weiteres Argument, warum wir in dieser Erhebung Ihrer Unterrichtsqualität gar keine inhaltliche Vollständigkeit anstreben können, ist der benötigte zeitliche Aufwand der Erhebung. Dieser erhöht sich mit der Zahl der Items. Daher muss ganz klar abgewogen werden, wie viel Zeit etwa strukturbedingt zur Verfügung steht, und wie viel wir unseren zu untersuchenden Personen zumuten können. Wenn Sie sich mit Ihren Klassen vielleicht schon einmal an einer empirischen Studie zur Schul- oder Unterrichtsforschung beteiligt haben, wissen Sie, wovon hier die Rede ist.

An dieser Stelle wollen wir die Gelegenheit nutzen, falls Sie sich bereits an solchen Untersuchungen beteiligt haben, uns im Namen der Forschung bei Ihnen zu bedanken, und Sie ermuntern, diese Kooperationsbereitschaft aufrechtzuerhalten. Falls Sie noch an keiner Untersuchung mitgewirkt haben, bitten wir Sie, sich bei der nächsten Gelegenheit an einer solchen zu beteiligen. Sie und Ihre Schüler profitieren mittelbar von den Forschungsergebnissen.

Nach diesem kurzen Exkurs zurück zu Ihrer Erhebung. Wie wir oben begründet haben, sind wir bestrebt, in diesem Kapitel einen möglichst kurzen Fragebogen zusammenzustellen. Die drei genannten Skalen bestehen insgesamt aus 17 Items. Die einzelnen Skalen werden wir Ihnen nun kurz auf Grundlage der klassischen Testtheorie vorstellen. Um dies nachvollziehen zu können und sich so gleich mit den Instrumenten vertraut zu machen, ist es sinnvoll, dass Sie die betreffenden Skalen unter http://www.zebid-testothek.de herunterladen, ausdrucken und neben diesen Text legen.

Interessantheit, Motivierungsgehalt

Die Skala „Interessantheit des Unterrichts" (vgl. Ditton 2001) besteht aus neun Items, ist an Schüler gerichtet und erfasst, wie interessant die Lehrkraft den Unterricht gestaltet. Die Items erfragen im Einzelnen etwa, wie anschaulich, abwechslungsreich und spannend der Stoff präsentiert wird und in welchem Maße es der Lehrkraft gelingt, dessen lebenspraktische Relevanz zu verdeutlichen.
Beispielitems sind etwa:
- „Unsere Lehrerin/unser Lehrer stellt uns interessante Aufgaben." oder
- „Unsere Lehrerin/unser Lehrer erklärt uns, warum das wichtig ist, was wir an Stoff behandeln."

Darüber hinaus enthält die Skala ein negativ gepoltes Item. Sie erkennen es an dem Stern vor dem Text:
- „* Unsere Lehrerin/unser Lehrer gestaltet den Unterricht immer nach dem gleichen Schema."

Die Antworten auf dieses Item verhalten sich genau entgegengesetzt zum zu erfassenden Gesamtkonstrukt. Das heißt, es erfasst die Interessantheit des Unterrichts ganz gut, aber eben falsch herum. Daher müssen die Antworten genau umgekehrt interpretiert werden. Dies wird einer unserer ersten Schritte bei der Auswertung der Fragebögen darstellen. Doch nun zu den Antwortmöglichkeiten.

Es handelt sich bei der Skala um eine so genannte Ratingskala nach Likert mit folgenden Antwortvorgaben:

- trifft voll zu (4)
- trifft eher zu (3)
- trifft eher nicht zu (2)
- trifft gar nicht zu (1)

Diese vier Antwortkategorien lassen sich bei allen drei verwendeten Skalen in einer ähnlichen Weise wiederfinden. Die Arbeit mit vier Antwortkategorien bringt auch mit sich, dass durch die gerade Zahl eine so genannte „Tendenz zur Mitte" verhindert wird. Das heißt einfach, dass auch unentschiedene Personen zu einer Entscheidung für eine Richtung gezwungen werden, da es bei einer geraden Anzahl von Antwortalternativen keine Mitte gibt.

All diese Informationen können Sie jeweils der Skalenbeschreibung auf der ersten Seite der ausgewählten pdf-Dokumente entnehmen. Außerdem finden Sie hier auch Kennwerte der Skala zu Reliabilität, Mittelwert, Standardabweichung, Minimal- und Maximalwerten sowie der Stichprobengröße (N), anhand derer das Instrument geeicht wurde.

Die nächste Information, die Ihnen die Skalenbeschreibung gibt, betrifft die Reliabilität der Skala. Die Reliabilität oder auch interne Konsistenz zeigt an, wie genau und zuverlässig die Skala misst. Dies wird ausgedrückt durch Cronbachs α-Koeffizienten. Ab einem Wert von $\alpha = 0.7$ geht man davon aus, dass die Skala reliabel ist.

Wie Sie sehen, ist für die Skala „Interessantheit des Unterrichts" ein Cronbachs α von 0.85 angegeben. Damit können wir davon ausgehen, dass die Skala ausreichend messgenau ist.

Der Mittelwert zeigt Ihnen an dieser Stelle den durchschnittlichen Wert der Skala, angegeben für ein Item oder für die gesamte Skala anhand eines so genannten Summenscores. Er errechnet sich, indem die Werte aller Items addiert werden und das Ergebnis durch die Anzahl der Items geteilt wird. Hier finden Sie den Mittelwert eines Items dieser Skala. Dieser liegt bei 2.49 und somit fast genau auf dem theoretischen Mittelwert von 2.5, welcher sich wie folgt ergibt:

$$(1 + 2 + 3 + 4) / 4 = 2.5$$

Das könnte darauf hinweisen, dass die Skala insgesamt weder zu schwer noch zu leicht ist, sondern sich Werte der befragten Personen gleichmäßig, vielleicht sogar normalverteilt, um den Mittelwert herum verteilen.

Um genauere Aussagen darüber treffen zu können, wie weit sich die Personenwerte um den Mittelwert gruppieren, bedarf es eines weiteren Kennwertes, der Varianz oder Standardabweichung. Diese berechnen sich folgendermaßen:

Die Abweichungen aller Personen vom Mittelwert werden quadriert, auf-summiert und anschließend durch die Anzahl der Personen geteilt. Das Ergebnis ist die Varianz (s^2). Zieht man nun die Wurzel aus dieser Varianz, erhält man die Standardabweichung (s) (vgl. hierzu auch die Ausführungen in Kapitel 3). Das hier in Worten beschriebene Vorgehen können Sie anhand folgender Formeln nach-vollziehen:

$$s = \sqrt{s^2} = \sqrt{\frac{\sum_{i=1}^{n}(x_i - \bar{x})^2}{n}}$$

Für die Skala „Interessantheit des Unterrichts" liegt kein Wert zur Standard-abweichung vor.

Die Spannweite zeigt noch einmal die Minimal- und Maximalwerte der Ant-wortkategorien. In diesem Fall ist min = 1 und max = 4.

Als letzte Information können Sie der Skalendokumentation den Stichproben-umfang (N) entnehmen, also die Anzahl der Personen, die befragt wurden, um die dargestellten Kennwerte zu errechnen und die Skala zu eichen.

Strukturiertheit

Die nächste Skala, mit der wir uns an dieser Stelle beschäftigen möchten, ist die zur inhaltlichen Strukturiertheit des Unterrichts (vgl. Ditton 2001). Sie ist eben-falls an Schülerinnen und Schüler gerichtet und erfasst, wie gut die Lehrkraft ihren Unterricht inhaltlich strukturiert. Ein Beispielitem ist etwa:

„Unsere Lehrerin/unser Lehrer stellt Zusammenhänge mit dem Stoff anderer Fächer her."

Insgesamt besteht die Skala aus vier Items. Alle sind positiv formuliert. Die Antwortkategorien unterscheiden sich nicht von der Skala zur Interessantheit.

Der Cronbachs-α-Wert liegt bei 0.69. Wenn weiter oben gesagt wurde, dass wir etwa ab einem Cronbachs α von 0.7 von einer reliablen Skala sprechen, so ist das ein noch akzeptabler Wert. Dies ist insbesondere durch die geringe Zahl an Items zu vertreten, da mit steigender Itemzahl tendenziell auch Cronbachs α-Koeffizient steigt.

Der Mittelwert (2.48) liegt wie auch bereits in der Skala zur Strukturiertheit nahe dem theoretischen Mittelwert. Informationen zur Streuung liegen auch hier nicht vor.

Die Skala wurde an 4316 Probanden geeicht.

Adaptivität

Schließlich wollen wir uns an dieser Stelle noch mit der Messung von Adaptivität beschäftigen. Dazu liegen in der besagten Online-Testothek gleich mehrere Skalen vor, die unterschiedliche Aspekte der Adaptivität messen. An dieser Stelle haben wir uns für eine Skala entschieden, die misst, wie stark die Lehrkraft im Unterricht binnendifferenzierende Maßnahmen einsetzt (vgl. Gruehn 2000).

Die Skala besteht aus vier positiv gepolten Items, wie beispielsweise
„Im Unterricht haben die Schüler oft verschiedene Aufgaben."

Die Antwortvorgaben unterscheiden sich hier minimal von denen der zuvor dargestellten Skalen. Anstatt „trifft voll zu" wird der Wortlaut „trifft voll und ganz zu" verwendet und anstatt „trifft gar nicht zu" verwendet Gruehn (2000) „trifft überhaupt nicht zu". Die Abweichung ist derart minimal, dass Sie diese im nächsten Schritt der Skalenzusammenstellung (vgl. Kapitel 4.2.1) ohne Bedenken vereinheitlichen können, wenn Sie mögen.

Das Cronbachs α von 0.74 verweist wieder auf eine ausreichende Reliabilität der Skala.

Wie Sie in den nächsten drei Zeilen sehen, sind die Werte für Mittelwert, Standardabweichung und Spannweiten als Summenscores dargestellt. Die Werte sind also nicht auf ein Item heruntergerechnet, sondern beziehen sich auf die gesamte Skala. Das bedeutet etwa für den Mittelwert von 9.38, dass dieser knapp unter einem theoretischen Mittelwert von 10 liegt.

Der Summenscore der Standardabweichung beträgt 3.43. Auch die Minimal- und Maximalwerte sind hier als Summenscore, also multipliziert mit der Anzahl der Items, angegeben. Diese Werte wurden durch eine Befragung von N = 2061 Schülern errechnet.

4.2 Anwendung der Skala

Da Sie nun mit den einzelnen Instrumenten vertraut sind, können wir nun darstellen, wie die Einzelteile zu einem einzigen Fragebogen zusammenzufügen sind. Außerdem werden Sie in diesem Abschnitt lernen, wie die Erhebung durchzuführen ist und die Ergebnisse ausgewertet werden können.

Für den Fall, dass Sie mit den beschriebenen Instrumenten ohne Verzögerung ins Feld gehen möchten, haben wir Ihnen am Ende dieses Abschnitts einen vorgefertigten Fragebogen zusammengestellt. Es bietet sich an, dass Sie sich davon zuerst zwei Kopien machen. Die eine können Sie als Vorlage verwenden und in die andere Ihren Namen, die Klasse, in der Sie die Erhebung durchführen, und das Datum der Erhebung eintragen.

Außerdem steht Ihnen diese Kopiervorlage in der ZEBiD-Testothek zur Verfügung.

Für den Fall, dass Sie Ihren Fragebogen flexibler und individueller gestalten möchten, zeigen wir im nächsten Kapitel einige Vorschläge.

4.2.1 Zusammenstellung des Instruments

Bevor Sie mit einem Erhebungsinstrument ins Feld gehen können, müssen wir uns mit der Zusammenstellung dieses Instruments beschäftigen. Sie haben bereits die betreffenden Skalen sowohl in pdf- als auch im Papierformat vor sich. Dies sind die einzelnen Inhalte, die wir zur Konstruktion eines neuen Fragebogens verwenden werden. Hierzu stehen Ihnen grundsätzlich zwei unterschiedliche Wege zur Verfügung. Der einfachste und schnellste von beiden Wegen ist wohl, die Skalen im pdf-Dokument als Graphik zu kopieren und in ein neues Dokument eines Textverarbeitungsprogramms einzufügen. Falls Sie wissen, wie das zu tun ist, überspringen Sie bitte den folgenden Absatz, in dem wir kurz die Vorgehensweise mit dem Programm Adobe Reader erklären werden. Andere Programme verhalten sich hier ähnlich.

Öffnen Sie das erste pdf-Dokument. Wählen Sie im Menü-Punkt *Werkzeuge – Auswählen* und *Zoomen* – Schnappschuss-Werkzeug aus. Anstatt eines Pfeils wird der Cursor nun mit einem Zielkreuz dargestellt. Scrollen Sie im Dokument auf die zweite Seite und bewegen Sie den Cursor auf die obere linke Ecke der Skalentabelle. Drücken Sie die linke Maustaste und halten Sie diese gedrückt, während Sie den Cursor bis zur rechten unteren Ecke der Tabelle bewegen. Sie sehen nun die gesamte Tabelle hellblau unterlegt. Wenn Sie nun die Maustaste loslassen, erhalten Sie die Meldung, eine Kopie des ausgewählten Bereichs erstellt zu haben (vgl. Abbildung 26). Diese Kopie befindet sich bisher noch in der Zwischenablage. Um darauf zugreifen zu können, erstellen Sie ein neues Dokument mithilfe eines Textverarbeitungsprogramms Ihrer Wahl und drücken Sie die Tastenkombination STRG+V. Nun haben Sie bereits einen Teil Ihres Erhebungsdokuments fertig. Gehen Sie bei den restlichen Skalen genauso vor und fügen Sie diese dem Textdokument hinzu, bis Sie alle drei Skalen in einem Dokument versammelt haben.

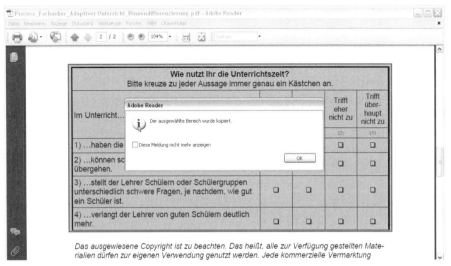

Abbildung 26: Erstellen einer Kopie der Teilskala

Diese Methode der Fragebogenzusammenstellung geht zwar schnell, hat jedoch auch einige Nachteile. Zum einen sprechen Sie durch eine bloße Anhäufung der Fragebögen Ihre Schüler auch dreimal an. Mindestens eine Anrede davon ist redundant. Zum anderen beginnt die Nummerierung der Items immer wieder von vorne, sie haben so kein einheitliches Bild einer Skala. Auch ist das negativ gepolte Item noch mit einem Stern versehen.

Eine ästhetischere, wenngleich aufwendigere Möglichkeit, den Fragebogen zusammenzustellen ist die, mit eigenen Tabellen zu arbeiten. Erstellen Sie dazu anhand eines Textverarbeitungsprogramms eine Tabelle in folgender Form (vgl. Tabelle 7):

Tabelle 7: Tabellenvorlage

	trifft voll zu	trifft eher zu	trifft eher nicht zu	trifft gar nicht zu
	(4)	(3)	(2)	(1)
1)	❏	❏	❏	❏
2)	❏	❏	❏	❏
3)	❏	❏	❏	❏
4)	❏	❏	❏	❏

Kopieren Sie anschließend den Inhalt der einzelnen Tabellen zellen- oder zeilenweise aus den Ursprungsskalen und fügen Sie ihn in Ihre Tabelle ein. Auf diese Weise können Sie die oben beschriebenen Schwierigkeiten umgehen, indem Sie etwa die Anreden vereinheitlichen. Außerdem haben Sie, sobald Sie diesen Schritt einmal gemacht haben, ein Grundgerüst zur Hand, in das Sie immer wieder neue Skalen einfügen können.

Anschließend fügen wir dem Fragebogen noch eine Tabelle hinzu, in der einige soziodemographische Daten abgefragt werden. Im Verlauf dieser Modellerhebung werden wir diese Daten zwar nicht in Betracht ziehen, doch für weitere Zusammenhangsanalysen sind sie unerlässlich. Beispielsweise können Sie dann feststellen, ob fächerspezifische Unterschiede hinsichtlich der eingeschätzten Unterrichtsqualität bestehen. Interessant könnten hierbei etwa sein: Geschlecht, Klasse, Unterrichtsfach, Note.

Es bietet sich an, diese Fragen ebenfalls in Tabellenform, allerdings mit offenen Antwortformaten, einzubinden. Damit sind Fragen ohne Antwortvorgaben gemeint. Anschließend versehen Sie das Ganze noch mit einer kurzen Einleitung sowie mit Ihrem Namen und dem aktuellen Datum. Ihr fertiger zweiseitiger Fragebogen könnte dann etwa folgendermaßen aussehen:

Frau/Herr _____   Datum: _____

Erfassung der Unterrichtsqualität

Liebe Schülerin, lieber Schüler,

um mehr darüber zu erfahren, wie Du meinen Unterricht einschätzt, möchte ich Dich bitten, diesen kurzen Fragebogen auszufüllen. Nimm Dir dafür etwa fünf bis zehn Minuten Zeit. Lies Dir die Fragen genau durch und kreuze dann an der Stelle, die am besten passt. Auch wenn es Dir an einigen Stellen schwer fallen sollte, Dich zu entscheiden, kreuze trotzdem eindeutig EIN Kästchen an.

   Die Antworten können auf keinen Fall zurückverfolgt werden, da Du Deinen Namen NICHT auf das Papier schreibst. Daher bitte ich Dich, ehrlich zu antworten.

Jetzt wünsche ich viel Spaß beim Ankreuzen.

Zunächst benötige ich einige Informationen zu Deiner Person. Trage das Passende einfach in die rechte Spalte dieser Tabelle ein.		
Ich bin…	männlich ❑	weiblich ❑
Ich bin in der Klasse…		
Frau/Herr _____ unterrichtet hier im Fach…		
Meine bisherige Note in diesem Fach ist…		

Wie nutzt Ihr die Unterrichtszeit?				
Im Unterricht…	trifft voll zu	trifft eher zu	trifft eher nicht zu	trifft gar nicht zu
	(4)	(3)	(2)	(1)
1) …haben die Schüler oft verschiedene Aufgaben.	❑	❑	❑	❑
2) …können schnellere Schüler schon zum Nächsten übergehen.	❑	❑	❑	❑
3) …stellt der Lehrer Schülern oder Schülergruppen unterschiedlich schwere Fragen, je nachdem, wie gut ein Schüler ist.	❑	❑	❑	❑
4) …verlangt der Lehrer von guten Schülern deutlich mehr.	❑	❑	❑	❑

Frau/Herr _____   Datum: _____

Erfassung der Unterrichtsqualität

In welchem Ausmaß stimmst Du den folgenden Aussagen zu?				
	trifft voll zu	trifft eher zu	trifft eher nicht zu	trifft gar nicht zu
	(4)	(3)	(2)	(1)
1) Unsere Lehrerin/unser Lehrer stellt Zusammenhänge mit dem Stoff anderer Fächer her.	❏	❏	❏	❏
2) Unsere Lehrerin/unser Lehrer verwendet Übersichten, um Zusammenhänge aufzuzeigen.	❏	❏	❏	❏
3) Unsere Lehrerin/unser Lehrer gibt vorab eine Übersicht zur Gliederung des Stoffes.	❏	❏	❏	❏
4) Unsere Lehrerin/unser Lehrer fasst anschließend die wichtigsten Inhalte und Ergebnisse zusammen.	❏	❏	❏	❏
5) Unsere Lehrerin/unser Lehrer benutzt Bilder und Abbildungen, um den Lehrstoff zu veranschaulichen.	❏	❏	❏	❏
6) Unsere Lehrerin/unser Lehrer stellt Verbindungen zwischen dem Unterrichtsstoff und dem täglichen Leben her.	❏	❏	❏	❏
7) Unsere Lehrerin/unser Lehrer gestaltet den Unterricht zeitweise richtig spannend.	❏	❏	❏	❏
8) Unsere Lehrerin/unser Lehrer stellt uns interessante Aufgaben.	❏	❏	❏	❏
9) Unsere Lehrerin/unser Lehrer verwendet Beispiele, um uns den Stoff klarzumachen.	❏	❏	❏	❏
10) Unsere Lehrerin/unser Lehrer gestaltet den Unterricht abwechslungsreich.	❏	❏	❏	❏
11) * Unsere Lehrerin/unser Lehrer gestaltet den Unterricht immer nach dem gleichen Schema.	❏	❏	❏	❏
12) Unsere Lehrerin/unser Lehrer erklärt uns, warum das wichtig ist, was wir an Stoff behandeln.	❏	❏	❏	❏
13) Unsere Lehrerin/unser Lehrer zeigt auf, was wir später mit dem, was wir im Unterricht lernen, anfangen können.	❏	❏	❏	❏

So, das war's auch schon. Vielen Dank für Deine Mitarbeit.

Frau/Herr _____

4.2.2 Erhebung

An dieser Stelle werden wir darstellen, wie Sie den Fragebogen in Ihrem Untersuchungsfeld einsetzen können. Des Weiteren werden Sie einen Überblick über den gesamten möglichen Verlauf Ihrer eigenen so genannten Längsschnittstudie bekommen.

Mit Ihrem fertiggestellten Erhebungsinstrument können Sie sich nun an Ihre Schüler wenden. Da Sie selbst die Ressourcen, Motivationen und Konzentrationsfähigkeit ihrer Klasse am besten einschätzen können, sind Sie hier der Experte. Dazu einige Leitfragen:

Übung

Gehen Sie davon aus, dass Ihre Schüler zur Beantwortung des Fragebogens zehn Minuten benötigen.

Welches ist ein geeigneter Zeitpunkt für die Befragung? Wo haben Sie ein wenig Spielraum zwischen zwei Lehrinhalten?

Oder wäre es vielleicht besser, den Fragebogen immer in Ihrer Tasche zu haben – für den Fall eines günstigen Moments, wie zum Beispiel falls Sie mit Ihrem Stoff schneller durchkommen als geplant oder Sie merken, dass Ihre Schüler Ihrem Unterricht gerade nicht folgen können und eine Abwechslung brauchen könnten?

Ist es besser, Ihr Vorhaben vorher anzukündigen? Und wenn ja, wie? Sagen Sie Ihren Schülern vielleicht offen, was sie erwartet und warum Sie diese Untersuchung durchführen möchten?

Stellen Sie eine Rückmeldung der Ergebnisse – vielleicht sogar mit einem genauen Zeitpunkt – in Aussicht?

Wie auch immer Sie die Erhebungssituation gestalten, wir schlagen zur Erhebung zwei Messzeitpunkte vor. Verkürzt wird im Folgenden die Rede sein von t_1 und t_2. Die erste Erhebung (t_1) dient vornehmlich der Erhebung des Ist-Zustands Ihrer Unterrichtsqualität, bewertet durch Ihre Schüler. Da Sie zu diesem Zeitpunkt noch über keine Vergleichsdaten verfügen, bietet es sich an, dass Sie zu t_1 zusätzlich noch eine Selbsteinschätzung der Qualität Ihres Unterrichts in den drei genannten Bereichen vornehmen. So haben Sie die Möglichkeit, Ihre Selbsteinschätzung mit dem Ist-Zustand zu vergleichen. Füllen Sie dazu einen der von Ihnen erstellten Fragebögen aus, indem Sie sich in Ihre Schüler versetzen.

Die zweite Erhebung (t_2) sollte zu einem späteren Zeitpunkt erfolgen, am besten dann, wenn Sie eine Handlung durchgeführt haben, um eine Veränderung herbeizuführen, also wenn in irgendeiner Weise ein Unterschied gemacht wurde, also eine Intervention erfolgt ist.

Um den Nutzen dieser Vorgehensweise zu verdeutlichen, stellen wir uns folgendes Szenario vor. (Hier geht es zunächst nur um das Forschungsdesign. Fragen zur Methodik werden im nächsten Abschnitt geklärt.)

Sie haben die Untersuchung zu t_1 hinter sich und die Ergebnisse ausgewertet. Darin stellen Sie unter anderem fest, dass die Mittelwerte der Skala „Strukturiertheit" unter Ihren Erwartungen liegen. Die Schüler finden Ihren Unterricht weniger strukturiert, als Sie es erwartet hätten. Was tun Sie? Was können Sie im Rahmen Ihrer Möglichkeiten ändern? Fragen Sie Ihre Kollegen um Rat? Bearbeiten Sie Literatur zu diesem Thema? Oder führen Sie gar eine qualitative Erhebung mit Ihren Schülern durch, etwa in Form einer Gruppendiskussion oder eines nicht-standardisierten Erhebungsinstruments, um zu erfahren, wo sich Mängel in der Strukturierung aus der Sicht der Schüler zeigen und welche Vorschläge Ihre Schüler haben, die Struktur zu verbessern? Was auch immer Sie tun, in jedem Fall ist Ihre Aufmerksamkeit nun auf diese Aspekt ihres Unterrichts gelenkt. Allein dadurch werden Sie höchstwahrscheinlich durch Ihr Handeln Ihre Unterrichtsqualität verbessern.

Ungefähr ein halbes Jahr (t_2) später wiederholen Sie dann Ihre Erhebung in denselben Klassen. Durch den Vergleich der beiden Ergebnisse können Sie unter anderem feststellen, ob Ihr Unterricht strukturierter geworden ist.

Wenn Sie möchten, können Sie nun die Ergebnisse auch an die Schüler rückmelden oder in Ihrem Kollegium veröffentlichen.

Bislang haben Sie also einen Fahrplan erarbeitet. Doch wie können Sie nun diesem folgen?

4.2.3 Auswertung

Nachdem wir uns im letzten Abschnitt ausschließlich mit Fragen des Forschungsdesigns beschäftigt haben, wollen wir nun demonstrieren, wie Sie diesen von Ihnen gezeichneten Weg beschreiten können. Es geht hier also vornehmlich um die Frage der Methodik und Technik. Zunächst haben Sie also die ausgefüllten Fragebögen von zwei oder mehr Ihrer Klassen und die von Ihnen selbst. Die Auswertung dieser Ergebnisse werden wir mit SPSS beschreiben. Wir werden Ihnen an dieser Stelle also einige grundlegende deskriptive statistische Berechnungen vorstellen. Genauer werden wir uns die Verteilungen anschauen sowie Mittelwertunterschiede und deren Effektstärken berechnen. Sie werden feststellen, dass beide Werkzeuge in den jeweiligen Punkten ihre Vor- und Nachteile haben. So bietet etwa SPSS eine handhabbare Möglichkeit der Dateneingabe, Berechnung von Verteilungsanalysen und Methoden der schließenden Statistik. Mit Excel hingegen können Sie auch viele Berechnungen durchführen. Die Durchführung von T-Tests wurde bereits in Kapitel 3 behandelt. Auch die Effektstärke von mehreren Mittelwertunterschieden können Sie mit Excel effizient berechnen.

Da es für die Arbeit mit SPSS sehr gute Handbücher gibt (vgl. hierzu u.a. Diehl/Staufenbiel 2007), kann die Darstellung an dieser Stelle knapp gefasst werden. Wir werden daher den Ablauf fokussiert beschreiben. Das gleiche betrifft die statistischen Grundlagen dieser Berechnungen. Hier empfehlen wir Bühner (2006) und Bortz (2005).

Erstellung der Datenmatrix

Doch nun zur Eingabe Ihrer Daten. Dazu brauchen Sie also zunächst ein passendes Gerüst oder Eingabefeld, wir nennen dies Datenmatrix. Zunächst erstellen Sie also eine Datenmatrix, die Ihrem Fragebogen entspricht und in die Sie dann Ihre Werte eintragen können. Einen guten Überblick hierzu geben Diehl/Staufenbiel (2007, S. 4–27) und Bühner (2006, S. 410–414).

Starten Sie hierzu das Programm SPSS, wählen Sie die Option *Daten eingeben* und bestätigen Sie mit *OK*. SPSS führt Sie nun in eine leere und unbenannte Datenmatrix. Links unten können Sie zwischen Daten- und Variablenansicht hin- und herspringen. Begeben Sie sich zunächst zur Variablenansicht (vgl. Abbildung 27). Das entsprechende Feld ist nun gelb unterlegt.

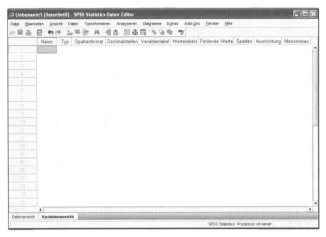

Abbildung 27: Variablenansicht einer leeren Datenmatrix

Widmen Sie sich nun Ihrer ersten Variablen. In diesem Beispiel werden wir mit der Skala „Strukturiertheit" beginnen. Wenn Sie das Feld direkt unter *Name* anklicken, ist dies blau unterlegt und Sie können einen Namen vergeben. Wählen Sie eine kurze und eindeutige Bezeichnung wie zum Beispiel

struktur_t1_1.

Nun gilt es, den Variablentyp zu bestimmen. Drücken Sie dazu im Feld „Typ" den Knopf „…", wählen Sie *Numerisch,* tragen Sie bei *Dezimalstellen* eine 0 ein und bestätigen Sie mit *OK*.

Damit sind auch gleich die Spalten *Spaltenformat* und *Dezimalstellen* bedient, und Sie können sich dem Variablenlabel zuwenden. An dieser Stelle tragen Sie etwa den Wortlaut des Items ein, in diesem Fall

„Unsere Lehrerin/unser Lehrer stellt Zusammenhänge mit dem Stoff anderer Fächer her."

In der Spalte Wertelabels können Sie die Antwortkategorien und deren Bezeichnungen verteilen. Betätigen Sie hierzu wieder im entsprechenden Feld den Knopf „…". Geben Sie in die nun erscheinende Eingabemaske zunächst bei *Wert*

„1" und bei *Beschriftung* „trifft gar nicht zu" ein, und erweitern Sie die bisher leere Liste der Wertelabels durch Ihr gerade erstelltes Label durch *Hinzufügen*. Verfahren Sie so mit den restlichen drei Labels (vgl. Abbildung 28) und bestätigen Sie erst dann mit *OK*.

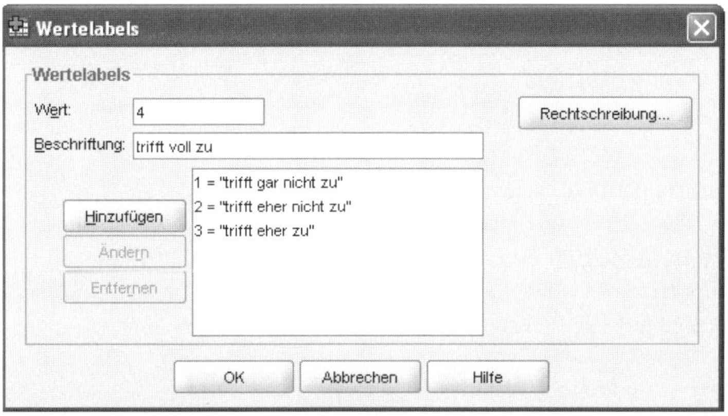

Abbildung 28: Erstellung von Wertelabels

In der Spalte *Fehlende Werte* können Sie unter der Option *Einzelne Fehlende Werte* eine „9" eintragen. Wenn Sie wiederum mit OK bestätigt haben, ist Ihre erste Variable auch bereits komplett, da Sie die Grundeinstellungen für Spalten, Ausrichtung und Skalenniveau beibehalten können. Gehen Sie für alle weiteren Variablen der Skalen analog vor.

Wenn Sie hiermit fertig sind, umfasst Ihre Datenmatrix 17 Variablen, die Skalenitems präsentieren. Nun benötigen Sie lediglich noch Eingabemöglichkeiten für die vier unabhängigen Variablen „Geschlecht", „Klasse", „Fach" und „Note".

Die Variable „Geschlecht" ist eine qualitative Variable mit nominalem Skalenniveau und den Wertelabels
1 = weiblich und
2 = männlich.

Die Variablen „Klasse" und „Unterrichtsfach" sind ebenfalls qualitative Variablen, die Variable „Note" ist ordinalskaliert. Am besten codieren Sie alle Variablen numerisch, denen Sie dann Labels zuweisen. Dabei bieten sich folgende beispielhafte Labels an:

Tabelle 8: beispielhafte Wertelabels der unabhängigen Variablen

Name	Klasse	Unterrichtsfach	Schulnote
Labels	1 = 8b	1 = Deutsch	1 = 1
	2 = 7a	2 = Mathematik	2 = 2
	3 = 7c	3 = Biologie	3 = 3
	…	…	…

Schließlich besteht Ihre Datenmatrix aus 21 Variablen. Nach Eingabe der unabhängigen Variablen sowie den Variablen aus der Skala „Strukturiertheit" könnte Ihre Matrix folgendermaßen aussehen (vgl. Abbildung 29):

	Name	Typ	Spaltenfo...	Dezimals...	Variablenlabel	Wertelabels	Fehlende W...	Spalten	Ausrichtung	Messniveau
1	geschlecht	Numerisch	8	0	Geschlecht	{1, weiblich}...	Keine	8	≣ Rechtsbü...	🎲 Nominal ▼
2	klasse	String	8	0	Klasse	Keine	Keine	8	≣ Linksbündig	🎲 Nominal
3	fach	String	8	0	Unterrichtsfach	Keine	Keine	8	≣ Linksbündig	🎲 Nominal
4	note	String	8	0	Schulnote	Keine	Keine	8	≣ Linksbündig	🎲 Nominal
5	struktur_t1_1	Numerisch	8	0	Unsere Lehrerin...	{1, trifft gar nicht zu}...	9	8	≣ Rechtsbü...	⌀ Metrisch
6	struktur_t1_2	Numerisch	8	0	Unsere Lehrerin...	{1, trifft gar nicht zu}...	9	8	≣ Rechtsbü...	⌀ Metrisch
7	struktur_t1_3	Numerisch	8	0	Unsere Lehrerin...	{1, trifft gar nicht zu}...	9	8	≣ Rechtsbü...	⌀ Metrisch
8	struktur_t1_4	Numerisch	8	0	Unsere Lehrerin...	{1, trifft gar nicht zu}...	9	8	≣ Rechtsbü...	⌀ Metrisch

Abbildung 29: Variablenansicht der Datenmatrix, gefüllt mit acht Variablen

Diese Liste können Sie natürlich jederzeit ergänzen sowie Namen und Variablen- oder Wertelabels verändern.

Dateneingabe

In die fertige Datenmatrix können Sie nun Ihre Daten eintragen. Wechseln Sie dazu zurück in die Datenansicht und geben Sie die Werte aus den Fragebögen einfach hier ein (vgl. Abbildung 30). Jede Zeile steht für einen neuen Fragebogen. Fehlende Werte kennzeichnen Sie mit dem zuvor definierten Wert 9.

	geschlecht	klasse	fach	note	struktur_t1_1	struktur_t1_2	struktur_t1_3	struktur_t1_4
1	1	8c	Mathematik	2	2	2	2	3
2	2	8c	Mathematik	2	3	2	1	3
3	1	8c	Mathematik	1	2	1	3	1
4	2	8c	Mathematik	1	2	2	2	4
5	2	8c	Mathematik	2	3	2	1	1
6	2	8c	Mathematik	2	2	2	1	2
7	1	8c	Mathematik	3	2	3	1	2
8	1	8c	Mathematik	1	3	1	4	4
9	1	8c	Mathematik	4	2	1	1	1
10	2	8c	Mathematik	2	2	2	2	3
11	2	8c	Mathematik	3	3	1	1	3
12	1	8c	Mathematik	2	2	1	1	4
13	2	8c	Mathematik	2	2	3	3	1
14	1	8c	Mathematik	2	3	3	1	1
15	2	8c	Mathematik	1	3	1	4	4
16	2	8c	Mathematik	3	1	1	2	3
17	2	8c	Mathematik	1	2	1	2	1

Abbildung 30: Datenansicht der Datenmatrix

Rekodierung

Wenn Sie alle Variablen inklusive fehlender Werte definiert und alle Daten eingetragen haben, gilt es, die negativ gepolten Items umzupolen. In dem Fall des Beispiels betrifft dies das Item „Unsere Lehrerin/unser Lehrer gestaltet den Unterricht immer nach dem gleichen Schema." Gehen Sie dabei wie folgt vor:

Wählen Sie *Transformieren* ➔ *Umkodieren in andere Variablen*. Sie können die Variable auch in dieselbe Variable umkodieren. In diesem Fall wird die alte Variable überschrieben. Beim Generieren einer neuen Variablen müssen Sie hierfür noch einen Namen wählen, etwa „interesse_t1_7_recode". In jedem Fall wählen Sie die Variable aus der linken Übersicht mit dem Pfeil nach rechts und drücken Sie die Schaltfläche *Alte und neue Werte*. Nun können Sie links die je alten Werte und rechts die neuen Werte eingeben und dies je mit *Hinzufügen* durchführen. In diesem Fall müssten dann folgende Umkodierungen aufgelistet sein, bevor Sie diese mit *Weiter* bestätigen:

1 → 4
2 → 3
3 → 2
4 → 1

Verteilung der Antworten

Nun haben Sie alle Variablen in der berichtigten Form vorliegen und können sich die Antwortverteilungen dieser Variablen ansehen. Die Häufigkeitsverteilungen erhalten Sie, indem Sie Folgendes anwählen: *Analysieren* → *Deskriptive Statistiken* → *Häufigkeiten*. Im erscheinenden Eingabefenster können die relevanten Items links ausgewählt und per Klick auf den Pfeil in die rechte Textbox verschoben werden. Wählen Sie nun unter *Diagramme* den Diagrammtyp *Balkendiagramme* aus und bestätigen Sie zweimal mit *OK*. Sie haben nun Ihre erste SPSS-Ausgabe generiert. Darin sehen Sie die Häufigkeitsverteilungen der gewählten Items in Tabellen- und Diagrammform. Für das Item struktur_t1_1 könnte dieses Diagramm etwa folgendermaßen aussehen (vgl. Abbildung 31):

Unsere Lehrerin/unser Lehrer stellt Zusammenhänge mit dem Stoff anderer Fächer her.

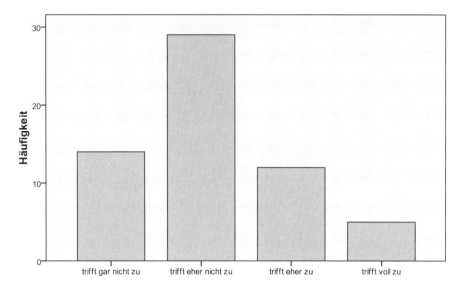

Abbildung 31: Beispielhaftes Balkendiagramm des Items „struktur_1"

Anhand dieser Informationen können Sie unter anderem Eingabefehler in Form von Ausreißerwerten ausfindig machen und korrigieren.

Berechnung von Mittelwerten

Danach können Sie die Mittelwerte der einzelnen Skalen berechnen. Das machen Sie über *Transformieren* ➜ *Variable berechnen*. Für die Skala Interessantheit geben Sie etwa links oben als Zielvariable „struktur_t1_mittel" ein. Nun wählen Sie unter der Funktionsgruppe *Statistisch* die Funktion MEAN und versammeln Sie in der Klammer alle neun Items dieser Skala, getrennt durch Kommata. Ihr Numerischer Ausdruck könnte dann, variierend je nach der Beschriftung, welche Sie bei der Matrixerstellung gewählt haben, folgendermaßen aussehen:

MEAN (struktur_t1_1, struktur_t1_2, struktur_t1_3, struktur_t1_4)

Sie können dies alternativ auch manuell eintragen.

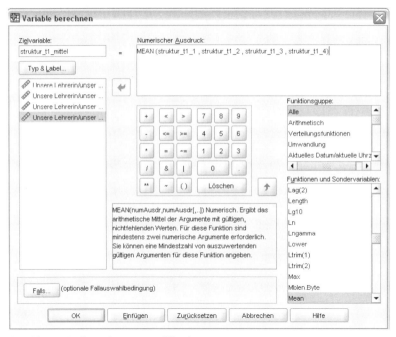

Abbildung 32: Berechnung von Mittelwerten

Bestätigen Sie mit *OK*. In der Datenmatrix können Sie nun sehen, dass die Variable bereits hinzugefügt wurde. Wiederholen Sie diesen Schritt für alle Skalen.

Mittelwertvergleiche zwischen Ist- und Erwartungswert

Bisher haben Sie also Ihre Erhebung einmal durchgeführt; zusätzlich haben Sie den Fragebogen einmal selbst ausgefüllt. An dieser Stelle interessiert uns nun, wie Sie diese Ist- und Sollwerte miteinander vergleichen können. Mithilfe des T-Tests können Sie überprüfen, ob die Mittelwertunterschiede statistisch signifikant sind. Was ein T-Test ist und wie Sie diesen mit MS Excel durchführen können, haben wir Ihnen bereits in Kapitel 3 gezeigt. Nun geht es um eine T-Testberechnung mit SPSS.

Wir wollen an dieser Stelle beispielhaft berechnen, ob sich die Ergebnisse der Skala „Strukturiertheit" signifikant von Ihrer Selbsteinschätzung unterscheiden.

Berechnen Sie zunächst den Mittelwert Ihrer eigenen Einschätzung. Wie bereits dargestellt errechnet sich der Mittelwert aus der Summe der Werte geteilt durch die Anzahl der Items. Gehen wir in diesem Beispiel davon aus, dass Sie Ihre eigene Strukturiertheit mit einem Mittelwert von 3 eingeschätzt haben.

Wählen Sie *Analysieren* ➔ *Mittelwerte vergleichen* ➔ *T-Test bei einer Stichprobe*. Fügen Sie im hierauf erscheinenden Eingabefeld der Textbox die Variable „struktur_t1_mittel" hinzu. Danach fügen Sie bei *Testwert* den Wert 3 ein (vgl. Abbildung 33).

Abbildung 33: T-Test bei einer Stichprobe – Berechnung

Bestätigen Sie mit *OK*. Von der daraufhin generierten Ausgabe interessiert Sie vor allem die unten dargestellte Tabelle (vgl. Abbildung 34). Beachten Sie dabei den markierten Wert in dem unten dargestellten Teil.

Test bei einer Stichprobe

	Testwert = 3					
					95% Konfidenzintervall der Differenz	
	T	df	Sig. (2-seitig)	Mittlere Differenz	Untere	Obere
struktur_t1_mittel	−17,836	61	,000	−1,01210	−1,1256	−,8986

Abbildung 34: T-Test bei einer Stichprobe – Ausgabetabelle

Wenn wie in diesem Beispiel die in der Abbildung gekennzeichneten Werte den Nullpunkt nicht einschließen, dann ist der Unterschied der Mittelwerte signifikant – und zwar hier mit einer 5%igen Irrtumswahrscheinlichkeit. Das Konfidenzintervall kann auch variiert werden. Dazu wählen Sie im vorherigen Textfeld unter *Optionen* ein Konfidenzintervall von etwa 99%.

Zu dieser Tabelle finden Sie in der Ausgabe noch eine weitere Tabelle, welche Ihnen unter anderem den Mittelwert Ihrer Stichprobe ausgibt. Für dieses Beispiel liegt der Mittelwert bei 1.99. Sie hätten sich also in diesem Fall signifikant überschätzt. Ihre Schüler schätzen die Strukturiertheit Ihres Unterrichts signifikant schlechter ein als Sie selbst.

Diesen T-Test können Sie nun mit allen Skalenmittelwerten wiederholen. So erfahren Sie, in welchen Bereichen Ihre Selbsteinschätzung stimmt und in welchen Bereichen Sie von der Realität abweichen, positiv oder negativ. Aufgrund dieser Erkenntnisse können Sie nun auch sehen, in welchen Bereichen Sie auf dem richtigen Weg sind und sich vielleicht auch selbst mehr auf die Schulter klopfen können und in welchen Bereichen Sie etwas anders machen sollten.

Mittelwertvergleiche bei zwei Messzeitpunkten

Sobald Sie die Untersuchung zu einem zweiten Zeitpunkt durchgeführt haben, besteht die Möglichkeit, Mittelwertunterschiede und Effektstärken dieser Unterschiede zu berechnen. Generieren Sie dazu zunächst neue Variablen. Am besten kopieren Sie Ihre bestehenden Variablen. Wählen Sie dazu in der Variablenansicht in der ersten Spalte mit gedrückter Maustaste alle 17 Variablen aus den Skalen aus. Diese sind nun blau unterlegt. Drücken Sie STRG+C, gehen Sie ans Ende Ihrer Variablentabelle und zählen Sie 17 Zeilen nach unten ab. Markieren Sie auch diese Zeilen und drücken Sie STRG+V. Fertig ist die Kopie Ihrer Variablen. Diese müssen Sie jetzt nur noch benennen. Da der Name bereits vergeben ist, gibt Ihnen SPSS eine Fehlermeldung und generiert daraufhin standardmäßig die Namen VAR00001 bis VAR00017 für Ihre Variablen. Ersetzen Sie diese durch Bezeichnungen wie
struktur_t2_1
struktur_t2_2
struktur_t2_3   usw.

Geben Sie nun alle verfügbaren Daten in Ihre neu erstellten Daten ein. Ersetzen Sie dazu am einfachsten den Ausdruck „t1" durch „t2" und generieren Sie die Mittelwertvariablen wie oben beschrieben für t_2.

Der T-Test wird nun folgendermaßen berechnet:
Wir wollen an dieser Stelle beispielhaft berechnen, ob sich die Ergebnisse der beiden Messzeitpunkte in der Skala „Strukturiertheit" signifikant voneinander unterscheiden.

Der T-Test für diese gepaarten Stichproben wird nun folgendermaßen berechnet:
Analysieren ➔ *Mittelwerte vergleichen* ➔ *T-Test bei verbundenen Stichproben*. Im erscheinenden Fenster setzen Sie als *Variable 1* „struktur_t1_mittel" und als *Variable 2* „struktur_t2_mittel" ein, wie in der beispielhaften Darstellung gezeigt (vgl. Abbildung 35).

Abbildung 35: T-Test bei gepaarten Stichproben – Berechnung

Wenn Sie möchten, können Sie hier auch bereits alle weiteren Skalenmittelwerte gegenüberstellen. Unter *Optionen* können Sie wieder das Konfidenzintervall variieren. Nach bestätigen mit *OK* erscheint eine Ausgabe, die Sie bereits in ähnlicher Form kennengelernt haben (vgl. Abbildung 36). Auch hier interessiert wieder vor allem, ob sich der Wert 0 zwischen der unteren und oberen Grenze des Konfidenzintervalls befindet. Da dies hier nicht der Fall ist, ist der Mittelwertunterschied signifikant, und das mit einer Irrtumswahrscheinlichkeit von 5%. Der zweite Mittelwert ist größer als der erste, was Sie sowohl an der beigefügten Statistik als auch am negativen T-Wert erkennen können.

In diesem Beispiel hat sich die Qualität Ihres Unterrichts bezogen auf dessen Strukturiertheit also im Vergleich zwischen den beiden Erhebungszeitpunkten signifikant verbessert.

Gepaarte Differenzen							
			95% Konfidenzintervall der Differenz				
Mittelwert	Standard-abweichung	Standardfehler des Mittelwertes	Untere	Obere	T	df	Sig. (2-seitig)
−,73387	,82714	,10505	−,94393	−,52382	−6,986	61	,000

Abbildung 36: T-Test bei gepaarten Stichproben – Teilbereich der Ausgabe

Nun sind Sie mit einigen zentralen Berechnungen der deskriptiven Statistik und der analytischen Statistik vertraut, die mit SPSS möglich sind.

Wie Sie die Effektgrößen dieser Mittelwertunterschiede berechnen, erfahren Sie im nächsten Kapitel.

Berechnung der Effektstärke d

Die Signifikanz eines Unterschieds sagt noch nichts über dessen praktische Bedeutsamkeit bzw. Relevanz aus. Dazu bedienen wir uns im Folgenden der Effektgröße Cohens d, welche sich nach dieser Formel berechnen lässt:

$$d = \frac{\mu_1 - \mu_2}{\sqrt{\dfrac{s_1^2 + s_2^2}{2}}}$$

In Worten bedeutet das: Die Effektgröße d ist Differenz der Mittelwerte geteilt durch die Wurzel aus der Hälfte der summierten Varianzen.

Das mag auf den ersten Blick verwirrend erscheinen, wird aber schnell klarer, wenn wir uns das an einem Beispiel ansehen. Nehmen wir zur Veranschaulichung den Unterschied der Mittelwerte der Skala „Strukturiertheit" zu t_1 und t_2, welcher nach den Erkenntnissen des vorherigen Kapitels für die gewählte Beispielpopulation signifikant ist.

Die für die Berechnung benötigten Werte liefert Ihnen wieder SPSS mit der Funktion *Analysieren* ➔ *Deskriptive Statistiken* ➔ *Häufigkeiten*. Holen Sie die Werte struktur_mittel_t1 und struktur_mittel_t2 in die rechte Textbox und klicken Sie auf *Statistiken*, worauf folgendes Fenster erscheint (vgl. Abbildung 37):

Abbildung 37: Berechnung von Mittelwert und Varianz

Wählen Sie hier *Mittelwert* und *Varianz* an und bestätigen Sie mit *Weiter* und *OK*. Die daraufhin erscheinende Ausgabe beinhaltet u.a. folgende Tabelle (vgl. Abbildung 38) mit allen Werten, die Sie für die Berechnung der Effektstärke benötigen.

Statistiken

		struktur_mittel_t1	struktur_mittel_t2
N	Gültig	62	62
	Fehlend	62	62
Mittelwert		1,9879	2,7177
Varianz		,200	,165

Abbildung 38: Ausgabe Mittelwert und Varianz

Die Werte können Sie nun in die oben dargestellte Formel eintragen. Für die Berechnung einzelner Werte genügt ein Taschenrechner. Bei der Berechnung mehrerer Werte empfiehlt sich jedoch die Erstellung einer Excel-Tabelle.

Ab einer Effektstärke von d = 0.2 spricht man von einem kleinen, ab 0.5 von einem mittleren und ab 0.8 von einem starken Effekt (vgl. Bortz/Döring 2002, S. 627).

Gibt man die Mittelwerte und Varianzen in die oben dargestellte Formel ein, sieht diese zunächst folgendermaßen aus:

$$d = \frac{2.72 - 1.99}{\sqrt{\frac{0.17 + 0.2}{2}}}$$

Für die oben dargestellten Werte ergibt sich ein Cohens d von 1.7. Die Mittelwertunterschiede zwischen den beiden Messzeitpunkten sind also nicht nur signifikant, sondern weisen auch einen sehr starken praktischen Effekt auf.

Ihr Unterricht wird demnach von Ihren Schülern zum zweiten Messzeitpunkt als wesentlich strukturierter eingeschätzt als zum Zeitpunkt Ihrer ersten Erhebung. Sie haben also eine Schwäche Ihres Unterrichts ausfindig machen und diese erfolgreich verbessern können.

4.3 Kritische Anmerkungen und Ausblick

Nun sind Sie in der Lage, eigene Erhebungsinstrumente zusammenzustellen, Daten zu erheben und diese auszuwerten. Auch wenn Ihnen einige der beschriebenen Vorgänge anfangs vielleicht noch irritierend erscheinen, werden Sie durch ein wenig Übung zunehmend sicher im Umgang mit diesen Methoden. Vieles wird klarer, sobald Sie sich mit den empirischen Grundlagen beschäftigen.

Wenn Sie Freude an dieser Form der empirisch gestützten Überprüfung der Qualität Ihres Unterrichts finden, kann es bereichernd sein, Vergleichsdaten zu anderen Kollegen zu erheben.

Vielleicht werden Sie sich auch weitere Erhebungsinstrumente zusammenstellen. Wie bereits erwähnt finden Sie dazu zahlreiche weitere Skalen in der On-line-Testothek http://www.zebid-testothek.de.

Sie finden dort Fragebögen für Schüler und Lehrkräfte, beispielsweise zum Umgang mit Störungen, zum Zeitmanagement oder zum Interaktionstempo.

Mit der Wahl der Skalen ist die Frage nach der Definition von Unterrichtsqualität verbunden. Dass die Unterrichtsqualität kein einheitlich fassbares Konstrukt ist, haben wir in den vergangenen Kapiteln wiederholt dargestellt. Auch bei der empirischen Erfassung einzelner Qualitätsmerkmale stoßen wir an natürliche Grenzen. Zur Verdeutlichung dieser Grenzen stellen Sie sich bitte folgende Situation vor:

Je nach den Kriterien, die Sie gutem Unterricht zuschreiben, bauen Sie Ihr Erhebungsinstrument zusammen, um zu überprüfen, ob Ihr Unterricht eben diese Kriterien erfüllt. Dazu gehen Sie vielleicht noch einmal die entsprechenden Kapitel dieses Buches durch, folgen den weiteren Literaturangaben oder überlegen sich, welche Qualitätskriterien Ihnen persönlich wichtig sind. Wenn Sie derart vorgehen, werden Sie bemerken, dass Sie zu einigen Ihrer zentralen Kriterien keine Skalen in unserer Testothek finden können. Woran liegt das? Das kann nun unterschiedliche Gründe haben: Vielleicht sind wir in unseren bisherigen Recherchen noch nicht auf sie gestoßen, sie sind noch nicht veröffentlicht oder noch nicht existent – die Testothek befindet sich ja im Aufbau und wird voraussichtlich eine immerwährende Baustelle werden wie die deutschen Autobahnen oder der Kölner Dom.

Kritisch lässt sich gegen unsere Qualitätskriterien einwenden, dass sie die Seite des Schülererlebens und der Schüleraktivitäten noch zu wenig berücksichtigen würden, also die Mediationsprozesse im Angebots-Nutzungs-Modell zu kurz kämen. Auch hierzu gibt es ausgereifte Modelle. Beispielsweise benennt Aebli (2006) folgende zwölf Grundformen des Lehrens, die zumindest teilweise nicht durch bestehende Skalen abgedeckt werden können:

- erzählen und referieren
- vorzeigen und nachmachen
- anschauen und beobachten
- mit Schülern lesen
- schreiben – Texte verfassen
- einen Handlungsablauf erarbeiten
- eine Operation aufbauen
- einen Begriff bilden
- problemlösendes Aufbauen
- durcharbeiten
- üben und wiederholen
- anwenden

Wenn eine Skala noch nicht existiert, kann das unterschiedliche Gründe haben. Entweder es hat sich noch kein Forscher mit genau diesem Aspekt des Unterrichts beschäftigt, was hieße, dass bisher einfach noch nicht die Notwendigkeit bestand, diese Skala zu konstruieren, oder die Konstruktion der Skala ist schlicht nicht möglich. Welche Kriterien sind dies, die wir quantitativ nur schwer fassen können? Eine hilfreiche Unterscheidung geben hier etwa Kiper und Mischke (vgl. 2004, S. 114ff.) in der Differenzierung zwischen Oberflächenstrukturen und Tiefenstrukturen des Lernens. Oberflächenstrukturen sind beobachtbare bzw. von der

Lehrkraft benennbare Dinge, wie zum Beispiel welche Lehr- und Gesprächs-verfahren im Unterricht eingesetzt werden oder nach welchen Konzeptionen oder Prinzipien der Unterricht geplant wurde. Tiefenstrukturen des Lernens hingegen beziehen sich etwa auf die Gesamtheit der Erfahrungen und Wissensaneignungen und darauf, wie diese reflektiert und in Handeln umgesetzt werden. Dazu sind Methoden wie die Analyse von Videoaufzeichnungen des Unterrichts oder lautes Denken erforderlich.

Wenn wir uns solchen Tiefenstrukturen empirisch nähern wollen, so bieten sich qualitative Methoden an, wie zum Beispiel Beobachtungen, Interviews oder Gruppendiskussionen. Oder wir bitten unsere zu untersuchenden Personen, bei ihrem Tun laut zu denken, um so Informationen über subjektive Phänomene und Bedeutungen zu erhalten, deren Zugang uns durch rein standardisierte Erhebungsmethoden verwehrt bleibt. Diese Methode des lauten Denkens wird auch im Konstruktionsprozess von Fragebögen verwendet, um deren Validität zu prüfen. Einen einführenden Überblick über Methoden der qualitativen Sozial-forschung gibt etwa Mayring (2002). Einige qualitative Erhebungsinstrumente wie Interview- oder Beobachtungsleitfäden sind ebenfalls in unserer Online-Testothek aufgeführt.

Mit einem weiteren kritischen Einwand gegen unsere drei ausgewählten Quali-tätsindikatoren möchten wir uns noch auseinandersetzen. Die drei Kriterien sind nicht sensibel für die Besonderheiten einzelner Unterrichtsfächer. Sie sind auch nicht sensibel für die Bewertung bestimmter Unterrichtsphasen, in denen keine direkte Instruktion stattfindet wie etwa Projektarbeit oder beispielsweise aktives Musizieren im Musikunterricht. Aus diesem Grund arbeiten wir derzeit zusammen mit fachdidaktischen Forscherinnen und Forschern daran, auch domänen-spezifische Qualitätsmerkmale abzuleiten und dafür Messverfahren zu entwickeln.

Die folgende Tabelle gibt einen kurzen Überblick über aussichtsreiche Kandi-daten für fachspezifische Qualitätsindikatoren. Bevor Sie sich die Tabelle an-schauen, machen Sie bitte folgende kleine Übung:

Übung

Wählen Sie Ihr Lieblingsunterrichtsfach aus. Was unterrichten Sie am liebsten? Nennen Sie dann drei fachspezifische Gütekriterien für dieses eine Unterrichts-fach. Bitte nennen Sie nur Kriterien, die speziell für dieses Fach gelten, also wenn Sie beispielsweise Chemie unterrichten: „Schüler analysieren unter Anleitung unbekannte Substanzen und halten die Ergebnisse in einem Bericht fest." Oder, wenn Sie Mathematik unterrichten: „Ich spreche anhand der Hausaufgaben alternative Lösungsansätze an und analysiere Fehler." Vergleichen Sie dann Ihre Ergebnisse mit den in der Tabelle enthaltenen Ansätzen. Wenn Ihr Fach nicht dabei ist, schreiben Sie uns. Vielleicht können wir weiterhelfen.

Tabelle 9:   Fachspezifische Qualitätsmerkmale und Ansätze zur Operationalisierung

Fach/ Kompetenz- domäne	Fachspezifische und fachdidaktische Qualitätsindikatoren	Projekte, in denen eine Operationalisierung versucht wird
Mathematik	Kognitiv aktivierende Fragen, Auf- forderung, alternative Lösungen zu entwickeln, Analyse von Fehlern, mathe- matisches Argumentieren, Anwendung mathematischer Modelle zur Lösung praktischer Probleme	TIMSS Videostudie, Pythagoras-Projekt
Naturwissen- schaften	Angeleitetes Experimentieren	PISA 2006
Sprachen	Reflektierte Einsprachigkeit im Fremd- sprachenunterricht, Auslandsaufenthalte (Lehrkraft, Schüler), Frage- und Fehler- kultur im Unterricht, Sprechanlässe und Motivieren zum Sprechen	ZEBiD-Testothek (Universität Vechta)
Sport	Körpererleben, Sicherheitserleben	ZEBiD-Testothek (Universität Vechta)
Musik	Aktives Musizieren, Singen, intensives Erleben von Musik, Tanz, Qualität musikalisch-ästhetischer Erfahrungsräume	ZEBiD-Testothek (Universität Vechta)
Kunst	Aktives Gestalten in Kunst und Design	ZEBiD-Testothek (Universität Vechta)
Sachunterricht	Orientierung am Modell des genetischen Lernens, Orientierung an Leitthemen, Förderung methodischer Kompetenzen der Kinder	ZEBiD-Testothek (Universität Vechta)

Wenn Sie also zum Beispiel Musik unterrichten und für Sie besonders wichtig ist, dass es Ihnen gelingt, für die Schüler einen musikalisch-ästhetischen Erfahrungs- raum zu schaffen, dann werden Sie auf der Website der ZEBiD-Testothek fündig werden. Dort gibt es bereits eine geeichte Skala. Für die Fremdsprachen haben wir eine solche Skala noch nicht, aber immerhin eine Liste von Indikatoren, an denen Sie sich orientieren können.

Nachdem wir uns nun mit konkreten Möglichkeiten und Grenzen der Erfas- sung von Unterrichtsqualität befasst haben, werden wir uns im nächsten Kapitel mit den Auswirkungen solcher Ergebnisse auf das professionelle Selbst beschäf- tigen.

5   Pädagogische Qualität und professionelles Selbst

Im letzten Kapitel haben Sie erfahren, wie Sie vorgehen können, um die Qualität Ihres Unterrichts auf der Grundlage eines einfachen Modells zu messen. Sie haben auch gesehen, wie Sie Veränderungen als Folge von Maßnahmen erfassen und daraus Schlüsse ziehen können. Wir wenden uns in diesem Kapitel nun der subjektiven, also der psychologischen Seite dieses Umgangs mit der Qualität der eigenen Arbeit zu. Dabei steht die Frage im Mittelpunkt, ob und wie Zufriedenheit und Glück in einem schwierigen und anspruchsvollen Beruf durch die Entwicklung der eigenen Professionalität gefördert werden können. Wir versuchen an Beispielen zu zeigen, dass in diesem Zusammenhang die empirische Erfassung von Handeln und Erleben des Selbst eine wichtige Hilfe sein kann. Allerdings sind oft Beratung und Training zusätzlich zur Einsicht erforderlich, damit das Selbst nicht in einem unbefriedigenden Zustand verharrt.

Was bedeutet es, wenn Sie die pädagogische Qualität, wie wir hier vorschlagen, objektivieren, reflektieren, untersuchen und gezielt beeinflussen? Welche Rolle spielt Ihr Selbst in diesem Fall? Wie erleben Sie sich, wenn Sie so vorgehen? Ist das überhaupt sinnvoll? Welche Bedeutung haben andere Faktoren und Bedingungen wie beispielsweise die technologischen Voraussetzungen, die Sie dafür brauchen? Wozu ist Messen letztlich gut? Und wann tut es Ihnen gut?

Wir werden versuchen, auf diese Fragen Antworten zu geben, die teilweise noch hypothetisch ausfallen, teilweise aber auch empirisch bereits überprüft werden konnten. Wechseln Sie bitte jetzt die Perspektive, stellen Sie einmal sich selbst und Ihre eigene Entwicklung in den Mittelpunkt. Gehen Sie dabei getrost von der Annahme aus, dass letztlich Sie selbst der wichtigste Garant für die Qualität Ihrer pädagogischen Arbeit sind. Und sagen Sie sich, dass es Ihr gutes Recht ist, auch einmal für sich selbst zu sorgen und Ballast abzuwerfen, der Ihnen bei der Arbeit nichts nützt und Sie in Ihrer persönlichen Entwicklung hemmt. Es geht auf den folgenden Seiten auch um das Thema Entlastung.

5.1   Technologie und Professionalität

In der Geschichte des Bildungswesens und des Lehrerberufs spielen Technologien von Anfang an eine gewisse Rolle, die allerdings meist kaum beachtet wurde. Die ersten Lehrer arbeiteten vermutlich mit Tontafeln und Griffeln, später mit Wachstafeln, um zu schreiben und andere Symbole zu verwenden. Verwendet wurden im Unterricht zudem Papyrusrollen. Die Schüler saßen auf Hockern und hatten oft aufklappbare mobile Schreibtafeln. Außerdem wurde offenbar in der Antike auch in den Sand gezeichnet, um beispielsweise geometrische Probleme darzustellen und Lösungen zu entwickeln. Diese sehr einfachen Hilfsmittel waren eine Voraussetzung für die Weitergabe des Wissens von Generation zu Generation und wurden außerdem offenbar schon früh eingesetzt, um Lernenden Aufgaben zu stellen, die dann überprüft werden konnten. (Marrou 1956, Schiffler/Winkeler 1999)

In der Neuzeit kam die Schiefertafel hinzu, im 20. Jahrhundert der Tageslicht-projektor, später dann neue Informationstechnologien wie Beamer, PC, Notebook usw. Neben diesen technischen Geräten sind aber auch Technologien zu berücksichtigen, die eher als Anwendung allgemeiner Regeln oder Gesetze gesehen werden müssen wie beispielsweise die Festlegung von Gruppengrößen und Jahrgangsstufen, die Klassenwiederholung bei Leistungsschwächen, die Einteilung in Fächer oder die Einteilung von Lernzeiten in Einheiten von 45 oder 90 Minuten. Auch die Bildung leistungshomogener bzw. leistungsheterogener Gruppen ist zu den pädagogischen Technologien zu zählen. Und Lehrwerke oder Lernmaterialien, wie sie in der Montessoripädagogik eingesetzt werden, sind als Teil einer Technologie zu betrachten, mit der man versucht, Lehr-Lern-Prozesse zu unterstützen.

Technologien sind grundsätzlich nichts anderes als eine Verbindung von Methoden oder Werkzeugen mit bestimmten Zielen auf der Grundlage theoretischer Hypothesen über deren Wirksamkeit. Wichtig ist dabei die Annahme der Reproduzierbarkeit. Wir setzen ja ein Lehrwerk ein, weil wir annehmen, es habe bei allen (oder den meisten Lernenden) eine pädagogisch erwünschte Wirkung. Und wir nehmen dabei an, dass dieser Zusammenhang auch in den nächsten Jahren noch bestehen wird.

Hat sich die Wirksamkeit pädagogischen Handelns durch den Einsatz von Technologien (Methoden, Mustern, Hilfsmitteln) substanziell verbessert? Diese Frage ist nicht ganz leicht zu beantworten, weil Technologien im Bildungsbereich nicht so schnell verändert und angepasst werden wie in anderen Tätigkeitsfeldern. Betrachtet man jedoch entsprechend längere Zeiträume, also etwa die Entwicklung vom Mittelalter bis in die Gegenwart, gibt es viele Belege dafür, dass die Einführung von Handlungsmustern und reproduzierbaren Methoden auch zu höheren Lernzuwächsen geführt hat.

Im Hinblick auf kürzere Zeiträume liefern Evaluationsstudien wichtige Hinweise für die Einschätzung der Wirksamkeit von Maßnahmen und Technologien. Allerdings ist es in der Praxis oft nicht möglich, die Einflüsse des technologischen Faktors von den Einflüssen des personalen Faktors (Lehrkräfte) zu trennen, weil die Wirksamkeit der Methoden davon abhängt, wie Lehrkräfte sie tatsächlich nutzen. So zeigen die Untersuchungen zur Klassengröße, dass der Unterricht in kleinen Gruppen (als pädagogische Technologie oder Maßnahme) für sich genommen nicht zu besseren Ergebnissen bei den Lernzuwächsen führt. Vielmehr hat die Verkleinerung der Lerngruppen nur dann eine Wirkung im Hinblick auf die Lernzuwächse, wenn erstens die Gruppen sehr stark verkleinert werden und zweitens die Lehrkräfte über die Kompetenzen und die Motivation verfügen, die kleinen Gruppen methodisch anders zu unterrichten als die größeren Gruppen. (Arnold 2005)

Ein anderes Thema, das in diesem Zusammenhang oft behandelt wird, betrifft die Frage, ob es für die Kompetenzentwicklung der Lernenden besser ist, wenn sie in homogenen Gruppen unterrichtet werden oder ob leistungsheterogene Gruppen besser abschneiden. Auch dies ist eine technologische Frage, weil die Gruppierung der Lernenden ein reproduzierbares Muster darstellt, das von den Lehrkräften abgekoppelt durchgeführt werden kann. Untersuchungen deuten darauf hin, dass Leistungsheterogenität keineswegs schädlich, sondern der Kompetenzentwicklung eher förderlich ist. Allerdings sind die Effekte schwach, solange nicht weitere Faktoren wie etwa bestimmte didaktische Arrangements hinzukommen. Auch hier zeigt sich, dass einzelne Maßnahmen isoliert betrachtet nur einen geringen Einfluss haben. (Gröhlich/Scharenberg/Bos 2009)

Übung

Welche Technologien (Muster, Methoden, Lehrmaterialien, Hilfsmittel) setzen Sie ein, um die Wirksamkeit Ihres Unterrichts zu erhöhen?

Welche dieser Technologien haben Sie von anderen Personen übernommen?
Welche Muster, Methoden, Technologien haben Sie selbst entwickelt oder stark verändert, damit sie für Ihre Arbeit besser geeignet sind?

Auch pädagogische Tätigkeit hat, sofern sie als Berufstätigkeit organisiert wird, eine technologische Komponente. Andernfalls würden Pädagogen ihre Handlungen stets vollkommen neu erfinden und Effekte erzielen, die unvorhersehbar wären.

Es ist wichtig, sich das vor Augen zu führen: Es gibt keine technologiefreie Zone in der Pädagogik, vielmehr stehen wir vor der Aufgabe, herauszufinden, welche Technologien am besten geeignet sind, unsere Arbeit zu unterstützen, und welche Technologien weniger nützlich oder sogar schädlich sind. Es scheint aber typisch für die pädagogischen Professionen zu sein, dass Technologien und Maßnahmen nur in Verbindung mit personalen Faktoren wirken. Für diese personalen Faktoren verwenden wir hier den Oberbegriff des professionellen Selbst. Zu den Technologien gehört auch der Einsatz von standardisierten Testverfahren. Wir werden noch zeigen, dass gerade bei der individuellen Beratung standardisierte Tests, die oft zur Überprüfung der Wirksamkeit von Maßnahmen mehrfach angewendet werden, eine nützliche, vielleicht sogar eine unentbehrliche Hilfe darstellen. Das gilt nicht nur für Kompetenzen, sondern auch für Persönlichkeitsmerkmale und Verhaltensmuster.

Professionelles Handeln ist mehr oder weniger technologiegestützt. Das trifft offenbar auch auf den Lehrerberuf zu. Ein professionelles Selbstkonzept sollte also auch die Beziehung zwischen Selbst, Handeln und Technologie in einem Modell abbilden. Das heißt, im Selbstverständnis von Lehrkräften sollte ein Platz für den Umgang mit Technologien sein. Wichtig ist es, ein Bewusstsein dafür zu entwickeln, dass tatsächlich Methoden und Techniken auf der Basis bestimmter Annahmen (Reproduzierbarkeit, Effektivität, Effizienz) eingesetzt werden. Das ist eine normative Aussage, die sich aus berufsethischen und professionstheoretischen Überlegungen ableiten lässt. Wir lassen hier ohne weitere Erörterung eine Definition von pädagogischer Professionalität folgen, die Grundlage vieler Einzeluntersuchungen geworden ist.

„Pädagogisch professionell handelt eine Person, die gezielt ein berufliches Selbst aufbaut, das sich an berufstypischen Werten orientiert. Eine solche Person ist sich eines umfassenden impliziten pädagogischen Fähigkeitsrepertoires zur Bewältigung von äußeren Arbeitsaufgaben und zur Kontrolle von inneren Zuständen sicher. Sie kann sich mit sich selbst (innerlich) und anderen Angehörigen der Berufsgruppe Pädagogen in einer nichtalltäglichen Berufssprache verständigen, ihre Handlungen aus einem empirisch-wissenschaftlichen Habitus heraus unter Bezug auf eine Berufswissenschaft begründen und übernimmt persönlich die Verantwortung für Handlungsfolgen in ihrem Einflussbereich." (Bauer 2005, S. 81)

Verantwortung kann nur übernehmen, wer weiß, was er tut und warum er es tut. Sofern Handlungsalternativen zur Verfügung stehen, sollte die Person also in der Lage sein, eine Begründung für ihre Entscheidung zu liefern, die wissenschaftlich überprüft wurde. Eine rein routinemäßige Übernahme von Methoden und Techniken ohne deren kritische Überprüfung wäre vielleicht erfolgreich, aber wenig professionell. Dass etwas funktioniert, kann als Begründung nicht ausreichen, weil es ja möglich ist und im Hinblick auf die Anwendung von Technologien auch immer wieder tatsächlich der Fall ist, dass etwas anderes besser funktioniert. Professionen sind dadurch charakterisiert, dass ihre Angehörigen, also die professionell Tätigen, einen großen Entscheidungsspielraum haben, den sie zum Wohl ihrer Klienten nutzen sollen. Für den Umgang mit Technologien bedeutet das: Methoden und Techniken sind im Hinblick auf ihre Wirksamkeit bei unterschiedlichen Gruppen und auch im Einzelfall immer wieder zu überprüfen.

Methoden und Techniken werden gezielt ausgewählt, nicht einfach kritiklos übernommen. Dieser Gedanke hat in benachbarten Professionen früher Fuß gefasst und beispielsweise eine zentrale Rolle in der neueren Psychotherapieforschung gespielt (Grawe/Donati/Bernauer 1994, Seligman 2007). Die Arbeiten aus diesem Bereich zeigen sehr deutlich, dass es möglich ist, wirkungsvolle von weniger wirkungsvollen Methoden zu unterscheiden und damit Therapeuten zu helfen, die richtigen Entscheidungen zu treffen. Sie zeigen auch, dass außer Persönlichkeitsmerkmalen von Professionsangehörigen auch die eingesetzten Methoden einen eigenständigen Einfluss auf den Erfolg haben. Die Situation ist für Pädagogen analog, mit dem Unterschied, dass Pädagogen ihre eigene Berufswissenschaft bisher wenig nutzen, um über die Brauchbarkeit der von ihnen eingesetzten Methoden und Techniken zu entscheiden. Ihr Selbstkonzept sieht eine solche empirisch-rationale Prüfung eigener Handlungsroutinen auch nicht unbedingt vor. Noch weniger werden bisher die Möglichkeiten genutzt, die eigene professionelle Entwicklung durch systematische Erhebungen zu begleiten, um Fehlentwicklungen vorzubeugen.

Fortschreitende Professionalisierung bedeutet nicht unbedingt mehr Technologie, aber auf jeden Fall einen anderen Umgang mit Techniken und Methoden, nämlich die bewusst getroffene Entscheidung für besonders wirksame Verfahren, immer mit Blick auf die jeweilige Situation und den Einzelfall.

Die von uns in diesem Buch vorgeschlagenen und erklärten Verfahren zur Messung pädagogischer Qualität enthalten eine Reihe von Technologien und mit diesen verknüpfte Annahmen und Theorien. Einige dieser Technologien werden für viele Leser und Nutzer noch neu sein. Bevor Sie weiterlesen, machen Sie bitte die folgende kleine Übung:

Übung

Bitte denken Sie einige Minuten darüber nach, was Sie im Laufe Ihrer Berufs-biographie schon alles getan haben, um Informationen über die Qualität Ihrer Arbeit zu gewinnen. Gibt es Routinen? Gibt es Methoden, die Sie immer wieder eingesetzt haben? Machen Sie sich Notizen.

Waren Sie überhaupt aktiv? Oder haben Sie gewartet, dass andere Sie mit Infor-mationen beliefern, zum Beispiel Personen, von denen Sie beurteilt wurden?

Die kleine Übung zielt darauf, zwei Fragen zu klären, erstens die Frage nach dem impliziten Einsatz von Technologien, den Sie vielleicht kaum so wahrgenommen haben. Zweitens geht es darum zu klären, wie aktiv Sie bei der Prüfung der Qualität Ihrer Arbeit sind. Wenn Sie selbst die Initiative ergreifen, sind Sie psychologisch gesehen in einer ganz anderen Situation als wenn Sie ohne eigenes Zutun von anderen beurteilt werden.

Technologien sind auch für die Hintergrundarbeit von zunehmender Bedeu-tung. Sie unterstützen und entlasten bei der Ausführung administrativer Aufgaben und sie eröffnen neue Möglichkeiten der Diagnostik. Dazu ein Beispiel.

Sie finden auf unserer Website www.zebid-testothek.de einen Hörverstehens-test für die Kompetenzdomäne Englisch. Zielgruppe des Tests sind Grundschüler; Sie können den Test aber auch in der fünften und sechsten Jahrgangsstufe ein-setzen. Wenn Sie Englisch in den entsprechenden Klassen unterrichten, machen Sie einmal einen Versuch, diesen Test als Technologie gezielt zu nutzen. Dazu müssen Sie allerdings auch Ihre eigene ganz persönliche Technologie bzw. Methode finden, den Test einzusetzen. Zunächst klären Sie für sich, was Sie mit dem Test erreichen wollen. Wenn Sie die Ergebnisse für jeden einzelnen Schüler haben, was wollen Sie damit machen? Geht es Ihnen darum, gezielt Schüler mit Problemen beim Hörverstehen zu fördern? Oder geht es Ihnen darum, zu klären, ob die Voraussetzungen für einen weitgehend einsprachigen Unterricht gegeben sind? Oder wollen Sie besonders kompetente Hörer aus der Schülergruppe identifi-zieren?

Klären Sie auch Ihre Rolle bei der Durchführung des Tests. Die Schüler können und sollen ihn selbstständig bearbeiten. Das eröffnet Ihnen Spielräume, Ihre eigene Rolle neu festzulegen. Beispielsweise können Sie während der Übungsphase die Schüler beobachten. Als wir selbst den Test durchführten, fanden wir ihn etwas eintönig. Das können Schüler womöglich ganz anders wahrnehmen. Es ist auch möglich, dass nur bestimmte Schülergruppen interessiert sind, während andere den Test langweilig oder ermüdend finden. Beobachten Sie, wie motiviert die Kinder mit den Übungsaufgaben umgehen. Vielleicht gewinnen Sie Hinweise, wie das Material noch anregender gestaltet werden kann. Sie werden feststellen, dass Sie einen eigenen auf Ihre Lerngruppe abgestimmten Weg finden müssen, die Technologie anzuwenden. Vielleicht werden Sie auch feststellen, dass der Test in Ihrem Fall unbrauchbar ist. Betrachten Sie auch ein solches Ergebnis als Gewinn, weil Sie vermutlich viele Hinweise darauf bekommen, wie diese und ähnliche Technologien an Ihre Situation angepasst werden müssen, um zu funktionieren.

Seien Sie zurückhaltend mit generalisierenden Schlussfolgerungen. Dass ein bestimmtes Testverfahren nicht gut ankommt oder Ihnen nur wenig brauchbare Informationen liefert, liegt vermutlich an diesem speziellen Testverfahren in diesem einen Fall. Ein anderes Verfahren kann zu besseren Ergebnissen führen.

5.2 Selbstentwicklung im Beruf

Die Erfahrungen, die wir bei unserer beruflichen Arbeit machen, haben einen großen Einfluss auf unsere persönliche Entwicklung. Das gilt insbesondere für Pädagoginnen und Pädagogen, die ja täglich mit Menschen auf unterschiedlichen Ebenen interagieren und sich auf professionell gerahmte persönliche Beziehungen einlassen müssen, um ihre Zielgruppen überhaupt zu erreichen. Dabei spielt die Erfahrung der eigenen Wirksamkeit im Umgang mit anderen Menschen eine zentrale Rolle. Jedoch ist auch anzunehmen, dass die Plastizität der Persönlichkeit begrenzt ist; das heißt, wir verändern uns durch unsere berufliche Arbeit, aber nur innerhalb bestimmter Grenzen. Nicht alles ändert sich. Um den Bereich genauer abzugrenzen, in dem Veränderungen stattfinden sollen und stattfinden können, arbeiten wir mit dem Begriff des professionellen Selbst. Dieser Begriff soll an dieser Stelle präzise definiert werden, damit wir mit ihm praktisch umgehen können.

Unter „Selbst" soll ein dem Bewusstsein teilweise zugänglicher stabiler Kern der Person verstanden werden, von dem aus diese ihre eigene Sicht der Dinge und ihre Entwicklung organisiert. Das Selbst entsteht in der Interaktion mit anderen und in der praktischen Bewältigung von Aufgaben und Herausforderungen. Es bleibt zu einem großen Teil implizit und besteht neben Kognitionen auch aus Emotionen und Handlungsprogrammen sowie Motiven und erlebt sich als dauerhaft und einmalig.

Das *professionelle* Selbst ist von außen betrachtet der im Beruf sichtbar werdende Teil der Persönlichkeit. Daneben hat das Selbst seine privaten und auch seine verborgenen Seiten. Diese haben zwar Einfluss auf das berufliche Handeln, werden aber weder bewusst offenbart noch durch Ausbildung, Training, Supervision oder kollegiale Beratung gezielt verändert. Das professionelle Selbst wandelt sich durch Erfahrung. Es ist von innen betrachtet das organisierende Zentrum, von dem aus Ziele, Fähigkeiten, Handlungsrepertoires, Bewertungen und Erfahrungen miteinander zu einem konsistenten Ganzen verknüpft werden. Es garantiert Dauer und Beständigkeit und gründet auf Vertrauen in die eigenen Ressourcen.

Das Selbst ist nicht nur ein gedankliches Gebilde im Sinne eines Selbstkonzepts, sondern insofern objektiv, als es auf Erfahrungen mit sich und der Welt Bezug nimmt und diese Erfahrungen sozusagen verdichtet hat. Es bezieht sich also auf ein Außen jenseits seiner eigenen Vorstellungen. Es nimmt einen Teil dieses Außen nach innen, in Form entsprechender Repräsentationen. Zu diesen Repräsentationen gehören immer auch Emotionen und deren körperliche Begleitprozesse sowie Motive.

Der so vereinbarte Begriff des professionellen Selbst ermöglicht es, für die Berufsausübung relevante und zugängliche Bereiche der Persönlichkeitsentwicklung von eher privaten und zu schützenden Bereichen abzugrenzen. Wir halten eine solche Abgrenzung für erforderlich, weil andernfalls die aus praktischen und ethischen Gründen gebotene Trennung zwischen allgemeiner Persönlichkeitsentwicklung und professioneller Entwicklung schwer zu fassen wäre. Auch aus der Praxis der kollegialen Beratung (Tietze 2003) wird Privates ausdrücklich ausgeschlossen und dessen Offenbarung, falls erwünscht, an andere Formen der Beratung delegiert.

Sinnvoll erscheint auch die Unterscheidung zwischen professionellem Selbst und Kernselbst (Damasio 2007). Das Kernselbst umfasst zentrale, wenig variable Eigenschaften (Persönlichkeitsmerkmale) und die Körperarchitektur eines Menschen, also beispielsweise Eigenschaften wie seine Intelligenz, seine Extraversion, seine Verträglichkeit und Gewissenhaftigkeit. Eine mögliche Beschreibung des Kernselbst kann sich auf die in der Persönlichkeitspsychologie bekannten „Big Five" beziehen. Damit sind die folgenden Merkmale gemeint:

- Neurotizismus
- Extraversion
- Offenheit für Erfahrungen
- Verträglichkeit
- Gewissenhaftigkeit

Günstig für den Lehrerberuf scheinen niedrige Neurotizismuswerte, verbunden mit gut ausgeprägter Extraversion, Offenheit für neue Erfahrungen, Verträglichkeit und Gewissenhaftigkeit zu sein. Dabei müssen nicht alle Merkmale überdurchschnittlich ausgeprägt sein.

Eine neuere Version dieses Mehrfaktorenmodells arbeitet mit sechs Dimensionen:

1. Sensibilität und emotionale Instabilität (nervousness, sensitivity and emotional instability)
2. Extraversion, Lebhaftigkeit und Kontaktfreude (extraversion, liveliness and gregariousness)
3. Offenheit für Erfahrungen (openness to experience)
4. Kontrolliertheit und Normorientierung (control and norm orientation)
5. Altruismus, Fürsorglichkeit und Hilfsbereitschaft (altruism, nurturance and helping orientation)
6. Risiko- und Kampfbereitschaft, Suche nach Wettbewerb (readiness to risk and fight, competition seeking). (Dieterich/Dieterich 2007)

Ob es sich dabei jedoch tatsächlich um sehr stabile und kaum veränderbare Merkmale der Persönlichkeit handelt, ist umstritten. Dieterich/Dieterich (2007) haben zur Messung von Merkmalen der Lehrerpersönlichkeit ein eigenes Modell entwickelt. Ihre empirischen Untersuchungen an Lehramtsstudierenden scheinen zu belegen, dass angehende Lehrkräfte eine im Vergleich zur Durchschnittsbevölkerung anders ausgeprägte Kontrollüberzeugung haben.

„Viele Lehrerinnen neigen dazu, den Unterricht zu wenig entsprechend einer internalen Kontrollierung zu führen. Kurz gesagt, sie glauben selbst nicht so recht an den Erfolg ihrer Bemühungen. Diese Art des „locus of control" (Rotter 1982) führt in Verbindung mit der Neigung zu sozial orientierten Methoden dazu, dass der positive Effekt der gruppenorientierten Methoden (Erlernen von Sozialkompetenz usw.) zu wenig zur Wirkung kommt. Soziale Prozesse im Unterricht geschehen ‚einfach so' und werden von den Lehrern zu wenig vor pädagogischem Hintergrund reflektiert." (Dieterich/Dieterich 2007, S. 16)

Wenn Sie, wie wir Ihnen hier raten, die Wirksamkeit Ihres eigenen Handelns überprüfen und verbessern, dann tun Sie dies notwendigerweise auf der Grundlage einer internalen Kontrollüberzeugung. Wenn Sie nicht davon überzeugt wären, dass Sie selbst die Dinge entsprechend Ihrer Zielsetzungen beeinflussen können, dann würden Sie dieses Handbuch vermutlich nicht verwenden.

Kontrollüberzeugungen sind gut durch Lernprozesse und entsprechendes Training zu beeinflussen, sie gehören also wohl nicht zum Kernselbst. Mit Körperarchitektur sind die individuellen Baupläne des Körpers gemeint, die ja von einem bestimmten Alter an feststehen, auch wenn auf dieser Grundlage körperliche Veränderungen in Abhängigkeit von Lern- und Trainingsprozessen stattfinden. Das professionelle Selbst ist vom Kernselbst abhängig, es muss mit dem arbeiten, was zur Verfügung steht. Ein unverträglicher, wenig gewissenhafter, introvertierter Mensch mit unterdurchschnittlichen kognitiven Grundfähigkeiten dürfte für den Lehrerberuf ungeeignet sein, und daran wird auch eine noch so intensiv betriebene Professionalisierung nicht viel ändern können. Ein extravertierter, verträglicher, humorvoller und intelligenter, dabei auch noch gewissenhafter Mensch dagegen bringt geradezu ideale Voraussetzungen für den Lehrerberuf mit. Bei entsprechendem Interesse an pädagogischer Arbeit und zusätzlichem Interesse an unterrichtsrelevanten Wissensgebieten hat er beste Chancen, ein hochwirksames professionelles Selbst zu entwickeln. Aber auch Menschen mit einem weniger günstig ausgestatteten Kernselbst sind in der Lage, ihre berufliche Eignung durch Lernprozesse deutlich zu verbessern.

Betrachten wir unter diesen Voraussetzungen die Entwicklung des professionellen Selbst, dann erscheinen folgende Faktoren wichtig (vgl. Abbildung 39)

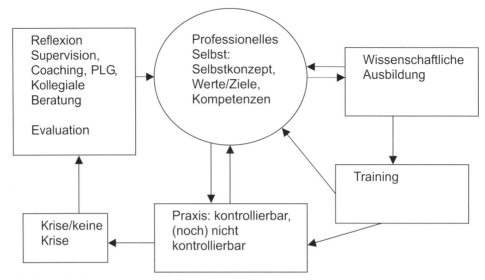

Abbildung 39: Entwicklung des professionellen Selbst

Versuchen wir einmal, das professionelle Selbst auseinanderzunehmen, es gewissermaßen zu kartieren. In einem hierarchischen Modell lässt sich zunächst eine Kompetenzschiene von einer Steuerungsschiene unterscheiden (vgl. Abbildung 40). Professionelle Pädagogen verfügen über allgemeine und spezifische Handlungsrepertoires, um ihre Arbeitsaufgaben zu lösen, also über Basiskompetenzen sowie fachspezifische und fachdidaktische Kompetenzen. Hinzu kommen funktionsspezifische Kompetenzen. Kompetenzen allein genügen jedoch nicht für professionelles Handeln. Ebenso wichtig sind professionsethische Standards, ein professionelles Selbstkonzept und Überzeugungen, auf deren Grundlage gehandelt wird. Wir bezeichnen diese zweite Schiene des Selbst als Steuerungsschiene. Hierzu gehören beispielsweise Wirksamkeitsüberzeugungen oder auch statische oder dynamische Begabungskonzepte. Natürlich gehören hierzu auch berufsethische Standards, die als persönlich verbindlich betrachtet werden.

Auch Überzeugungen im Hinblick auf eigene Tugenden, Charakterstärken und konstante Persönlichkeitsmerkmale gehören zum Selbstkonzept. Schwächen können realistisch wahrgenommen und berücksichtigt werden; so kann beispielsweise der Selbstüberforderung entgegengewirkt werden.

Abbildung 40: Kartierung des professionellen Selbst

Der mit dem Begriff „Professionelles Selbst" bezeichnete Teil der Person wird auch als Lehrerpersönlichkeit bezeichnet und seit einigen Jahren unter dem Gesichtspunkt der Berufseignung genauer untersucht. Einige Universitäten bieten inzwischen sogar eine Eignungsberatung für Lehramtsstudierende auf der Grundlage einer entsprechenden Diagnostik an, so etwa die Universität Hamburg (Lehberger/Schaarschmidt 2009). Zu den Basisvoraussetzungen für den Lehrerberuf gehören außer einer gut ausgeprägten psychischen Belastbarkeit Stärken im sozial-kommunikativen Bereich, die Fähigkeit zur Durchsetzung und Selbstbehauptung, ein sicheres Auftreten, Humor und eine offensive und optimistische Haltung sowie eine Reihe weiterer Merkmale, die beispielsweise in einem Fragebogen zur Selbsteinschätzung aufgeführt sind (Herlt/Schaarschmidt 2007).

Grundlage der psychologischen Unterstützungs-, Beratungs- und Trainingsangebote ist die Annahme, dass die berufliche Eignung von Pädagoginnen und Pädagogen sich ständig weiterentwickelt. Die berufliche Eignung verändert sich also wenigstens zum Teil durch Lernprozesse und ist nicht so stabil und konstant wie zentrale Persönlichkeitsmerkmale. Wir haben oben die Unterscheidung zwischen Kernselbst und professionellem Selbst eingeführt, um deutlich zu machen, dass es einen variablen und einen stabilen Anteil in der Persönlichkeit gibt. Im Folgenden konzentrieren wir uns auf einige variable Merkmale, also auf das professionelle Selbst.

5.3 Arbeitsbezogenes Erleben und pädagogische Qualität

In den vorangegangenen Kapiteln wurde pädagogische Qualität im Hinblick auf den Unterrichtsprozess und Unterrichtsergebnisse auf der Schülerseite betrachtet. Gibt es nun auch so etwas wie eine gefühlte pädagogische Qualität auf der Seite der Professionsangehörigen, der Lehrkräfte und Schulleitungen? Vermutlich ist es nützlich, mit der Annahme zu arbeiten, dass auch Lehrerinnen und Lehrer, Schulleitungsmitglieder und Verantwortliche in Leitungspositionen die Qualität ihrer Arbeitsbedingungen und Arbeitsprozesse sensibel und differenziert wahrnehmen. Ausgehend von dieser Annahme haben wir ein Instrument auf induktivem Weg entwickelt, um herauszufinden, welche Dimensionen Lehrkräfte in ihrem arbeitsbezogenen Erleben unterscheiden (Bauer/Kemna 2009a und 2009b). In einem zweiten Schritt haben wir dann Hypothesen über Zusammenhänge zwischen dem arbeitsbezogenen Erleben und bestimmten Merkmalen wie Unterrichtsqualität, Burnout, Arbeitszufriedenheit usw. überprüft.

Wir fanden vier Dimensionen des arbeitsbezogenen Erlebens, unter denen eine besonders herausragt. Diese Dimensionen werden im Folgenden kurz beschrieben. Zu jeder Dimension gibt es jetzt ein Testinstrument in Form eines kurzen Fragebogens, mit dem Sie die Ausprägung bei sich selbst, in Ihrem Kollegium oder an anderen Stichproben feststellen können. Alle Instrumente finden Sie, wie bekannt, auf der Website www.zebid-testothek.de.

Erlebte pädagogische Wirksamkeit

Die Skala erfasst, für wie wirksam Lehrkräfte ihr pädagogisches Handeln halten und ob sie ihrer Arbeit einen Sinn zuschreiben und Freude bei der Arbeit erleben. Man könnte sie auch als „Gefühlte Effektivität" bezeichnen.

Pädagogisches Handeln bezieht sich auf die Arbeitsaufgaben Unterrichten und Erziehen, also auf den Kern der Lehrerarbeit. Die Skala enthält außer Aussagen zu Kognitionen auch Items zum emotionalen Erleben. Auch dadurch unterscheidet sie sich von bisher gebräuchlichen Lehrer-Selbstwirksamkeitsskalen, die ausschließlich Erwartungen messen und keine begleitenden Gefühle (Schmitz/ Schwarzer 2002, S. 211). Die Items der Skala finden Sie in der nachfolgenden Abbildung.

	Erlebte pädagogische Wirksamkeit (α = 0,849; M = 43,02; SD = 4,74; Min = 13, Max = 52)	trifft voll zu			trifft gar nicht zu
1.	Ich denke, dass durch mich ein gutes Basiswissen für den weiteren Lebensweg der Schüler vermittelt wird.	□ ..... □ ..... □ .... □			
2.	Schüler werden durch meinen Unterricht angeregt, zu denken und eigene Ideen zu entwickeln.	□ ..... □ ..... □ .... □			
3.	Ich habe ein gutes Gefühl, wenn ich in den Unterricht gehe.	□ ..... □ ,..., □ .... □			
4.	Ich bin den Schülern gegenüber positiv eingestellt und offen für deren Ideen.	□ ..... □ ..... □ .... □			
5.	Ich sehe meine Arbeit als sinnvoll an.	□ ..... □ ..... □ .... □			
6.	Mir macht die Arbeit mit Lernenden Freude.	□ ..... □ ..... □ .... □			
7.	Ich bin davon überzeugt, dass die Schüler infolge meines Unterrichts gut in den Beruf kommen werden.	□ ..... □ ..... □ .... □			
8.	Ich bin mir sicher, dass ich das Wissen so vermittle, dass es einprägsam ist und bleibt.	□ ..... □ ..... □ .... □			
9.	Ich trage auch zur Erziehung der Schüler Wesentliches bei.	□ ..... □ ..... □ .... □			
10.	Die Schüler zeigen mir deutlich, wenn sie sich freuen.	□ ..... □ ..... □ .... □			
11.	Ich bin auch für Kritik von Schülern zugänglich und lerne daraus.	□ ..... □ ..... □ .... □			
12.	Ich bekomme von meinen Schülern häufig ohne Aufforderung eine positive Rückmeldung über meinen Unterricht.	□ ..... □ ..... □ .... □			
13.	Schüler berichten mir, dass sie langfristig von meinem Unterricht profitieren.	□ ..... □ ..... □ .... □			

Abbildung 41: Skala Erlebte pädagogische Wirksamkeit von Lehrpersonen

Im Wesentlichen fokussiert das Instrument auf die Nützlichkeit und Nachhaltigkeit der Unterrichtsinhalte für den Berufseinstieg und den weiteren Lebensweg der Schüler. Ein besonderes Gewicht kommt dabei der Frage zu, wie hoch der selbst eingebrachte erzieherische Anteil an Entwicklungen der anvertrauten Schülerinnen und Schüler ist und wie hoch die selbst erlebte Sinnhaftigkeit der Lehrtätigkeit eingeschätzt wird. Darüber hinaus werden emotionale Merkmale des Unterrichts wie positives Feedback oder Freude der Schüler erfasst und durch die Einschätzung der eigenen Freude und des guten Gefühls im Umgang mit Lernenden ergänzt.

Wie sehr Lehrkräfte mit Rückmeldungen der Kinder und Jugendlichen rechnen können, ist ebenfalls Bestandteil dieser Skala. Dass hier unterschiedliche Aspekte pädagogisch wirksamen Handelns in eine Gesamtskala einfließen, sehen wir nicht als Nachteil. Im Gegenteil, dies wird der Komplexität der Arbeitsaufgaben eher gerecht als eine Aufspaltung in weitere Subdimensionen oder eine Beschränkung beispielsweise auf die Instruktionstätigkeit. Diese Auffassung wird durch die Daten bestätigt, wie die hohe interne Konsistenz der Subskala zeigt. Die erlebte pädagogische Wirksamkeit zeigt eine hohe negative Kovariation mit dem Burnoutrisiko.

Die gefühlte pädagogische Effektivität der von uns bisher getesteten gut vierhundert Lehrkräfte ist erfreulich hoch ausgeprägt. Während der theoretische Mittelwert bei 32.5 liegt, erreichen die Lehrpersonen in unserer Stichprobe 43 Punkte, tendieren also eher zur positiven Seite. Die gefühlte pädagogische Wirksamkeit muss nicht mit der tatsächlichen Effektivität übereinstimmen, sie ist aber für die berufliche Situation und für die persönliche Entwicklung eine ganz entscheidende Bedingung.

Denn Lehrerinnen und Lehrer, die ihre Arbeit als sinnvoll und wirksam wahrnehmen, sind deutlich weniger burnoutgefährdet als Lehrkräfte, die häufig am Sinn ihrer Arbeit und an der Wirksamkeit ihres Handelns zweifeln. Erwartungskonform sind Lehrerinnen und Lehrer außerdem umso zufriedener mit ihrer Arbeit, je wirksamer sie sich selbst erleben.

Erlebte Wirksamkeit von Schulleitungsmitgliedern

Die bisher in diesem Kapitel behandelten Messinstrumente beziehen sich auf Merkmale von Lehrerinnen und Lehrern, das gilt auch für die erlebte pädagogische Wirksamkeit. Aber wie steht es um Lehrkräfte, die Aufgaben im Bereich des Schulmanagements übernehmen, die eine Schule leiten oder an der Leitung beteiligt sind?

Für diese Pädagoginnen und Pädagogen brauchen wir eigene Testverfahren, weil sie mit Arbeitsaufgaben zu tun haben, die durch Items zu den Bereichen „Unterrichten" und „Erziehen" nicht abgedeckt werden. Um diese besonderen Aufgaben zu erfassen, haben wir mehr als hundert Schulleitungsmitglieder gebeten, uns Merkmale zu nennen, an denen sie die Wirksamkeit ihres spezifischen Leitungshandelns erkennen können. Diese Schulleitungsmitglieder waren zunächst im Rahmen von Workshops mit dem Konzept der erlebten Wirksamkeit vertraut gemacht worden. Daraus ist eine Schätzskala entstanden, die zunächst aus etwa vierzig Items bestand. Nach zwei Pretestrunden haben wir daraus ein Instrument entwickelt, das aus 19 Items besteht und die von uns gesetzten Testgütekriterien voll erfüllt. Dieses Instrument wurde schließlich an einer Stichprobe von N = 108 Schulleitungsmitgliedern geeicht.

Wenn Sie selbst der Schulleitung angehören, können Sie sich mit dem Fragebogen kurz testen und vergleichen. Wenn Sie nicht an der Leitung beteiligt sind, können Sie das Instrument nutzen, um sich einmal die Situation aus der Leitungsperspektive vorzustellen. Sie können auch eine Fremdeinschätzung vornehmen, also angeben, wie die von Ihnen wahrgenommene Wirksamkeit der Leitung Ihrer Schule aus Ihrer eigenen Perspektive aussieht. Die einzelnen Items sind in der nachstehenden Abbildung 42 aufgeführt. Sie können sehen, dass ganz unterschiedliche Bereiche der möglichen Wirksamkeit aufgeführt werden.

Die von uns bisher befragten Schulleitungen schätzen ihre Wirksamkeit insgesamt sehr positiv ein, was sich daran ablesen lässt, dass der empirische Mittelwert mit 62.2 deutlich über dem theoretischen Mittelwert von 47.5 liegt. Das kann an der Zusammensetzung der Eichstichprobe liegen. Vielleicht sind ja nur

besonders motivierte Schulleitungsmitglieder bereit gewesen, den Fragebogen auszufüllen und zurückzugeben, während enttäuschte und verdrossene Schulleitungsmitglieder an der Befragung gar nicht erst teilgenommen haben.

Wir haben diese Skala zunächst auf der Grundlage der klassischen Testtheorie
entwickelt. Aus theoretischen Gründen schien es uns dann aber angezeigt, zu
prüfen, ob sich die erlebten Wirksamkeitsgrade genauer messen lassen und ob die
Antworten einem bestimmten Muster folgen. Hierfür bietet sich das Rasch-Modell
an, nach dem sich auf der Grundlage der Antwortverteilungen eine latente Variable
„Erlebte Schulleiterwirksamkeit" eindimensional abbilden lässt. Wir haben mit
einem Modelltest geprüft, ob sich das Rasch-Modell auf unsere Daten tatsächlich
anwenden lässt. Da dies der Fall ist, können wir die Ergebnisse hier darstellen und
diskutieren.

Die Verteilung der Itemschwierigkeiten legt es nahe, drei Niveaustufen voneinander zu unterscheiden. Dabei handelt es sich nicht um Kompetenzstufen, sondern
um Stufen der erlebten Wirksamkeit.

An dieser Stelle ist ein kleiner Exkurs über diese Art des Testens angebracht.
Der gesamte Test besteht ja aus 19 Items. Da das Ganze Rasch-skaliert ist,
brauchen Sie, genau genommen, gar nicht alle Aussagen (Testitems) einzuschätzen. Denn wenn Sie bei Item 10 (Die Gesundheit meiner Mitarbeiter kann ich
positiv beeinflussen.) und Item 14 (Lehrkräfte berichten mir, dass sie nachhaltig
von meiner Arbeit profitieren.) „trifft voll zu" angekreuzt haben, dann ist es hoch
wahrscheinlich, dass Sie auch bei den weniger anspruchsvollen Items „trifft voll
zu" oder „trifft eher zu" angegeben, also zugestimmt haben. Wir brauchen nur
noch einige Kontrollaussagen, um Ihr Ergebnis abzusichern.

Ein Vorteil des Rasch-Modells besteht gerade darin, dass zur Schätzung von
Personenparametern, also Merkmalsausprägungen einer Person, nicht mehr unbe-
dingt alle Testaufgaben oder Aussagen auf einer Ratingskala benötigt werden.
Denn die Zustimmung zu bestimmten Aussagen impliziert (mit hoher Wahr-
scheinlichkeit) auch die Zustimmung zu bestimmten anderen Aussagen, so wie die
Lösung bestimmter Aufgaben hohen Schwierigkeitsgrades die Lösung anderer Aufgaben mit einem niedrigeren Schwierigkeitsgrad impliziert. Dadurch wird das
Testen nicht nur genauer, sondern auch effizienter. Man bekommt ein präzises
Ergebnis auch mit einem geringeren Aufwand. Vielleicht sind Sie bei der Be-
urteilung von Schülern schon einmal intuitiv so vorgegangen, dass Sie einem
Schüler, den Sie für leistungsstark hielten, nur einige schwierige Aufgaben gestellt
haben. Wenn er die gelöst hat, das war Ihnen klar, würde er die einfacheren auch
lösen. Also warum ihm derartige zu einfache Aufgaben stellen? Das wäre doch
Zeitverschwendung.

Genauso verhält es sich mit Einschätzungsskalen, die eindimensional sind und
deren Items sich in eine Rangfolge bringen lassen, so dass man die Lösungswahrscheinlichkeiten vorhersagen kann. In diesem Fall genügt es, einige zum Personenparameter passende Items auszuwählen. Das setzt allerdings voraus, dass man
schon ungefähr weiß, wie stark das Persönlichkeitsmerkmal (die Fähigkeit, die
Überzeugung, die Motivation …) etwa ausgeprägt ist. Oft stehen solche Informationen bereits zur Verfügung oder können durch eine kleine Eingangserhebung
gewonnen werden.

Betrachten wir nun die drei Niveaustufen inhaltlich. Niveaustufe I wird von fast allen Schulleitungen (99%) erreicht. Schulleitungsmitglieder auf dieser Stufe haben Freude an der Leitungsrolle und denken, dass sie zur pädagogischen Wirksamkeit ihrer Schule einen Beitrag leisten, sie können neue Lehrkräfte gut ins Kollegium integrieren und haben das Gefühl, dass ihr Kollegium hinter ihnen steht. Man könnte diese Stufe die Minimalstufe nennen, weil sie von fast allen erreicht wird und wahrscheinlich eine Voraussetzung für den Verbleib in der Schulleitungsfunktion darstellt.

		trifft voll zu			trifft gar nicht zu
1.	Lehrkräfte werden durch mich angeregt, ihre berufliche Praxis zu reflektieren und eigene pädagogische Ideen zu entwickeln.	☐	☐	☐	☐
2.	Ich trage dazu bei, dass neue Lehrkräfte ihren Platz im Kollegium finden können.	☐	☐	☐	☐
3.	Ich rege die berufliche Weiterentwicklung der Lehrkräfte wesentlich an.	☐	☐	☐	☐
4.	Ich bekomme von meinen Mitarbeitern ohne Aufforderung Rückmeldung über meine Arbeit.	☐	☐	☐	☐
5.	Mir macht die Arbeit in der Leitungsrolle Freude.	☐	☐	☐	☐
6.	Ich erkenne Stärken und Schwächen meiner Kollegen und berate sie dahingehend.	☐	☐	☐	☐
7.	Lehrkräfte werden durch mich gestärkt.	☐	☐	☐	☐
8.	Mir gelingt es, an meiner Schule eine angemessene Feedbackkultur zu etablieren.	☐	☐	☐	☐
9.	Zu mir kommen Mitarbeiter, um sich beraten zu lassen.	☐	☐	☐	☐
10.	Die Gesundheit meiner Mitarbeiter kann ich positiv beeinflussen.	☐	☐	☐	☐
11.	Ich denke, dass meine Mitarbeiter durch mich dazu angeregt werden, neue Lehrkräfte gut ins Kollegium zu integrieren.	☐	☐	☐	☐
12.	Meine Arbeit wird von den Lehrkräften gewürdigt.	☐	☐	☐	☐
13.	Die Arbeit an der Schule läuft rund.	☐	☐	☐	☐
14.	Lehrkräfte berichten mir, dass sie nachhaltig von meiner Arbeit profitieren.	☐	☐	☐	☐
15.	Ich sorge dafür, dass an meiner Schule ein gutes Basiswissen für den weiteren Lebensweg der Schüler vermittelt wird.	☐	☐	☐	☐
16.	Ich kann mich darauf verlassen, dass mein Kollegium hinter mir steht.	☐	☐	☐	☐
17.	Ich sorge dafür, dass sich neue Lehrkräfte in das schulische Konzept einarbeiten.	☐	☐	☐	☐
18.	Ich habe das Gefühl, dass meine Arbeit eine positive Wirkung auf meine Schule hat.	☐	☐	☐	☐
19.	Ich schaffe es immer wieder, mein Kollegium zur Zusammenarbeit zu bewegen.	☐	☐	☐	☐

Abbildung 42: Skala erlebte Wirksamkeit von Schulleitungen

Auf Niveaustufe II, die von der Mehrheit (71%) ebenfalls noch erreicht wird, wird zusätzlich zu den bereits genannten Aspekten der eigenen Arbeit auch die eigene Beratungstätigkeit als wirksam erlebt, Stärken und Schwächen des Kollegiums werden nach eigener Einschätzung gut erkannt und die Arbeit an der Schule läuft reibungslos. Die Schüler bekommen genügend Basiswissen und das Kollegium wird zur Zusammenarbeit bewegt. Außerdem wird genügend Würdigung und Anerkennung der eigenen Arbeit erlebt. Man kann diese Stufe vielleicht als Normalstufe eines positiv getönten Erlebens der eigenen beruflichen Tätigkeit in der Leitungsfunktion bezeichnen.

Niveaustufe III, die höchste Stufe, wird nun allerdings nur von einer Minderheit der Schulleitungsmitglieder, nämlich von 44%, erklommen. Auf dieser Stufe kommt zu den bereits genannten Aspekten des positiven Wirksamkeitserlebens hinzu, dass sich Schulleitungen als wirksam im Hinblick auf die Gesundheit der Lehrkräfte in ihrem Kollegium, den Aufbau einer schulischen Feedbackkultur und positive Rückmeldungen von Seiten der Lehrkräfte über deren berufliche Entwicklung wahrnehmen. Nachhaltige, von den eigenen Lehrkräften auch gewürdigte Personalentwicklung, Feedbackkultur und Gesundheitsförderung im Kollegium könnten demnach die höchste Stufe der erlebten Wirksamkeit darstellen, sozusagen die hohe Schule des (erlebten) Schulmanagements. Wir können diese Stufe als Optimalstufe bezeichnen. Dass gut zwei Fünftel der von uns bisher befragten Schulleitungen sich auf dieser Stufe befinden, bedeutet noch nicht, dass diese Stufe leicht erreichbar wäre. Möglicherweise haben wir bisher zu wenige Schulleitungen erfasst, die bereits resigniert haben und sich deswegen zu ihrer Wirksamkeit ungern äußern.

Diese Aussagen beruhen auf Einschätzungen der Schulleitungen auf einer Ratingskala, nicht auf Messungen an anderen Personen. Trotzdem lassen sie Rückschlüsse auf die erlebte Effektivität im Umgang mit spezifischen Arbeitsaufgaben zu. Es ist sehr wahrscheinlich, dass Schulleitungen mit hoher gefühlter Effektivität auch gesünder und zufriedener sind. Diese Annahme ist bisher jedoch noch nicht überprüft worden.

Schülerinteresse

Die Skala misst, wie hoch eine Lehrkraft das Interesse ihrer Schüler an den Inhalten des Unterrichts einschätzt. Ein wesentlicher Inhalt der Skala ist neben der wahrgenommenen Neugier und dem Interesse vor allem die Konzentration der Lernenden. Indikatoren dafür werden in Items zu selbstständigem Arbeiten und oft benötigten Hilfestellungen abgefragt. Eine weitere semantische Subdimension stellen die Aussagen zu dem außerunterrichtlichen Interesse an den Lerninhalten und, damit verbunden, zu der Nachhaltigkeit des Wissenserwerbs dar. Die Nachhaltigkeit wird vor allem dadurch erreicht, dass die Schüler eben nicht der Note wegen, sondern der Sache halber lernen und Interesse zeigen. In der folgenden Abbildung sind alle 16 Items der Skala aufgeführt.

Schülerinteresse
(α = 0,879; M = 44,12; SD = 6,76; Min = 22, Max = 62)

		trifft voll zu			trifft gar nicht zu
1.	Es herrscht ein tolles Arbeitsklima in der Klasse.	□	□	□	□
2.	Meine Schüler zeigen viel Neugier und Interesse.	□	□	□	□
3.	* Ich bezweifle, dass die Schüler in meinem Unterricht konzentriert bei der Sache sind.	□	□	□	□
4.	* Die Schüler fertigen nur selten Hausaufgaben an.	□	□	□	□
5.	* Die Schüler brauchen ständige Aufsicht, um ein Thema/eine Aufgabe korrekt bearbeiten zu können.	□	□	□	□
6.	Die Schüler arbeiten motiviert und selbstständig am Unterrichtsgeschehen mit.	□	□	□	□
7.	Meine Schüler beschäftigen sich auch außerhalb des Unterrichts freiwillig mit dem Unterrichtsstoff.	□	□	□	□
8.	* Nach Klassenarbeiten vergessen die meisten Schüler die erworbenen Kenntnisse.	□	□	□	□
9.	* Ich glaube nicht, dass das Fach, welches ich überwiegend unterrichte, meine Schüler wirklich interessiert.	□	□	□	□
10.	Meine Schüler arbeiten selbstständig und sind wissbegierig.	□	□	□	□
11.	Die Schüler sind bei mir mehr an der Sache als an Noten interessiert.	□	□	□	□
12.	* Die Schüler sind oft abgelenkt und nicht bei der Sache.	□	□	□	□
13.	* Ich habe oft das Gefühl, die Schüler gehen nur in den Unterricht, weil es Pflicht ist und nicht, weil es sie vorwärts bringt.	□	□	□	□
14.	Ich traue meinen Schülern zu, dass sie lernen wollen.	□	□	□	□
15.	* Ich habe häufig das Gefühl, dass viele Schüler sich in meinem Unterricht langweilen.	□	□	□	□
16.	* Ich habe nur wenige Anhaltspunkte zur Bewertung meiner pädagogischen Arbeit.	□	□	□	□

Abbildung 43: Skala zur Messung des Schülerinteresses nach Lehrereinschätzung

Bei dieser Skala liegt der empirische Mittelwert nahe beim theoretischen Mittelwert. Das heißt, dass die Lehrkräfte das Schülerinteresse insgesamt eher als durchschnittlich einschätzen und knapp die Hälfte der Lehrkräfte ein eher geringes Interesse wahrnimmt. Diese Skala weicht von den drei anderen insofern ab, als hier keine Verschiebung hin zum positiven Pol festzustellen ist. Das spricht auch gegen die mögliche Annahme, dass Lehrpersonen auf unsere Skalen zum arbeitsbezogenen Erleben insgesamt mit einer zum Positiven hin verzerrten Sichtweise reagieren („rosarote Brille"). Vielmehr wird die Qualität der eigenen Arbeit durchaus differenziert wahrgenommen.

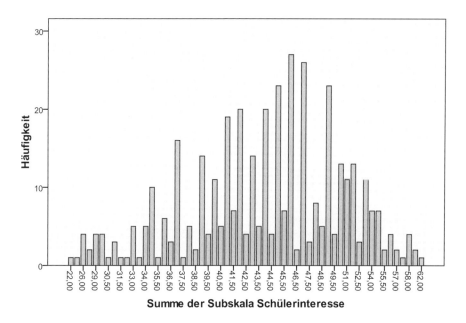

Summe der Subskala Schülerinteresse

Abbildung 44: Histogramm der Skala Schülerinteresse

Vertrauen/Zutrauen

Wie sehr eine Lehrkraft ihren Schülern vertraut und ihnen etwas zutraut ist der Fokus dieser Skala. Die Items zum Vertrauen überprüfen, ob eine Klasse in bestimmten Arbeitsphasen allein gelassen werden kann und ob die Schüler der befragten Person auch persönliche Dinge anvertrauen. Vertrauensbildende Reaktionen der Lernenden wie Zeigen von Respekt oder Honorieren von guten Leistungen der Lehrkraft gehören ebenfalls zum Repertoire der Skala. Die semantisch vom Vertrauen getrennte Subdimension des Zutrauens wird vor allem durch folgende zwei Inhalte gebildet: zum einen durch eine Aussage zur Wirkung von leistungsbezogenen Erwartungshaltungen auf die Schüler und zum anderen durch eine Aussage zur Bereitschaft von leistungsstarken Lernenden, die schwächeren zu unterstützen. Das allgemeine Vertrauen der Lehrkraft, an der Schule etwas bewegen zu können, wird ebenfalls gemessen.

Wohlbefinden im Arbeitsumfeld

Die Skala überprüft, wie wohl sich eine Person in ihrem schulischen Arbeitsumfeld fühlt. Dabei wird im Sinne transaktionaler Modelle davon ausgegangen, dass Person und Arbeitsumfeld einander wechselseitig beeinflussen. Je positiver eine Person ihr Arbeitsumfeld erlebt, umso besser ist es ihr gelungen, die zu ihr passenden Arbeitsbedingungen zu finden oder herzustellen. Dieses Merkmal ist wichtig für die Unterstützung der pädagogischen Tätigkeit. Eine hohe Ausprägung deutet darauf hin, dass Lehrkräfte sich durch ihr Arbeitsumfeld gut unterstützt fühlen. Besonders diese Dimension ist für die Steuerung von Schulentwicklung interessant. Im Einzelnen besteht die Skala aus Einschätzungen des Arbeitsklimas, des Schulgebäudes und der Lehrmethoden, der technologischen Ausstattung und der ästhetischen Qualität der Arbeitsumgebung.

Sie können mit dieser Skala einmal Ihr eigenes Wohlbefinden im Arbeitsumfeld einschätzen, indem Sie Ihren individuellen Summenscore berechnen. Sie können aber auch die einzelnen Aussagen (Items) durchgehen, um sich vor Augen zu führen, welche Ihrer Arbeitsbedingungen Sie positiv sehen und wo es Ihrem Empfinden nach hapert. Beispielsweise könnte es um das Arbeitsklima gut bestellt sein, während das Gebäude und die technische Ausstattung von Ihnen als mangelhaft wahrgenommen werden.

	Wohlbefinden im Arbeitsumfeld (α = 0,846; M = 32,27; SD = 4,45; Min = 17, Max = 40)	trifft voll zu			trifft gar nicht zu
1.	Das Arbeitsklima an unserer Schule (Schüler–Schüler/Lehrer–Schüler/Lehrer–Lehrer) ist angenehm.	□	□	□	□
2.	Die Atmosphäre in unserer Schule trägt zu einem positiven Miteinander bei.	□	□	□	□
3.	Im Schulgebäude hier kann man sich wohlfühlen.	□	□	□	□
4.	* Die Lehrmethoden unserer Schule sind vollkommen überholt und einseitig.	□	□	□	□
5.	An unserer Schule wird auch die soziale Kompetenz gefördert und das Gemeinschaftsgefühl gestärkt.	□	□	□	□
6.	In unserer Schule werden die individuellen Fähigkeiten der Schüler besonders gefördert und hervorgehoben.	□	□	□	□
7.	* Die Möglichkeit, neue Technologien wie Computer und Internet kennenzulernen, wird unseren Schülern nicht geboten.	□	□	□	□
8.	* In unserem Kollegium herrschen große Unstimmigkeiten.	□	□	□	□
9.	Das soziale Miteinander wird an unserer Schule sehr hochgehalten.	□	□	□	□
10.	Das Arbeitsumfeld an meiner Schule gefällt mir.	□	□	□	□

Abbildung 45: Skala zur Messung des Wohlbefindens im Arbeitsumfeld

Das nachfolgende Histogramm zeigt, dass diese Skala rechtssteil verläuft, das heißt, hier sind hohe Werte besonders häufig.

Summe der Subskala Wohlbefinden im Arbeitsumfeld

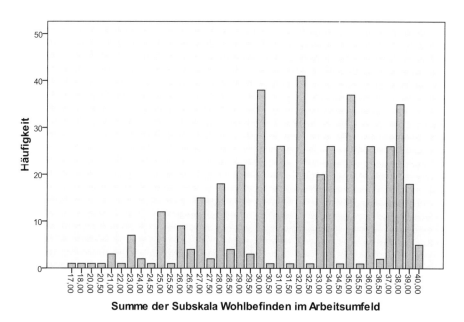

Abbildung 46: Histogramm der Skala „Wohlbefinden im Arbeitsumfeld"

Im Rahmen eines Forschungsprojekts konnten wir Zusammenhänge zwischen dem Wohlbefinden im Arbeitsumfeld und anderen Variablen untersuchen. Dabei zeigte sich, dass sich das Wohlbefinden sehr gut vorhersagen lässt, wenn wir vier Variablen berücksichtigen: ein effizientes Schulmanagement mit klaren Zuständigkeiten, ein positives Sozialklima im Kollegium, ein positives Lehrer-Schüler-Verhältnis und eine gute Integration neuer Kollegiumsmitglieder (vgl. Abbildung 47). Offenbar ist für das Wohlbefinden im Arbeitsumfeld von großer Bedeutung, wie die sozialen Kontakte wahrgenommen werden und wie die Schulleitung erlebt wird. Jede einzelne der drei Kontaktarten (zu den Schülern, zu den Kollegen, zur Schulleitung) hat dabei einen eigenständigen Einfluss. Daraus kann man ableiten, dass es bereits zum Wohlbefinden im Arbeitsumfeld beiträgt, ganz gezielt die Beziehungen zu einer der drei Gruppen zu pflegen und zu verbessern.

Schulleitungen können daraus den Schluss ziehen, dass ein effizientes Management mit klaren Zuständigkeiten und einer übersichtlichen Aufgabenverteilung erheblich zum Wohlbefinden des Kollegiums beiträgt.

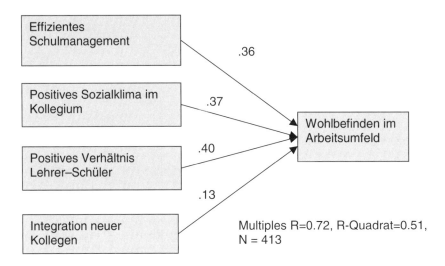

Abbildung 47: Ergebnisse der Regressionsanalyse zum Wohlbefinden im Arbeitsumfeld, standardisierte Betakoeffizienten, Quelle: eigene Datenanalysen 2010

Subjektivität und Objektivität

Im Hinblick auf die Verwendung standardisierter Verfahren bei der Messung subjektiver Einschätzungen und Befindlichkeiten wird oft eingewendet, solche subjektiven Phänomene könne man gar nicht objektiv erfassen. Aus diesem Grund seien standardisierte Messverfahren („Tests" im weitesten Sinne) unangebracht. Dabei liegt meist ein Missverständnis zugrunde. Es ist sehr wohl möglich, subjektive Wahrnehmungen, Einschätzungen und Bewertungen objektiv zu erfassen. Damit ist nämlich nur gemeint, dass die Erfassung der subjektiven Phänomene von den subjektiven Erwartungen und Einstellungen der messenden Person unabhängig sein soll. Wenn Sie also Ihre Schüler mit einem Fragebogen testen, um herauszufinden, wie interessant die Schüler Ihren Unterricht finden, dann erfassen Sie ein subjektives Phänomen mit einer objektiven Methode, weil das Ergebnis von Ihren persönlichen Wünschen und Erwartungen unabhängig ist (oder sein sollte).

Wie ist es aber, wenn Sie sich sozusagen selbst testen, Ihr eigenes Wohlbefinden im Arbeitsumfeld überprüfen, und zwar mittels eines Fragebogens? Ist das subjektiv oder objektiv? Die salomonische Antwort lautet: beides. Denn Sie erfassen an sich selbst ein subjektives Phänomen, aber mit einer objektivierenden Methode. Stellen Sie sich vor, dass Sie einen kleinen Fremdkörper aus Ihrer Haut ziehen wollen, der Ihnen Schmerzen bereitet. In diesem Fall fühlen Sie Schmerz, aber um den Splitter herauszuziehen, beobachten Sie sich selbst, untersuchen die betreffende Hautpartie, möglicherweise mit einer Lupe, bevor Sie mit der Pinzette zupacken und ziehen. In diesem Fall beobachtet ein Teil Ihres Selbst einen anderen Teil, wobei der beobachtende Teil einen objektiven Standpunkt einnehmen kann (trotz der Schmerzen). Ähnlich gehen Sie vor, wenn Sie einen Fragebogen zu Ihrer

Gesundheit oder zu Ihrer erlebten Wirksamkeit ausfüllen, um das Ergebnis anschließend für sich selbst zu nutzen oder mit anderen zu kommunizieren. Sie gehen auf Distanz zu sich selbst und objektivieren das subjektive Phänomen.

5.4 Zufriedenheit und Glück im Beruf – eine Utopie?

Utopien sind Nirgendorte. Es gibt sie nicht, jedenfalls nicht in der Wirklichkeit. Die Schule als Ort, an dem sich Lehrende und Lernende wohlfühlen und ihr Selbst weiterentwickeln, ist das mehr als eine Utopie?

Der Lehrerberuf gilt, wie wir inzwischen wissen, als anstrengend, anspruchsvoll, riskant und oft zermürbend. Wie steht der Lehrerberuf im Vergleich zu anderen Berufen objektiv da? In der Beanspruchungsforschung wird von arbeitsbezogenen Verhaltens- und Erlebensmustern (AVEM) gesprochen, um wichtige Dimensionen gesundheitsrelevanten Handelns und Erlebens zu erfassen und auf einer validen diagnostischen Grundlage Vergleiche zwischen Berufsgruppen, aber auch zwischen Individuen zu ermöglichen (Schaarschmidt 2005). Schaarschmidt und Kieschke haben vier Muster des Verhaltens und Erlebens herausgearbeitet, die in der nachfolgenden Abbildung dargestellt sind.

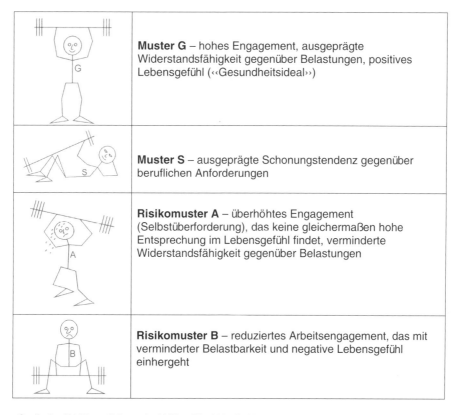

	Muster G – hohes Engagement, ausgeprägte Widerstandsfähigkeit gegenüber Belastungen, positives Lebensgefühl («Gesundheitsideal»)
	Muster S – ausgeprägte Schonungstendenz gegenüber beruflichen Anforderungen
	Risikomuster A – überhöhtes Engagement (Selbstüberforderung), das keine gleichermaßen hohe Entsprechung im Lebensgefühl findet, verminderte Widerstandsfähigkeit gegenüber Belastungen
	Risikomuster B – reduziertes Arbeitsengagement, das mit verminderter Belastbarkeit und negative Lebensgefühl einhergeht

Quelle der Abbildung: Schaarschmidt/Kieschke 2007, S. 23

Abbildung 48: Risikomuster nach Schaarschmidt/Kieschke

Dabei fallen zwei Risikomuster ins Auge: Bei Risikomuster A steht ein überhöhtes Engagement im Vordergrund, verbunden mit einer mangelnden Fähigkeit, eine klare Grenze zwischen der Arbeit und anderen Lebensbereichen zu ziehen. Trotz hoher Anstrengung wird keine positive emotionale Befindlichkeit erlebt. Entscheidend sind offenbar die eher negativ getönten Gefühle im Zusammenhang mit hoher Beanspruchung. Personen mit diesem Muster sind gesundheitlich besonders gefährdet. (Schaarschmidt 2005, S. 26). Bei Risikomuster B ist eine hohe Resignationstendenz auffällig, hinzu kommen ein ausbleibendes Erfolgserleben im Beruf und eine generelle Lebensunzufriedenheit. Das Arbeitsengagement ist reduziert, bei geringer Fähigkeit, auf Distanz zur Arbeit zu gehen. Personen mit diesem Muster sind burnoutgefährdet. (Schaarschmidt 2005, S. 27). Sie können sich selbst mit dem AVEM testen, um festzustellen, welchem Muster Ihr eigenes Verhalten und Erleben am nächsten kommt. Dazu gibt es einen Fragebogen, der aus 66 Items besteht und im Anhang des Buches von Schaarschmidt vollständig abgedruckt ist.

Zeichnet sich der Lehrerberuf nun tatsächlich durch besondere Risiken für die seelische Gesundheit aus, wenn wir ihn mit anderen Berufen vergleichen? Betrachten wir die Häufigkeiten der beiden Risikomuster (Muster A und Muster B zusammengenommen) in verschiedenen Berufen:

- Lehrer: 59%
- Strafvollzugsbeschäftigte: 40%
- Polizisten: 35%
- Feuerwehrleute: 25%
- Pflegepersonal: 42%
- Existenzgründer: 44%
- Erzieher: 42%
- Beschäftigte im Sozialamt: 55% (Schaarschmidt 2005, S. 42f.)

Nur die Beschäftigten im Sozialamt weisen eine annähernd hohe Häufigkeit bei den Risikomustern auf wie die Lehrkräfte. Dieser Befund und andere Forschungsergebnisse deuten darauf hin, dass der Lehrerberuf tatsächlich mit ungewöhnlich hohen Beanspruchungen einhergeht und besondere gesundheitliche Risiken aufweist.

Übung

Legen Sie sich eine kleine Tabelle an, für jeden Wochentag von Montag bis Sonntag sehen Sie eine Spalte vor. Beobachten Sie sich selbst eine Woche lang und halten Sie fest, wie viele Minuten Sie für die Unterrichtsnachbereitung und Unterrichtsvorbereitung zusammen aufwenden.

Tragen Sie nach einer Woche Ihre Werte in ein Diagramm ein (siehe Abbildung 49). Vergleichen Sie Ihr persönliches Ergebnis mit den in Abbildung 50 dargestellten Forschungsergebnissen zum Zeitaufwand in Abhängigkeit vom AVEM-Muster.

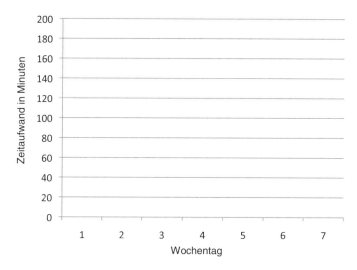

Abbildung 49: Zeitaufwand für die unterrichtsbezogene Hintergrundarbeit

Wie Abbildung 50 belegt, bringen Personen des Risikomusters A die mit Abstand meiste Zeit für Unterrichtsvorbereitung auf, gefolgt von Personen des Risikomusters B, also den Personen, die burnoutgefährdet sind. Bemerkenswert ist, dass Personen des G-Typs den geringsten zeitlichen Aufwand treiben. Beachten Sie auch den nicht unproblematischen Anstieg der Arbeitszeiten am Sonntag!

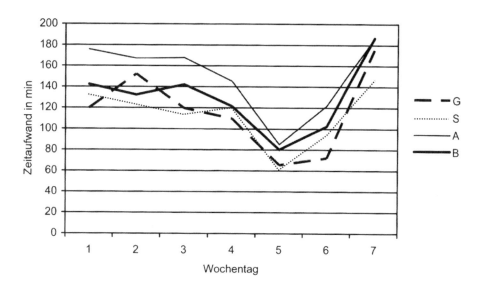

Quelle der Abbildung: Schaarschmidt/Kieschke 2007, S. 66

Abbildung 50: Zeitaufwand für die unterrichtsbezogene Hintergrundarbeit nach AVEM-Mustern

Eine Studie von Klusmann u.a. (2006) belegt in diesem Zusammenhang sehr interessante und aufschlussreiche Zusammenhänge zwischen AVEM-Mustern und Unterrichtsqualität aus der Sicht von Schülern. Gemessen wurden sechs Merkmale der Unterrichtsqualität. Bei vier dieser Merkmale zeigten sich signifikante Unterschiede zwischen den Lehrkräften je nach AVEM-Profil. Gesunde Lehrkräfte interagieren im Unterricht eher langsamer, finden also ein angemessenes Interaktionstempo ohne Hektik. Außerdem fördern sie die kognitive Selbstständigkeit besser, zeigen eine deutlicher erkennbare soziale Orientierung (Interesse an jedem einzelnen Schüler und seinem Befinden und Fortkommen). Und schließlich werden sie als gerechter erlebt. Leider untersucht die Studie keine Kompetenzzuwächse, sondern nur Prozessmerkmale des Unterrichts. Es wäre ja sehr spannend, zu wissen, ob seelisch gesunde Lehrkräfte kompetentere Schüler haben. Trotzdem sind die Ergebnisse weiterführend.

Dabei erreichen die Lehrkräfte mit dem A-Profil (Selbstüberforderung) trotz Ihres höheren Zeitaufwandes keine bessere Unterrichtsqualität. Am besten schneidet ja der G-Typ ab, der am wenigsten Zeit für die Vor- und Nachbereitung von Unterricht aufwendet. Auch der S-Typ, der weniger Zeit als die beiden Risikotypen aufwendet, schneidet nicht schlechter ab als der A-Typ. Einige Ergebnisse sind in der folgenden Tabelle zusammenfassend dargestellt. Erinnern Sie sich daran, dass es sich, wie so oft, um vierstufige Ratingskalen handelt, mit einem theoretischen Mittelwert von 2,5.

Tabelle 10: Merkmale der Unterrichtsqualität in Abhängigkeit vom AVEM-Muster
Quelle der Daten: Klusmann u.a. (2006), S. 170

Merkmal	Typ G N=98	Typ S N=73	Typ A N=90	Typ B N=83	F*	Eta-Quadrat**
Störung im Unterricht (Mittelwerte)	2,47	2,42	2,49	2,53	<1	
Interaktionstempo (Mittelwerte)	2,30	2,46	2,48	2,49	4,37**	0,041
Kognitive Selbstständigkeit (Mittelwerte)	2,80	2,75	2,73	2,69	3,03*	0,029
Sozialorientierung (Mittelwerte)	2,79	2,56	2,54	2,46	7,39**	0,068
Gerechtigkeitserleben (Mittelwerte)	3,14	3.02	2,99	2,93	4,32**	
Kränkung (Mittelwerte)	1,85	1,92	2,00	2,06	2,42	0,041

* Der F-Test wird verwendet, um die Unterschiede auf Signifikanz zu prüfen.

** Eta-Quadrat ist ein Maß für die Effektstärke.

Was lässt sich aus der Verknüpfung der Befunde aus diesen verschiedenen Untersuchungen ableiten? Die wichtigste praktische Schlussfolgerung besteht darin, dass wir Interventionsmöglichkeiten beim Zeitmanagement und bei der Einplanung von Regenerationsmöglichkeiten deutlich erkennen. Inzwischen gibt es entsprechende Interventions- und Trainingsansätze, mit recht guten Ergebnissen. An der Universität Potsdam wurde ein entsprechendes Trainings- und Beratungsmodell entwickelt, dessen Grundlage eine individuelle Auswertung und Interpretation der AVEM-Daten bildet. Ansatzpunkt für die Beratung sind dabei die Risikomuster.

Dazu finden Sie im folgenden Kasten einen knapp gefassten Fallbericht, der zeigt, wie Test und Beratung ineinandergreifen. Wir entnehmen diesen Fallbericht dem Buch von Schaarschmidt/Kieschke und haben uns dabei einige Kürzungen und Freiheiten erlaubt, die aber keine substanziellen Änderungen beinhalten.

Fallbericht Frau K. (nach Schaarschmidt/Kieschke 2007, S. 152f.)

Frau K., Mathematik- und Musiklehrerin mit 24jähriger Berufserfahrung, kommt in die Beratung, weil sie an der Grenze ihrer Belastbarkeit angekommen ist. Etwas muss sich grundlegend ändern, so wie bisher geht es einfach nicht weiter. Sie wird mit dem AVEM getestet. Das Ergebnis ist ein klares Muster-A-Profil. Sie neigt also zur Selbstüberforderung, und ihre Widerstandsfähigkeit im Umgang mit Belastungen ist herabgesetzt. Sie hat hohe Werte beim Perfektionsstreben und der Verausgabung, niedrige Werte bei der Distanzierungsfähigkeit und inneren Ruhe und Ausgeglichenheit. Auch die Lebenszufriedenheit ist herabgesetzt. Im Beratungsgespräch wird geklärt, dass ihre gegenwärtige Situation an ihrer Schule völlig verfahren ist. Sie beschließt, unterstützt durch den Berater, die Schule zu wechseln. Außerdem werden Veränderungsmöglichkeiten herausgearbeitet, die sich auf durch die AVEM-Diagnostik nachgewiesene problematische Bereiche des Verhaltens und Erlebens von Frau K. beziehen. Dabei geht es konkret um den Abbau überhöhter Perfektionsansprüche und Ungeduld sowie die Förderung von Erholung und Entspannung. Auch hierzu werden konkrete Vorschläge ausgearbeitet und praktisch umgesetzt.

Nach drei Monaten wird der AVEM-Test erneut eingesetzt, um zu prüfen, ob die erwünschten Veränderungen im Erleben und Verhalten eingetreten sind. Dabei wird eine Verschiebung vom A-Muster zu Tendenzen des G-Musters festgestellt. Innere Ruhe und Gelassenheit sowie allgemeine Lebenszufriedenheit und berufliches Erfolgserleben haben zugenommen.

Beachten Sie, wenn Sie dieses erfreuliche Fallbeispiel betrachten, dass die Beratung ganz entscheidend von der Diagnostik mit dem AVEM gestützt wird. Die Klientin entwickelt in der Beratung sehr aktiv eigene Lösungsvorschläge. Dieser individuelle Prozess wird gefördert durch die standardisierte Messung des Profils der hoch engagierten Lehrerin. Der Erfolg der Beratung wird schließlich auch an der Veränderung der Testwerte gemessen. Ganz wichtig ist die nachgewiesene Steigerung der allgemeinen Lebenszufriedenheit. Beruflich bedingtes Unglücklichsein wird also deutlich reduziert. Das Arbeitsumfeld wurde gewechselt, weil die

Wiederherstellung des Wohlbefindens im alten Arbeitsumfeld nicht möglich erschien. Wie wir zeigen konnten, sind hierfür ja die guten Beziehungen zu Schülern, Kollegen und Schulleitung ausschlaggebend. Und diese Beziehungen waren im Fall von Frau K. schwerwiegend beeinträchtigt.

Es gibt noch andere Tests und Fragebögen, mit denen Sie seelische Erschöpfung und Burnout messen können. Eines dieser Instrumente ist der MBI nach Maslach, der seit Jahrzehnten immer wieder eingesetzt wird und in vielen Studien verwendet wurde, um Bedingungen des Burnoutprozesses zu ermitteln. (vgl. Körner 2003)

In der folgenden Tabelle finden Sie die Items der Subdimension „Emotionale Erschöpfung" aus diesem Fragebogen. Sie können sich kurz selbst testen. Wenn Sie einen Summenscore von mehr als 27 Punkten erreichen, sollten Sie sich möglichst umgehend beraten lassen.

Schauen Sie sich bitte die Aussagen einmal genauer an. Gibt es einzelne Aussagen, bei denen Sie „häufig" angegeben haben? Wenn dies der Fall ist, überlegen Sie, wie es zu diesem speziellen Aspekt der Erschöpfung bei Ihnen kommt.

Tabelle 11:   Aussagen der Subskala „Emotionale Erschöpfung" des MBI zur Messung von Burnout

	nie (1)	selten (2)	häufig (3)	immer (4)
Ich fühle mich von meiner Arbeit emotional ausgelaugt.				
Ich fühle mich am Ende eines Arbeitstages geschafft.				
Ich fühle mich erschöpft, wenn ich morgens aufstehe und wieder einen Arbeitstag vor mir habe.				
Tagaus, tagein mit Menschen zu arbeiten bedeutet wirklich eine Anspannung für mich.				
Ich fühle mich ausgebrannt von meiner Arbeit.				
Ich fühle mich frustriert in meinem Beruf.				
Ich fühle, dass ich in meinem Beruf zu hart arbeite.				
Es bedeutet für mich zu viel Stress, direkt mit Menschen zu arbeiten.				
Ich habe das Gefühl, als ob ich am Ende wäre.				

Wir möchten die Situation von Lehrerinnen und Lehrern nun aber aus einer anderen Perspektive betrachten. Statt an Defiziten und Problemen, an Belastungen und Stresserfahrungen anzusetzen, fragen wir: Was an diesem Beruf macht Menschen zufrieden und trägt zu ihrem Wohlbefinden bei? Können Menschen in diesem Beruf glücklich werden und am Ende ihrer Berufsbiographie auf ein erfülltes Leben zurückblicken?

Die Antwort hängt gewiss auch davon ab, wie man Glück definiert (hierzu Bauer 2009). Halten wir uns an die Vorschläge der empirischen Glücksforschung (Seligman 2002), ist Glück möglich, aber nicht unbedingt die Regel.

In Anlehnung an die Arbeiten von Seligman kann Glücklichsein als Einverstandensein mit sich und dem eigenen Leben in der Welt betrachtet werden, begleitet von häufigen Erlebnissen der Freude, der Zufriedenheit und des Wohlbefindens, also als ein Charakterzug oder Persönlichkeitsmerkmal (trait). Im Unterschied dazu kann Glück natürlich auch als außergewöhnlicher Zustand intensiv empfundener Freude im Sinne eines „Schwebens im siebten Himmel" (state) oder als Flowerleben (Cszikzentmihalyi 1992) betrachtet werden. Von dieser zweiten kurzlebigen Art von Glück ist hier nicht die Rede. Der Ethnologe Bargatzky schreibt zur Relativität des Glücksbegriffs: „Wenn es auch keinen verbindlichen Glücksbegriff gibt, auf den sich die Wissenschaften einigen könnten, so haben wir doch alle eine Vorstellung davon, was es heißt, glücklich zu sein. Wir dürfen Glück als eine transkulturelle anthropologische Universalie voraussetzen, als Ausdruck der biotischen und psychischen Einheit der Menschen." (Bargatzky 2002, S. 96)

Glück zeigt sich also in einem tief empfundenen dauerhaften Wohlbefinden, das auf einer geistigen Grundlage entsteht, die als innerer Reichtum erlebt wird. Empirisch operationalisieren lässt sich Glück als persönlicher Zug beispielsweise mittels Skalen wie der folgenden:

„Ganz allgemein halte ich mich nicht für einen glücklichen Menschen … für einen sehr glücklichen Menschen" (Skala von 1 bis 7) oder: „Verglichen mit den meisten Menschen meines Alters halte ich mich für weniger glücklich … glücklicher" (Skala von 1 bis 7). Der von Seligman und Mitarbeitern eingesetzte Test besteht aus vier derartigen Items. (Seligman 2002, S. 86f.)

Die Beanspruchungsforschung zeigt, dass es auffällig vielen Lehrkräften besonders schwer fällt, sich innerlich von ihrer Arbeit und den damit verbundenen negativen Gefühlen zu lösen. Beeinträchtigt ist nicht nur ihre Leistungsfähigkeit, sondern ihr gesamtes Lebensgefühl. Wie lässt sich dem entgegenwirken? Oder, positiv formuliert, was können Lehrpersonen tun, um gesund zu bleiben, sich wohl zu fühlen und glücklich zu werden?

Wir wollen hier eine Antwort geben, die nicht allzu kompliziert ausfällt und die tatsächlich auf den Lehrerberuf zugeschnitten ist. Außerdem soll unsere Antwort einen Bezug zu empirischen Forschungsergebnissen haben. Wir sehen vier Ansatzpunkte oder Entwicklungsaufgaben:

1. Die erlebte Wirksamkeit überprüfen und verbessern

Neben der Berufszufriedenheit hat die erlebte pädagogische Wirksamkeit nach unseren Untersuchungen (Bauer/Kemna 2009a und 2009b) den stärksten hemmenden Einfluss auf den Burnoutprozess. Wir haben oben ein Instrument zur Messung der erlebten Wirksamkeit vorgestellt, das die erlebte Wirksamkeit insgesamt erfasst. Sie können für sich aber auch spezifische Wirksamkeiten definieren, die Ihnen besonders wichtig sind und in denen Sie Verbesserungen für erreichbar halten.

2. Lernen, sich zu distanzieren und gelassener zu werden

Das folgende kleine Messinstrument ist dem Selbsttest von Herlt/Schaarschmidt (2007) entnommen. Sie können damit kurz Ihre eigene Fähigkeit testen, sich innerlich von der Arbeit und den damit verbundenen Sorgen zu lösen und abzuschalten. Diese Fähigkeit ist offenbar wichtig, um sich gut erholen zu können und wieder Kraft für den Arbeitsprozess zu gewinnen. Wir hatten oben ja schon gesehen, dass seelisch gesunde Lehrkräfte vor allem an den Wochenenden deutlich weniger Zeit für die Unterrichtsvorbereitung und Hintergrundarbeit aufwenden. Deshalb steht ihnen mehr Zeit für die Regeneration zur Verfügung.

	Über- haupt nicht (1)	überwie- gend nicht (2)	teils/teils (3)	überwie- gend (4)	völlig (5)
1. Ich verstehe es, Arbeit und Erholung in Einklang zu bringen.					
2. In meiner Freizeit gelingt es mir gut, mich zu entspannen und zu erholen.					
3. Mir fällt es schwer, abzu- schalten. (-)					

Quelle der Skala: Herlt/Schaarschmidt 2007, S. 228

Abbildung 51: Skala zur Erfassung der Distanzierungsfähigkeit

Wenn Sie alle drei Zeilen der Tabelle ausgefüllt haben, berechnen Sie bitte Ihren persönlichen Testrohpunktwert nach der folgenden Formel:

RP = 6 + Item 1 + Item 2 – Item 3. Item 3 müssen Sie abziehen, weil es ja umgekehrt gepolt ist. Deshalb wurde die 6 zuvor addiert.

Wenn Sie zwischen 11 und 15 Punkte erzielt haben, können Sie sich freuen. Wenn Sie deutlich darunter liegen, also etwa bei 3 bis 9 Punkten, fällt es Ihnen offenbar schwer, sich zu lösen. Sie können sich aber trotzdem freuen, denn Sie haben einen Ansatzpunkt für wohltuende Veränderungen in Ihrem Leben gefunden, die Sie sehr gut selbst steuern können.

Was kann man tun, um sich zu distanzieren? Grundsätzlich gilt, dass aktive Formen besser funktionieren als passive Versuche, sich ablenken zu lassen. Zu den aktiven Formen gehören Sport, interessante Aktivitäten, die nichts mit dem Beruf zu tun haben, aber auch der gezielt aufgesuchte Kontakt zu Menschen oder zur Natur.

Wir haben mit einer Gruppe von Schulleitungsmitgliedern eine Übung durchgeführt, um zu erfahren, wie sich diese stark belasteten pädagogischen Führungskräfte durch Distanzierung entlasten. Die Ergebnisse sind interessant. Bevor Sie sich damit befassen, machen Sie bitte folgende kleine Übung:

Übung

Was tun Sie, um eine Grenze zwischen Ihrer Arbeit und Ihrem sonstigen Leben zu ziehen?

Können Sie gut abschalten? Oder kommen Sie am Feierabend und in Pausen einfach nicht los von Gedanken, die um Ihre Arbeitsaufgaben kreisen?

Gibt es bei Ihnen „Feierabendrituale"?

In unserer kleinen Untersuchung an Schulleitungsmitgliedern haben wir folgende Methoden, Muster und Rituale gefunden, die der Distanzierung dienen:

- Sport, Körpertraining, Gartenarbeit: Diese Aktivitäten lassen sich gut zwischen Arbeit und arbeitsfreier Zeit einschieben, um die Grenze zu markieren. Wichtig ist es, sie regelmäßig einzusetzen.
- Rituale wie Umziehen und Wechsel des Ambiente: Wechsel der Kleidung und der Umgebung unterstützen das Selbst beim Umschalten auf einen anderen Modus. Nehmen Sie sich möglichst nur Arbeit mit nach Hause, wenn Sie dafür einen eigenen Ort haben.
- Einschieben von Pausen während des Tages: Nehmen Sie sich kurze Auszeiten schon während des Arbeitstages, zum Beispiel zum Einnehmen einer Mahlzeit oder einfach zur Entspannung, vielleicht unterstützt durch eine Entspannungs- oder Meditationstechnik.
- Wahrnehmung von Ehrenämtern: Das kann als positiver Stress und Ausgleich erlebt werden, besonders wenn die sozialen Kontakte dabei gut sind und Ihnen guttun.
- Musizieren: Wenn Sie kein Musikinstrument spielen, können Sie auch singen.
- Hausarbeiten wie Stricken, Putzen, Bügeln usw.: Diese einfachen Tätigkeiten sind nicht zu unterschätzen, weil Sie bei ihnen sofort eine positive Rückmeldung bekommen und Sie geistig abschalten können.
- Kochen: Damit können Sie sich selbst und anderen etwas Gutes tun, das schafft eine Atmosphäre der Behaglichkeit.
- Pläne für den Abend machen, die Zeit nach der Arbeit aufwerten: Der Abend und die freien Tage dienen der Regeneration, aber diese Zeiten haben außerdem ihren eigenen Wert. Nehmen Sie sich etwas vor, auf das Sie sich freuen.
- Die Heimfahrt angenehm gestalten: Wenn Sie „nach der Schule" aufs Fahrrad oder ins Auto steigen, können Sie schon anfangen, Ihre Aufmerksamkeit auf interessante Themen und Reize zu richten, die nichts mit der Arbeit zu tun haben. Sie können Musik oder Hörspiele hören oder den Anblick der Landschaft genießen.

Schauen Sie sich die Liste noch einmal an und überlegen Sie dann, ob für Sie etwas dabei ist, das Sie gern mal eine Weile ausprobieren möchten. Tauschen Sie sich mit Freunden und Kollegen über ihre Distanzierungsstrategien aus. Außer diesen Tätigkeiten gibt es auch eine Vielzahl von Methoden, sich *innerlich* zu lösen, also lästige und sorgenvolle Gedankenspiralen zu unterbrechen oder Katastrophen-erwartungen zu torpedieren. Dazu gibt es vielfältige Fortbildungsangebote und auch eine brauchbare Ratgeberliteratur. Hilfreich sind auch Hinweise aus der so genannten „Positiven Psychologie" (Auhagen 2008). So können Sie lernen, gelas-sener zu werden, indem Sie zunächst die Aufgabe lösen, sich an eigene Erfah-rungen zu erinnern. Und zwar geht es um Erfahrungen mit schwierigen Situa-tionen, in denen es Ihnen gelungen ist, die Lage zu meistern. Speziell für die Schule hat Reinhard Tausch Übungen entwickelt, die dazu dienen, die Sinn-erfahrung zu aktivieren.

Übung

Schreiben Sie auf ein Blatt Papier, was Sie in Ihrem Alltag als sinnvoll erfahren. Tauschen Sie Ihre Sinnerfahrungen mit anderen aus. Stellen Sie sich die Frage: Welche meiner Sinnerfahrungen kann ich stärken und fördern?
Überlegen Sie dann, wie Sie durch Ihr eigenes Verhalten dazu beitragen, dass andere Menschen mehr Sinn erfahren.

Erfahren Sie Sinn auch außerhalb Ihrer Arbeit? Wodurch?

(angeregt durch Tausch 2008, S. 111f.)

Tausch (2008, S. 102) referiert eine empirische Studie, der zufolge sich Sinn-erfahrungen vier Faktoren zuordnen lassen:
Faktor I: Sinn im Bereich des eigenen Inneren (Selbstvertrauen, Selbst-bestimmung)
Faktor II: Helfen, Verantwortung übernehmen, Sinnerfahrung in Partnerschaft und Familie
Faktor III: Erfolg, Karriere, Beruf, Ziele, Wünsche, sich etwas leisten zu können, Sport
Faktor IV: religiöser, spiritueller, philosophischer Glaube, Vorbilder, Akzeptieren des Unabänderlichen

Bemerkenswert ist, dass Sinnerfahrungen des ersten Faktors im Mittel als die sinn-erfüllendsten erlebt werden. Das verweist auf die große Bedeutung der Selbst-klärung und Selbstentwicklung für die Sinnerfahrung. Es belegt auch, dass Sinn-verluste bei der Arbeit durchaus durch Sinnerfahrungen in anderen Lebens-bereichen ausgeglichen werden können.

3. Lernen, Probleme anzupacken, statt ihnen auszuweichen

Grundsätzlich gibt es zwei konstruktive Möglichkeiten, mit Stress umzugehen. Man kann direkt an der Quelle ansetzen und die Stressquelle beseitigen. Oder man ändert seine Bewertung der Stressquelle. Eine weitere Möglichkeit besteht darin, die Stressquelle einfach zu vermeiden. Diese dritte Möglichkeit ist offenbar im Hinblick auf Wohlbefinden und Zufriedenheit die ungünstigste.

Übung

Gibt es in Ihrem pädagogischen Arbeitsumfeld ein Ärgernis, dem Sie aus dem Weg gehen, ohne dass es sich auflöst?
Können Sie sich vorstellen, dieses Ereignis als Stressquelle zu betrachten, auf die Sie zugehen?
Sehen Sie eine Möglichkeit, das Ärgernis durch eigenes Handeln zu beseitigen?
Wenn ja, dann machen Sie es heute noch.
Wenn nein, dann gibt es vielleicht eine andere Stressquelle, die Sie ärgert.

Beobachten Sie mit wohlwollendem Interesse eine Zeit lang Ihr eigenes Vermeidungsverhalten. Welchen Konfrontationen gehen Sie aus dem Weg? Welche Folgen hat das für Sie selbst?

4. Optimistisch denken lernen

Der berühmte Psychologe Martin Seligman (Seligman 2002), einer der Erfinder der empirischen Optimismusforschung, bezeichnet sich selbst eher als Pessimisten. Aber er sieht sich als Pessimisten, der gelernt hat, optimistisch zu denken. Dass unser Denken einen starken Einfluss darauf hat, wie wir uns fühlen und verhalten, gilt heute als gesichert. Auf dieser Annahme baut vor allem die kognitive Verhaltenstherapie auf. Sie hat Wege aufgezeigt, das eigene Denken so zu beeinflussen, dass auch die persönliche Zufriedenheit und die Wirksamkeit in Beruf und Alltag ansteigen. In diesem Zusammenhang gibt es einige Missverständnisse und unzulässige Vereinfachungen. Es geht nicht darum, die Realität schönzureden oder sich positiv getönte Gedanken zu machen, um sich danach besser zu fühlen. Vielmehr geht es darum zu lernen, das eigene Denken zu beobachten und mitunter auch zu steuern, um mit beruflichen Anforderungen und mit Stress besser zurecht zu kommen. Das lernt man am besten unter Anleitung eines entsprechend ausgebildeten Psychologen.

Geht es Ihnen im Großen und Ganzen gut und haben Sie dabei den Eindruck, dass Sie manchmal zu (übertriebenem) Pessimismus neigen, hilft es vielleicht, sich folgende Zusammenhänge zu verdeutlichen. Pessimisten neigen dazu, gute Lebensereignisse (Heute konnte ich das Interesse meiner Lerngruppe an meinem Thema wecken.) als spezifisch (situationsabhängig) und temporär (heute, aber sonst?) zu betrachten. Schlimme Ereignisse dagegen werden als permanent und allumfassend wahrgenommen (Ich kann ihr Interesse nicht wecken, und zwar nie, und das gilt für alle Themen). Optimisten dagegen erklären schlimme Ereignisse durch spezifische und temporäre Bedingungen (Heute war ich in der dritten Stunde in schlechter Verfassung), gute Ereignisse dagegen führen sie auf allgemeine und permanente Bedingungen zurück (Es gelingt mir immer wieder, meine Lernenden für die unmöglichsten Themen zu begeistern.).

Pessimistisches Denken

Erklärung	temporär	permanent
spezifisch	gute Ereignisse	
allumfassend		schlimme Ereignisse

Optimistisches Denken

Erklärung	temporär	permanent
spezifisch	schlimme Ereignisse	
allumfassend		gute Ereignisse

Abbildung 52: Wie Optimisten und Pessimisten denken

Seligman hat auf dieser Grundlage einen Test entwickelt, mit dem Sie Ihren Optimismus messen können. Falls Sie wenig optimistisch denken, können Sie üben, mit Ihren pessimistischen Gedanken eine Disputation zu veranstalten, um deren Wirkung abzuschwächen. Konfrontieren Sie Ihre Annahme, die schlimmen Ereignisse bei der Arbeit seien permanent und allumfassend, indem Sie Fragen stellen, etwa so:

Wie oft ist es wirklich passiert?
In welchen Situationen ist es wirklich passiert?
Ist auch einmal das Gegenteil passiert?
Gibt es typische Situationen, in denen das Gegenteil passiert ist?

Vielleicht werden Sie jetzt fragen: Aber wie realistisch sind denn optimistische Gedanken? Die gleiche Frage können Sie auch im Hinblick auf pessimistische Gedanken stellen. Wie realistisch sind diese? Entscheidend ist wohl nicht die Frage, wie realistisch die eine oder andere Sichtweise ist, sondern wie wir in unserem erklärenden Denken mit guten und schlimmen Ereignissen, mit Erfolgen und Rückschlägen umgehen. Im Lehrerberuf sind Rückschläge und Misserfolge, Verluste und Einbußen beinahe jeden Tag zu erwarten. Gerade deswegen ist es wichtig, sie auf spezifische und zeitlich begrenzte Bedingungen zurückzuführen.

5.5 Krisen und Schwellen

Bisher haben wir uns mit kontinuierlichen und kumulativen Veränderungen im Sinne von gezielten Verbesserungen beschäftigt. Die persönliche und professionelle Entwicklung von Menschen verläuft aber nicht immer stetig, geplant und in kleinen Verbesserungsschritten. Es gibt auch Situationen, in denen Veränderungen diskontinuierlich, sprunghaft und voller Überraschungen ablaufen. Solche Situationen werden manchmal einfach als Herausforderungen erlebt, oft aber auch als schwierige und gefährliche Phasen, in denen riskante Entscheidungen zu treffen sind. Manchmal sind wir auch einfach verwirrt, wie vor den Kopf geschlagen oder fühlen uns ohnmächtig. Dieser Zustand kann lange anhalten und zu einer quälenden Hilflosigkeit führen. Wir fühlen uns unter Stress und kommen nicht mehr zur Ruhe. So unangenehm, ja manchmal sogar unerträglich diese Situation für den ist, der sie durchlebt, so nützlich und förderlich kann sie zugleich für seine eigene Entwicklung sein. Die Destabilisierung der Persönlichkeit ist eine Voraussetzung für einen Neuanfang.

Wir verwenden hier den Begriff der Krise, um einen Zustand zu bezeichnen, in dem Menschen sich unter Druck gesetzt fühlen, an ihrer beruflichen Situation und ihrem professionellen Selbst oder auch an ihrer privaten Lebenssituation etwas grundlegend zu ändern. In diesem Kapitel werden wir uns also mit Krisen beschäftigen. Wir werden darstellen, wie Krisen verlaufen können und welche Rolle der Umgang mit Testverfahren bei der Auslösung und Bewältigung von Krisen spielen kann.

Zum Begriff der Krise

Krisen können dadurch ausgelöst werden, dass Menschen die Erfahrung machen, mit ihren Ressourcen eine schwierige Situation nicht gut bewältigen zu können. Haben Sie das selbst schon einmal erlebt? Vielleicht fehlten Ihnen Kompetenzen, vielleicht die nötige Übung, vielleicht aber auch die erforderliche Zuversicht und das entsprechende Selbstvertrauen. Wenn es Ihnen gelungen ist, die fehlenden Ressourcen zu beschaffen und so die Krise rasch zu bewältigen, sprechen wir von einer „kleinen Krise". Beispiele hierfür sind die Übernahme der Verantwortung für ein befristetes Projekt, die Durchführung einer Evaluation oder die Einarbeitung in neue Zielgruppen.

Stellen Sie aber zum Beispiel fest, dass Ihr professionelles Selbst und Ihr Arbeitsumfeld mit den entsprechenden Aufgabenprofilen derzeit nicht gut zusammenpassen, dann deutet das wahrscheinlich auf eine Krise hin, die durch einen leicht zu erzielenden Kompetenzzuwachs nicht so schnell bewältigt werden kann. In diesem Fall sprechen wir von einer „großen Krise". Solche großen Krisen treten, so nehmen wir an, vor allem dann auf, wenn Schwellen erreicht werden, die überwunden werden müssen, damit Ihre persönliche und berufliche Entwicklung weitergeht. Diese Schwellen können nur überwunden werden, wenn neue Denkstrukturen, Gefühle und Handlungsmuster aufgebaut werden. Warum das so schwierig und oft auch deprimierend ist, werden wir zu erklären versuchen.

Dass es bei der Krise um die Überwindung von Schwellen geht, deutet bereits die etymologische Herkunft des Begriffs an. Krise stammt vom griechischen Wort krísis und bedeutet dort so viel wie „Entscheidung" oder „entscheidende Wendung". Allgemein wird durch den Begriff also eine schwierige, gefährliche Lage oder Zeit beschrieben, ausgelöst durch die Erschütterung des inneren Gleichgewichts. Im Verlauf der Krise kann sich ein Geschehen dramatisch zuspitzen. Letztendlich geht es um die Notwendigkeit einer Entscheidung, die eine Wende hervorrufen kann.

Es kann auch sein, dass sich durch ein kleines oder großes – vielleicht sogar zufälliges – Ereignis ein neues Gleichgewicht ergibt. In diesem Fall werden die Ereignisse, welche die Krise auslösen, mit Erfolg abgeschmettert. Oder es kommt zu einer positiven oder negativen Veränderung, die tiefer geht, also zu einer Entwicklung oder Fehlentwicklung (vgl. Caplan 1964; Ulich 1987).

Wie Krisen verlaufen und wie Sie sich in einer Krise verhalten, ist unter anderem abhängig von der jeweiligen Situation, Ihrer Persönlichkeit und den zur Verfügung stehenden Bewältigungs- und Unterstützungsmöglichkeiten (vgl. Caplan 1964). Die Unterstützung kann etwa durch bedeutsame andere Personen erfolgen oder aber auch durch Rückmeldungen, die Ihnen helfen können, Ihr inneres Gleichgewicht wieder herzustellen.

Doch bevor wir zur Lösung von Krisen kommen, folgt eine kurze Darstellung zur Entstehung, zum Erleben und zum Verlauf von Krisen sowie zur Funktion dieses scheinbar lästigen und höchst unangenehmen Phänomens.

In der Sackgasse – erlebte Krise und Krisenreaktion

Zunächst nähern wir uns dem Phänomen der Krise aus geistes- und sozialwissenschaftlicher Sicht. Ein möglicher Ausgangspunkt ist die Theorie des Symbolischen Interaktionismus. Diese Theorie besagt vereinfacht Folgendes: Wir machen im Laufe unseres Lebens Erfahrungen, die unser Selbst konstituieren. An dieser Stelle unterscheiden wir nach Mead (1980) zwischen zwei Instanzen des Selbst: „me" und „I". Die erste Instanz, das „me", umfasst alle Erfahrungen, Einstellungen, Gewohnheiten und inneren Bilder, die uns zu dem machen, was wir heute sind, bzw. wie wir selbst und andere uns sehen. Das „me" ist also eine relativ konstante Größe, die sich nur schwer verändert. Wir bezeichnen diesen Teil des Selbst als einen dem Bewusstsein zugänglichen Teil des Kernselbst. Das „I" hingegen ist leichter veränderbar. Es beinhaltet alle aktuellen Erfahrungen, die wir täglich machen und in uns aufnehmen, und zwar in unterschiedlichsten Bereichen, wie etwa Freizeit, Beruf, Familie usw. Das „me" repräsentiert uns so, wie wir uns selbst sehen, es ist also die beobachtete Instanz. Das „I", und damit das aktuelle Selbst, hingegen ist die beobachtende und steuernde Instanz.

Nun kommt es regelmäßig vor, dass das neu Gesehene, also die neu gemachten Erfahrungen, von dem Altbekannten abweichen. Im Folgenden werden wir hierfür den Begriff der inneren Bilder verwenden. Wenn sich diese inneren Bilder des „me" und des „I" voneinander unterscheiden, dann ist das zunächst unbedenklich. Es kommt regelmäßig vor, dass wir Neues kennen lernen und dies in unser altes Schema integrieren – denn das ist es ja genau, was Bildung ausmacht. Wenn man dieses temporäre Ungleichgewicht genauer betrachtet, so zeichnet sich hier schon eine kleine Krise ab. Folgt man diesem Gedanken, so wäre die Krise also nicht mehr als Ausnahme, sondern als Regel zu betrachten, die geradezu notwendig für Bildungsprozesse ist (vgl. hierzu Oevermann 2002).

Spätestens wenn diese Diskrepanz der inneren Bilder länger anhält, vielleicht weil die auslösende Situation als besonders bedrohliche Belastungssituation erlebt wird bzw. die erprobten gleichgewichtsregulierenden Problemlösungsstrategien nicht greifen, kommt es zu einem weiteren Spannungsanstieg. Die betroffene

Person versucht mehrmals, alle Kraftreserven und unterstützenden Faktoren zu mobilisieren, greift sogar zu diversen Notfallstrategien und probiert alternative Lösungsmethoden aus. Wenn diese Lösungsversuche scheitern, erlebt sich die betroffene Person als zunehmend hilflos. Die Unterschiede zwischen inneren und äußeren Bildern werden subjektiv als unüberwindbar betrachtet, und jede weitere Anstrengung zur Reduktion dieser Unterschiede ist mit enormen inneren Widerständen verbunden.

Auf diesem Zenit der Krise angelangt, kommt die betroffene Person erfahrungsgemäß nicht aus eigener Kraft weiter. Zwar ist es notwendig, dass die Anstrengungen aufrechterhalten werden, aber zur Bündelung dieser Kräfte ist eine signifikante dritte Person oder eine höhere Instanz (etwa die Natur, Gott oder eine andere höhere Macht) hilfreich. In diesem Zusammenhang ist es nicht unüblich, dass sich wichtige Freundschaften oder Beziehungen intensivieren, oder andere, weniger zielführende, abgebrochen werden. Auf diesem Zenit kann es darüber hinaus zu sehr starken spirituellen oder ästhetischen Erfahrungen kommen, die den weiteren Verlauf der Krise entscheidend beeinflussen. Denn im Zuge dieser extremen Erlebnisse kann das „me" mit dem „I" wieder in eine gelingende Kommunikation treten, und die zuvor als unüberwindbar gesehenen Unterschiede werden in einem neuen Licht betrachtet.

Die betroffene Person erkennt plötzlich neue Optionen, die zuvor noch nicht verfügbar waren und sie spürt die Möglichkeit, sich für eine dieser Handlungsalternativen zu entscheiden. Das eigentlich Neue an diesen Entscheidungen ist deren grundlegender Charakter. Es geht zwar vordergründig um konkrete triviale Entscheidungen wie Umzug, Arbeitsplatzwechsel etc. Hintergründig beschäftigt sich das Selbst jedoch mit ganz zentralen Kategorien wie „Gefangenschaft" und „Freiheit", „Unglück" und „Glück" oder gar „Tod" und „Leben". Es stellt sich selbst in Frage.

Die Entscheidung für eine solche neue Option ist dann mit einer einschneidenden Selbstveränderung verbunden. Es kommt zu einem Wandel, einer „Veränderung zweiter Ordnung" (vgl. Watzlawick/Weakland/Fisch 1997), indem „me" und „I" sich aneinander annähern. Vor allem das sonst stabile „me" hat hier die Chance auf eine Veränderung. Diese „Modalisierung" (Marotzki 1990) selbst geht dann sehr langsam voran. Sie ist begleitet von zahlreichen Rückschlägen, die es notwendig machen, dass die Unterschiede zwischen den inneren und äußeren Bildern weiterhin bewusst gemacht und aktiv bearbeitet werden. Doch die betroffene Person ist insgesamt zufriedener und selbstbewusster als zuvor. Es wird auf einen Zustand hingearbeitet, den man als ganzheitliches Selbst beschreiben könnte. Die Krise ist dementsprechend nicht als negatives Ereignis zu betrachten, sondern vielmehr als eine notwendige Erschütterung, als eine Chance für Bildung und Wandel.

Wir erweitern unseren Blick auf die Krisenarten nun, indem wir auf Modelle der psychologischen und biologischen Stressforschung zugreifen (vgl. Cherniss 1999). Vielleicht hilft das folgende Modell der Stressverarbeitung, um Krisensituationen zu klären und für sich selbst Handlungsmöglichkeiten zu erkennen. Das Modell ist ein Versuch, den Prozess der Stressverarbeitung abzubilden, wobei zwei Möglichkeiten berücksichtigt werden: die Wendung nach außen und die Wendung nach innen, auf das eigene Selbst zu.

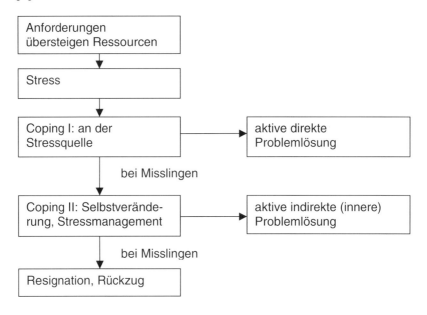

Abbildung 53: Copingmodell – Umgang mit Krisensituationen

Mit dem Begriff des Coping wird der Prozess der (erfolgreichen) Bewältigung der krisenauslösenden Situationen bezeichnet. Häufig wird die neue Aufgabe einfach direkt angegangen und nach einigen Versuchen auch erfolgreich gemeistert. Dies erfordert keine Veränderung des Selbst, sondern allenfalls die Stärkung bereits vorhandener Kompetenzen und die Weiterentwicklung verfügbarer Handlungsmuster. Misslingen jedoch die Versuche, die Situation unter Kontrolle zu bringen, dann besteht die noch verfügbare Copingstrategie darin, sich selbst zu ändern, also beispielsweise die Bewertung der misslichen Situation zu überprüfen oder auch die eigenen Ziele und Wünsche grundlegend zu erneuern. Auch Humor scheint in diesem Zusammenhang eine wichtige konstruktive Rolle zu spielen.

Eine weitere, noch differenzierte Sicht auf das Phänomen der Krise eröffnet die biologische Stressforschung. Hier wird zwischen zwei Typen von Stressreaktionen unterschieden, und diese Unterscheidung passt sehr gut zu unserer Unterscheidung zwischen kleinen und großen Krisen. Stressreaktionen können nämlich kontrollierbar sein oder unkontrollierbar. Beide Stressreaktionen werden anfangs vom Gefühl der Angst begleitet. Im weiteren Verlauf ändern sich jedoch die Gefühle nicht nur in ihrer Intensität, sondern auch in ihrer Qualität. Auch die biologischen Reaktionen und deren Auswirkungen auf die Aktivitäten des Gehirns unterscheiden sich strukturell voneinander. Das Gehirn ist dabei nicht nur Auslöser neuroendokriner Reaktionen, sondern auch Zielorgan der Stressreaktion (vgl. Hüther 2007, S. 37f.). Das heißt, durch die endokrinen Reaktionen, also die Ausschüttung von Botenstoffen, wird auch die Aktivität des Gehirns beeinflusst. Sie bekommt eine andere Richtung und erfüllt andere Funktionen als „im Normalbetrieb".

Tabelle 12: Zwei grundlegend verschiedene Formen der Stressreaktion

	Kontrollierbare Stressreaktion	Unkontrollierbare Stressreaktion
Erleben	Zunächst Angst, Spannung, Druckgefühl, dann Herausforderung, bei Bewältigung Stolz, Selbstvertrauen, Freude	Angst, Unruhe, Wut, Verzweiflung, Hilflosigkeit
Dauer	wenige Tage oder Wochen	Wochen, Monate
neurobiologischer Prozess	sich aufschaukelndes Erregungsmuster, an dem Amygdala und Hirnstamm beteiligt sind, noradrenerge Reaktion, bei Lösung „Wohlfühlbotenstoffe"	Langanhaltende Aktivierung kortikaler und limbischer Strukturen und des noradrenergen Systems sowie der HPA-Achse, Kortisolausschüttung
Bewältigung	Coping, Kompetenzzuwachs, höhere Effizienz	Persönlichkeitsänderung, Neuorientierung, neue soziale Bindungen

Die beiden Stressreaktionen unterscheiden sich fundamental voneinander. Bei der kontrollierbaren Stressreaktion wird die Bahnung neuer Verschaltungen zur effizienteren Bewältigung von Herausforderungen gefördert, bei der unkontrollierbaren Stressreaktion dagegen wird die Löschung von erlernten Verhaltensmustern gefördert. Diese Reaktion ist also durch Destabilisierung charakterisiert. Diese ist eine Voraussetzung für grundlegende Veränderungen des Denkens, Fühlens und Handelns (Hüther 2007, S. 75).

„Unkontrollierbarer Stress kann veraltete, für neuartige Anforderungen unbrauchbare Bewertungs- und Bewältigungsmuster durch überwiegend degenerative Veränderung der ihnen zugrunde liegenden neuronalen Verschaltungen destabilisieren und auslöschen. Ein solcher Prozess geht, je länger er anhält, mit einer zunehmenden Labilisierung und der Gefahr einer Dekompensation des Individuums einher. Da diese Destabilisierungen die Entstehung einer Vielzahl körperlicher und geistiger Erkrankungen begünstigen, wurden in der Stressforschung bislang fast ausschließlich die pathogenen Auswirkungen unkontrollierbarer Belastungen untersucht, und ‚tonische Aktivierung' als etwas Destruktives und zu Vermeidendes angesehen (‚Dysstress')." (Hüther 2007, S. 76)

Der Biologe Hüther (2007) spricht im Zusammenhang mit unkontrollierbaren Stressreaktionen auch von Sackgassen, in denen wir uns fühlen, wenn der Stress uns überflutet und es so aussieht, als würden alle unsere bisherigen Lösungsstrategien versagen. Die dabei erlebten Gefühle sind äußerst intensiv und werden von starken körperlichen Reaktionen begleitet, die, wenn man sie noch nicht kennt, zusätzlich beunruhigen. Schließlich wird ja der gesamte Organismus darauf eingestellt, eine gefährliche Situation, in der das Schlimmste passieren kann, zu überstehen. Es geht ja gewissermaßen darum, dass wir uns selbst neu erfinden müssen. Eine Voraussetzung dafür ist möglicherweise die Dekompensation, das heißt der Abbau von bewährten Mustern der Bewältigung und Selbstbehauptung.

Stressreaktionen sind im Allgemeinen nicht gerade angenehm, jedenfalls nicht zu Beginn der Krise. Diese Tatsache und der Umstand, dass die Angst als dominantes Gefühl in solchen Phasen eine zentrale Rolle spielt, haben dazu beigetragen, dass Stress oft eher negativ bewertet wird. Aber die Stressbiologie kommt, wie vor ihr schon die psychologische Stressforschung, die zwischen gutem und schlechtem Stress unterscheiden lernte, zu einem anderen Ergebnis.

„Beide Arten von Stressreaktionen, also die kontrollierbaren Herausforderungen als auch die unkontrollierbaren Belastungen tragen […] zur Selbstorganisation neuronaler Verschaltungsmuster […] bei: Herausforderungen stimulieren die Spezialisierung und verbessern die Effizienz bereits bestehender Verschaltungen. Sie sind damit wesentlich an der Weiterentwicklung und Ausprägung bestimmter Persönlichkeitsmerkmale beteiligt. Schwere, unkontrollierbare Belastungen ermöglichen durch die Destabilisierung einmal entwickelter, aber unbrauchbar gewordener Verschaltungen die Neuorientierung und Reorganisation von bisherigen Verhaltensmustern." (Hüther 2007, S. 81)

Testinstrumente und Krisen

Auch die Überprüfung der Qualität der eigenen Arbeit mit den hier empfohlenen und ähnlichen Methoden kann nicht stressfrei ablaufen. Schließlich erwarten wir mit Spannung die Ergebnisse und reagieren mit Enttäuschung, Trauer, Ärger, wenn sie nicht so ausfallen wie erhofft. Das kann schon eine kleine Krise auslösen. Wir halten es freilich für sehr unwahrscheinlich, dass unkontrollierbare Stressreaktionen durch Testergebnisse ausgelöst werden, die den eigenen Erwartungen nicht entsprechen.

Es ist aber durchaus möglich und sehr wahrscheinlich, dass solche Rückmeldungen kontrollierbaren Stress auslösen. Die Überprüfung von Effekten unseres Handelns gehört zum Alltag, da ist immer mit Enttäuschungen zu rechnen, die verarbeitet werden, ob mit oder ohne vorangegangene Messung. Auch eine Verschärfung der Krise durch negative Ergebnisse dürfte gelegentlich vorkommen. Allerdings nehmen wir an, dass präzise Messungen bei der Bewältigung von Krisen eine gewisse positive Rolle spielen können, da sie Ihnen helfen, den Austausch zwischen „me" und „I" aufrechtzuerhalten, indem die inneren Bilder konkretisiert und erfahrbar gemacht werden. Anders ausgedrückt: Kontrollierbare Stressreaktionen werden durch sorgfältige Beobachtungen und Messungen von Ausgangslage und Veränderungen besser verstanden und wohl auch besser bewältigt. Der objektivierende, von Interesse und Neugier geprägte Umgang mit Krisen ist ja selbst eine Bewältigungsstrategie, die oft weiterhilft.

Im Hinblick auf die Nutzung unserer Tests zu diesem Zweck wollen wir Ihnen abschließend einige Anregungen geben. Beispielsweise können Sie mit der Anwendung von Messinstrumenten selektive Wahrnehmungsmuster aufbrechen. Im stressbesetzten beruflichen Alltag ist es nur menschlich, dass wir nicht ständig alle Aspekte unseres Tuns und Handelns im Blick haben. Denn Wahrnehmung und Handlung können nur funktionieren, wenn sie fokussieren und Akzente setzen. Jedoch ist es zur Entwicklung eines professionellen Selbst wichtig, diese Wahrnehmungen zu reflektieren und zu hinterfragen. Da die Instrumente sich immer auf spezifische Merkmale einer mehrdimensional definierten pädagogischen

Qualität beziehen, zwingen sie uns, präzise anzugeben, was besonders wichtig ist und worauf wir achten werden.

Sie können mithilfe der standardisierten Testinstrumente Veränderungen und Entwicklungen in Ihrer Unterrichtsqualität und Ihrer Umgebung nachhaltig beobachten. Aber auch in großen Krisen, also bei unkontrollierbarem Stress, können die Messverfahren eine Hilfe sein. Solche Krisen können durch kritische Lebensereignisse in unterschiedlichen Bereichen ausgelöst werden, zum Beispiel durch Trennungen oder Verluste im privaten Bereich oder durch Aufgabenänderungen und Überforderungen im beruflichen Bereich. Oft ist der intakte Lebensbereich, von dem die Krise nicht ausgelöst wurde, eine Quelle von Ressourcen, auf die zum Ausgleich zugegriffen wird. Krisen können auch dadurch entstehen, dass zu viele Veränderungen gleichzeitig bewältigt werden müssen (Wohnortwechsel, Arbeitsplatzwechsel, Veränderung der Aufgaben, Änderungen im sozialen Umfeld). In solchen Fällen hilft es weiter, die einzelnen Aufgaben der Reihe nach anzugehen.

Das folgende kleine Fallbeispiel wurde von uns in Anlehnung an einen tatsächlich dokumentierten Fall konstruiert und dabei stark vereinfacht. Es zeigt, wie eine kleine Krise ausgelöst und rasch bewältigt wurde, wobei ein Gewinn erzielt wurde, nämlich eine verbesserte Fähigkeit, mit objektivierenden Rückmeldungen konstruktiv umzugehen. Das Unbehagen in der Krise ist vermutlich eine notwendige Bedingung dafür, dass dieser Lernprozess überhaupt stattfindet.

Fallbericht „Kleine Krise"

Klaus Meier, Schulleiter einer Haupt- und Realschule ist ins Grübeln gekommen. Da hat er sich mit Feuereifer an eine Befragung seines Kollegiums gemacht, und jetzt das! Zwar gibt es einige erfreuliche Ergebnisse, so zum Beispiel das positive Sozialklima im Kollegium oder die guten Beziehungen zwischen Lehrern und Schülern. Aber eine der Skalen, mit der Merkmale der Schulleitungsqualität gemessen wurden, liefert Ergebnisse, die unter dem Durchschnitt in der Vergleichsgruppe lagen. Diese Skala heißt „Führungskonzept der Schulleitung". Einige Wochen muss Klaus Meier immer wieder an dieses Ergebnis denken und stellt sich die Frage, ob er etwas falsch macht. Schließlich ringt er sich dazu durch, einen der beteiligten Schulforscher anzurufen und mit ihm persönlich zu sprechen. Im Laufe dieses Gesprächs schauen sich die beiden zunächst einmal die fragliche Skala genauer an. Dabei stellt sich heraus, dass die Skala im Wesentlichen misst, wie gut der Informationsfluss von der Schulleitung zum Kollegium gelingt und wie transparent Entscheidungen ausfallen. Erst an zweiter Stelle wird danach gefragt, wie gut es die Schulleitung versteht, die „Zügel in die Hand zu nehmen".

Als Herr Meier sich die Indikatoren vornimmt, löst sich die Spannung. Tatsächlich war ihm selbst auch schon aufgefallen, dass viele Informationen nicht beim Kollegium ankommen und dass diese Tatsache von Teilen des Kollegiums akzeptiert wird, von andern Teilen jedoch nicht. Er vermutet also eine Polarisierung innerhalb seines Kollegiums. Eine nun vorgenommene Überprüfung dieser Annahme mittels deskriptiver Statistiken fördert in der Tat eine ungewöhnlich große Streuung der Antworten zutage.

Nach dieser Klärung des Ergebnisses und einer Korrektur seiner ersten Interpretation ist Klaus Meier zufrieden und hat das Gefühl, einen Schritt weiter gekommen zu sein.

Das Fallbeispiel zeigt, dass ein aktives, auf Informationssuche ausgerichtetes Verhalten bei kleinen Krisen, also kontrollierbaren Stressreaktionen, im Umgang mit Rückmeldungen auf den richtigen Weg führt. Diese neugierige, explorative Haltung kann auch als Ausdruck des von uns schon im Zusammenhang mit dem Begriff der Professionalität angesprochenen wissenschaftlichen Habitus betrachtet werden. Spannung ist ja auch etwas Positives, sie macht das Leben und den Berufsalltag schließlich interessanter. Es ist jedoch wichtig, ein Phänomen, das Unbehagen und Stress hervorruft, genauer zu untersuchen und die Möglichkeiten, die sich dazu bieten, auch auszuschöpfen.

6 Ausblick

Am Anfang dieses Buches stand ein Versprechen, enden soll es nun mit einer Prophezeiung. Was wird aus der Bildung werden, wenn sie im Hinblick auf ihre Qualität immer wieder überprüft und gezielt weiterentwickelt wird?

Wir sehen folgende Trends: Durch die Integration von fachlichen, fachdidaktischen und bildungswissenschaftlichen Modellen und Verfahren wird es gelingen, besonders wirksame Formen, Muster und Methoden des Fachunterrichts zu bestimmen, die von Lehrerinnen und Lehrern bevorzugt eingesetzt werden, um ihre Ziele zu erreichen und sich beruflich weiterzuentwickeln. Bildung wird damit wieder inhaltlich klarer und überzeugender bestimmt. Es geht ja darum, spezifische Fähigkeiten und Interessen zu fördern, die einen eindeutigen Bezug zu kulturellen Inhalten und Bewertungen haben. Anders gesagt: Kulturelle Inhalte werden von Generation zu Generation weitergegeben, das ist mehr als nur die Förderung basaler Kompetenzen. Zugleich wird es auch gelingen, die Qualität der Beziehungen zwischen Lehrenden und Lernenden weiter zu verbessern. Denn diese Bedingung ist für den Bildungserfolg von herausragender Bedeutung.

Eine wichtige Rolle spielen dabei bestimmte Formen der Kooperation und Teamarbeit: Zusammenarbeit zwischen Schulen und Universitäten, Zusammenarbeit innerhalb der Schulen zwischen den pädagogischen Professionen, Teamarbeit in Fachgruppen und Lehrkräften einer Jahrgangsstufe oder Lerngruppe, partizipative Steuerung durch wissenschaftlich aufgeklärte innovative Schulleitungen, Zusammenarbeit zwischen Lehrenden und Schülern auf der Basis von Beratungsmodellen und Konzepten des Coaching, die psychologische Bedingungen und inhaltliche Leistungsziele miteinander verknüpfen.

Unerlässlich erscheint uns dabei eine reflektierte Nutzung technologischer Hilfen, mit denen besser geplant, organisiert, beobachtet und interveniert werden kann. In diesem Kontext wird die Orientierung der Lehrkräfte an einer eigenen Berufswissenschaft immer wichtiger. Noch wichtiger aber ist die Entwicklung des professionellen Selbst der beteiligten Menschen, die ihre anspruchsvolle, oft aufregende, manchmal zermürbende Arbeit als sinnvoll, bereichernd und voller Überraschungen erleben und nicht aufhören, sich selbst neu zu erfinden.

Glossar

Alternativhypothese
Eine Alternativhypothese ist eine informationshaltige Aussage, die sich auf empirisch überprüfbare Zusammenhänge oder Unterschiede bezieht. Ihre logische Verneinung ist die Nullhypothese. Sie wird geprüft, indem man versucht, die Nullhypothese zu widerlegen.

Deskriptive Statistik
Sie dient einer zusammenfassenden Beschreibung empirischer Daten in Form von Tabellen, Abbildungen oder auch Kennwerten. Die Inferenzstatistik dagegen analysiert Daten mit dem Ziel, Hypothesen zu prüfen.

Effektstärke
Sie ist ein Maß für die relative Größe eines Effekts und wird zur Beurteilung der praktischen Relevanz herangezogen. Gängige Maße sind d oder R-Quadrat.

Eichung
Mit der Eichung ist die Festlegung von bestimmten Bereichen gemeint, die beispielsweise als durchschnittlich oder unterdurchschnittlich angesehen werden. Dieses Bezugssystem ist notwendig für den Vergleich der Testwerte der eigenen Untersuchung mit jenen aus anderen Untersuchungen sowie für die Deutung dieser Werte.

Ergebnisqualität
Sie betrachtet die Leistungen und Kompetenzen, die durch den Unterricht erzielt werden bis hin zu den erzieherischen Effekten durch Unterricht.

Evaluation
Eine Evaluation ist die auf systematisch erhobene und analysierte Daten gestützte Bewertung von Konzepten, Interventionen oder Maßnahmen, die mit dem Anspruch auf Verbesserung eines Zustands durchgeführt wird. Evaluationsmaßnahmen werden unter Verwendung empirischer Forschungsmethoden durchgeführt, z.B. Befragung, Beobachtung oder der Analyse von Dokumenten. Sie sollte die Standards der Nützlichkeit, Genauigkeit, Durchführbarkeit und Fairness erfüllen.

Irrtumswahrscheinlichkeit oder Signifikanz
Sie wird mit α bezeichnet und gibt an, mit welcher Wahrscheinlichkeit bei Zurückweisung der Nullhypothese ein Irrtum vorliegt.

Item-Response-Theorie
Die Item-Response-Theorie liefert Modelle für das beobachtbare Antwortverhalten in Abhängigkeit von einer latenten Merkmalsausprägung. Das Antwortverhalten ist dabei unabhängig von unsystematischen Messfehlern ein direktes Ergebnis der Merkmalsausprägung. Die IRT bildet daher das Gegenstück zur Messfehlertheorie (s. Klassische Testtheorie). Eine hohe Bedeutung für die Forschung nehmen die probabilistischen Modelle im Rahmen der IRT wie etwa das Rasch-Modell ein.

Klassische Testtheorie
Sie geht davon aus, dass es neben dem beobachteten Wert (wahrer Wert) eines Merkmals auch immer einen Messfehler gibt. Messfehler unterliegen dieser Theorie

nach dem Zufallsprinzip. Eine Möglichkeit den wahren Wert zu bestimmen, besteht daher in der wiederholten Messung. Da Messwiederholungen wegen Erinnerungseffekten und wegen der Verletzung des Axioms von unkorrelierten Fehlern problematisch sein können, wird in der Praxis der Ausweg gefunden, Messwiederholungen mithilfe einer Vielzahl von Aufgaben vorzunehmen. Die Aufgaben stellen einzeln betrachtet jeweils eine eigene Messung dar.

Konfidenzintervall
Das Konfidenzintervall wird auch Vertrauensintervall genannt. Gibt einen Bereich an, in dem je nach Definition 95 bzw. 99% der wahren Werte liegen.

Korrelation
Sie gibt den standardisierten Zusammenhang zwischen zwei Merkmalen an. Der Korrelationskoeffizient liegt im Wertebereich –1 bis +1. Der Wert 0 zeigt an, dass kein Zusammenhang zwischen den Merkmalen besteht.

Längsschnittdesign
Bei einem Längsschnittdesign werden dieselben Variablen über mehrere Beobachtungszeitpunkte an denselben Stichproben erhoben. Das Gegenstück zum Längsschnittdesign ist das Querschnittdesign. Außerdem gibt es Trenduntersuchungen, bei denen unterschiedliche Stichproben zu mehreren aufeinanderfolgenden Zeitpunkten untersucht werden.

Mittelwert
Damit ist meistens das arithmetische Mittel gemeint. Es wird gebildet aus der Summe aller Merkmalsausprägungen geteilt durch die Anzahl der Merkmalsträger.

Nullhypothese
Sie stellt das Gegenstück zur Alternativhypothese dar und ist die logische Verneinung derselben. Alternativhypothesen können sich auf Zusammenhänge oder Unterschiede beziehen. Alternativhypothesen werden aus Theorien abgeleitet und zielen darauf ab, einen Erkenntnisgewinn zu erhalten. Sie sind also die informationshaltigen wissenschaftlichen Hypothesen.

Polung
Mit Polung bezeichnet man die positive oder negative Ausrichtung der Aussagen (Items) einer Messskala. Beinhaltet die Skala sowohl positive als auch negative Aussagen, so müssen die negativen Aussagen nach einer bestimmten Vorschrift in positive umgepolt werden, um eine einheitliche Richtung (Polung) der Items zu erhalten.

Prozessqualität
Betrachtet man die Qualität von Unterricht im Verlauf, nicht vom Ergebnis her, untersucht man Indikatoren der Prozessqualität.

Querschnittdesign
Es wird zu einem einzigen Zeitpunkt eine Erhebung an einer Stichprobe durchgeführt. Wird diese Erhebung noch zu weiteren Zeitpunkten an anderen Stichproben durchgeführt, so spricht man von Trenddesign.

Rasch-Modell

Das Rasch-Modell ist ein wahrscheinlichkeitsbasiertes Modell aus der Item-Response-Theorie mit der besonderen Eigenschaft der spezifischen Objektivität. So kann der Merkmalsunterschied zwischen zwei Personen unabhängig von den gewählten Rasch-konformen Aufgaben bestimmt werden. Ebenso können die Schwierigkeits-unterschiede der Aufgaben unabhängig von den Personen berechnet werden. Der parallele Verlauf der auf der Logit-Skala abgetragenen Lösungswahrscheinlichkeiten der Items grenzt das Rasch-Modell von anderen probabilistischen Modellen ab.

Selbstevaluation

Selbstevaluation ist ein Weg zur Bewertung von Maßnahmen oder Programmen durch die in der Praxis Tätigen. Evaluatoren sind also Praktiker, die ihre eigene Arbeit unter-suchen und bewerten. Zwar hat der Evaluator einen guten Einblick, seine Beteiligung an der evaluierten Praxis kann aber auch zu einer Verzerrung der Ergebnisse in die erwünschte Richtung führen, sofern keine Distanzierung und Objektivierung erfolgt.

Signifikanz

Mittels eines Signifikanztests wird geprüft, ob Zusammenhänge oder Unterschiede zwischen zwei Merkmalen überzufällig (signifikant) sind. Das sind sie dann, wenn sie unter der Annahme der Nullhypothese sehr unwahrscheinlich sind. Diese Wahr-scheinlichkeit wird oft mit Grenzen von 5%, 1% oder 1‰ angegeben. Man bezeichnet sie auch als Wahrscheinlichkeit für den Fehler erster Art (Alpha-Fehler). Der Fehler erster Art besteht darin, dass wir eine Nullhypothese zurückweisen, obwohl sie falsch ist. Der Fehler zweiter Art (Beta-Fehler) besteht darin, dass eine Nullhypothese bei-behalten wird, obwohl sie falsch ist. Je geringer das Risiko für den Alpha-Fehler ist, desto größer ist das Risiko für den Beta-Fehler.

Skalenniveau

Das Skalenniveau gibt den Informationsgehalt einer Messung wieder. Es gibt unter-schiedliche Skalenniveaus. Die Nominalskala gibt an, ob ein Merkmal vorliegt oder nicht. Die Ordinalskala bringt verschiedene Merkmale in eine Rangfolge, und die Intervallskala lässt Interpretationen zwischen den Abständen unterschiedlicher Merk-male zu. Dabei sollten gleich großen Differenzen zwischen Skalenwerten gleich große Unterschiede des zu messenden Merkmals entsprechen. Beispiele hierfür sind die Temperaturskala in Celsius oder die Werte von Intelligenz- und Kompetenztests. Die Ratioskala besitzt einen Nullpunkt und erlaubt, unterschiedliche Merkmale in ein Verhältnis zu setzen. Für die Skalierung nach dem Rasch-Modell wird auch der Begriff Differenzskala verwendet. Dieses Skalenniveau erfüllt alle Bedingungen der Intervall-skala und noch einige zusätzliche Bedingungen.

Standardabweichung

Die Standardabweichung stellt ein Maß für die Streuung der Messwerte um den Mit-telwert dar. Sie wird berechnet durch die Quadratwurzel aus der Varianz. Die Varianz ergibt sich aus der Summe der Abweichungsquadrate vom Mittelwert, dividiert durch die Anzahl der Werte. Das Intervall von einer Standardabweichung unterhalb und oberhalb des Mittelwertes umfasst 68% der Messwerte, das von zwei Standard-abweichungen umfasst etwa 95% der Werte.

Trenddesign
Mehrere Erhebungen zu unterschiedlichen Zeitpunkten mit unterschiedlichen Stichproben, wobei dieselben Variablen erhoben werden.

Trennschärfe
Die Trennschärfe gibt den Zusammenhang zwischen einem Testmerkmal (Item) und dem Gesamttestwert (Summenscore) an (klassische Testtheorie).

t-Test
Der t-Test vergleicht in zwei Stichproben die Mittelwertunterschiede auf ihre Zufälligkeit. Dabei wird davon ausgegangen, dass die Mittelwerte gleich sind, d.h. es wird gegen die *Nullhypothese* geprüft.

Variablentyp
Das Statistikprogramm SPSS kennt unterschiedliche Variablentypen. Numerische Variablen enthalten Ziffern, Stringvariablen hingegen setzen sich aus Zeichenketten (Begriffen oder ganzen Sätzen) zusammen.

Varianz
Die Varianz (s^2) wird gebildet aus der Summe der quadrierten Abweichungen aller Messwerte vom Mittelwert geteilt durch die Anzahl dieser Messwerte. Sie ist das wichtigste Maß für die Streuung der Messwerte um den Mittelwert.

Validität
Gültigkeit der Messung. Die Validität gibt also an, ob das Merkmal auch tatsächlich das misst, was es messen soll.

Literatur

Aebli, H. (2006). Zwölf Grundformen des Lehrens. Eine Allgemeine Didaktik auf psychologischer Grundlage. Medien und Inhalte didaktischer Kommunikation, der Lernzyklus. 13. Auflage. Stuttgart: Klett

Amelang, M./Schmidt-Atzert, L. (2006). Psychologische Diagnostik und Intervention. 4. Auflage. Heidelberg: Springer

Arbeitsgruppe Schub-Q (2002). Pädagogische Qualitätsberatung an Schulen. Dortmund: IFS-Verlag

Arnold, G. (2005). Kleine Klassen – große Klasse? Eine empirische Studie zur Bedeutung der Klassengröße für Schule und Unterricht. Bad Heilbrunn: Klinkhardt

Auhagen, A.E. (Hrsg.) (2008). Positive Psychologie. Anleitung zum „besseren" Leben. Weinheim u.a.: Beltz

Bachmair, S./Faber, J./Hennig, C./Kolb, R./Willig, W. (1999). Beraten will gelernt sein. Ein praktisches Lehrbuch für Anfänger und Fortgeschrittene. 2. Auflage. Weinheim u.a.: Beltz

Bamberger, G.G. (2005). Lösungsorientierte Beratung. 3. Aufl. Weinheim u.a.: Beltz

Bargatzky, T. (2002). Contemplativus in actione. Glücksvorstellungen im Kulturvergleich. In: Bellebaum, A. (Hrsg.). Glücksforschung: Eine Bestandsaufnahme. Konstanz: UVK, S. 95–107

Bauer, K.-O. (2005). Pädagogische Basiskompetenzen. Theorie und Training. Weinheim: Juventa

Bauer, K.-O. (2007). Theorie und Methodologie der Evaluation an Schulen. In: Bauer, K.-O. (Hrsg.). Evaluation an Schulen. Theoretischer Rahmen und Beispiele guter Evaluationspraxis. Weinheim: Juventa, S. 13–51

Bauer, K.-O. (2009). Das Selbst im Glück. Institutionelle und informelle Bildung als persönliche Entwicklungskontexte. In: Spetsmann-Kunkel, M. (Hrsg.). Gegen den Mainstream. Kritische Perspektiven auf Bildung und Gesellschaft. Festschrift für Georg Hansen. Münster u.a.: Waxmann, S. 284–307

Bauer, K.-O./Bohn, A. (2009). Modellierung pädagogischer Basiskompetenzen. In: Bauer, K.-O./Logemann, N. (Hrsg.). Kompetenzmodelle und Unterrichtsentwicklung. Bad Heilbrunn: Klinkhardt

Bauer, K.-O./Kemna, P. (2009a). Arbeitsbezogenes Erleben von Lehrkräften. Validierung eines mehrdimensionalen Messinstruments. In: bildungsforschung, 6 (2), S. 81–110, verfügbar unter: www.bildungsforschung.org

Bauer, K.-O./Kemna, P. (2009b). Entwicklung eines Instruments zur Messung des Pädagogischen Optimismus bei Lehrerinnen und Lehrern. In: Bauer, K.-O./Logemann, N. (Hrsg.). Kompetenzmodelle und Unterrichtsentwicklung. Bad Heilbrunn: Klinkhardt, S. 141–161

Baumert, J./Bos, W./Lehmann, R.H. (Hrsg.) (2000). TIMSS/III. Dritte internationale Mathematik- und Naturwissenschaftsstudie. Mathematische und naturwissenschaftliche Bildung am Ende der Schullaufbahn: Mathematische und naturwissenschaftliche Grundbildung am Ende der Pflichtschulzeit. Band 1. Opladen: Leske und Budrich

Baumert, J./Kunter, M./Brunner, M./Krauss, St./Blum, W./Neubrand, M. (2004). Mathematikunterricht aus Sicht der PISA-Schülerinnen und -Schüler. In: Prenzel, M./Baumert, J./Blum, W./Lehmann, R./Leutner, D./Neubrand, M./Pekrun, R./Rolff, H.-G./Rost, R./Schiefele, U. (Hrsg.). PISA 2003. Der Bildungsstand der Jugendlichen in Deutschland. Ergebnisse des zweiten internationalen Vergleichs. Münster: Waxmann

Baumert, J./Roeder, P.M./Sang, F./Schmitz, B. (1986). Leistungsentwicklung und Ausgleich von Leistungsunterschieden in Gymnasialklassen. In: Zeitschrift für Pädagogik 32, S. 639–660

Bloom, B.S. (1973). Individual differences in school achievement: A vanishing point. In: Edelstein, W./Hopf, D. (Hrsg.). Bedingungen des Bildungsprozesses. Stuttgart: Klett, S. 251–270

Bonsen, M./Lintorf, K./Bos, W./Frey, K.A. (2007). TIMSS 2007. Grundschule – Eine Einführung in die Studie. In: Bos u.a. (Hrsg.). TIMSS 2007. Mathematische und naturwissenschaftliche Kompetenzen von Grundschulkindern in Deutschland im internationalen Vergleich. Münster: Waxmann

Bortz, J. (2005). Statistik für Human- und Sozialwissenschaftler. 6. Auflage. Heidelberg: Springer

Bortz, J./Döring, N. (2002). Forschungsmethoden und Evaluation. 3. Auflage. Berlin: Springer

Bos, W./Bonsen, M./Baumert, J./Prenzel, M./Selter, C./Walther, G. (Hrsg.) (2007). TIMSS 2007. Mathematische und naturwissenschaftliche Kompetenzen von Grundschulkindern in Deutschland im internationalen Vergleich. Münster: Waxmann

Bos, W./Hornberg, S./Arnold, K.-H./Faust, G./Fried, L./Lankes, E.-M./Schwippert, K./Valtin, R. (Hrsg.) (2008). IGLU-E 2006. Die Länder der Bundesrepublik Deutschland im nationalen und internationalen Vergleich. Münster: Waxmann

Bös, K./Bremer, C./Postuwka, G. (2000). Mehr Sicherheit im Schulsport: Anregungen für mehr Sicherheit im Schulsport der Sekundarstufe 1. Schriftenreihe der Unfallkasse Hessen. Band 2. Frankfurt a.M.: Max Dorn. Verfügbar unter: http://www.ukh.de/fileadmin/user_upload/dokumente/Band2.pdf [25.02.2010]

Braun, U. (2007). Was ist pädagogische Qualität. In: Braun, U./Mienert, M./Müller, S./Vorholz, H. (Hrsg.). Frühkindliche Bildung im Team gestalten und umsetzen. Stuttgart: Raabe, Beitrag F 1.1, S. 1–18

Brezinka, W. (1971). Von der Pädagogik zur Erziehungswissenschaft. Weinheim u.a.: Beltz

Bronfenbrenner, U. (1979). The ecology of human development. Experiments by nature and design. Cambridge, Mass.: Harvard University Press

Brophy, J. (1999). Teaching. Brussels: International Academy of Education

Bühner, M. (2006). Einführung in die Test- und Fragebogenkonstruktion. 2. aktualisierte und erweiterte Auflage. Person Studium: München

Bundesverband der Unfallkassen (Hrsg.) (2004). Checklisten zur Sicherheit im Sportunterricht. GUV-SI 8048. München. Verfügbar unter: http://www.unfallkasse.de/res.php?id=10221 [25.02.2010]

Caplan, G. (1964). Principles of preventive psychiatry. New York: Basic Books

Carroll, J.B. (1964). A model of school learning. In: Teachers College Record 64, S. 723–733

Cherniss, C. (1999). Jenseits von Burnout und Praxisschock. Hilfen für Menschen in lehrenden, helfenden und beratenden Berufen. Übersetzung der Originalausgabe von 1995 durch C.W. Müller. Weinheim u.a.: Beltz

Cszikzentmihalyi, M. (1992). Flow. Das Geheimnis des Glücks. Stuttgart: Klett-Cotta

Cube, F. v. (1965). Die kybernetischen Grundlagen des Lernens und Lehrens. Stuttgart: Klett

Culley, S. (2002). Beratung als Prozeß. Lehrbuch kommunikativer Fertigkeiten. Weinheim u.a.: Beltz

Dahme, G./Jungnickel, D./Rathje, H. (1993). Güteeigenschaften der Achievement Motives Scale (AMS) von Gjesme und Nygard (1970) in der deutschen Übersetzung von Göttert und Kuhl – Vergleich der Kennwerte norwegischer und deutscher Stichproben. In: Diagnostica, 16 (3), S. 257–270

Damasio, A. (2007). Ich fühle, also bin ich. Die Entschlüsselung des Bewusstseins. 7. Auflage. Berlin: List

Deutsche Gesellschaft für Evaluation (Hrsg.) (2002). Standards für Evaluation. Köln: Geschäftsstelle DeGEval

Diehl, J.M./Staufenbiel, T. (2007). Statistik mit SPSS für Windows: Version 15. Eschborn: Klotz

Diekmann, A. (2008). Empirische Sozialforschung. Grundlagen Methoden Anwendungen. 19. Auflage. Reinbek bei Hamburg: Rowohlt

Dieterich, J./Dieterich, M. (2007). Die Persönlichkeit von Lehrern und mögliche Auswirkungen auf die Unterrichtsgestaltung. In: bildungsforschung, 4 (2), S. 1–20. Verfügbar unter: http://www.bildungsforschung.org/index.php/bildungsforschung/article/viewFile/72/75 [03.06.2010]

Dittmar, J. (2009). Sie sind wichtig, sie erfahren Respekt. Beratungsgespräche an der Offenen Schule Kassel-Waldau. In: Pädagogik, 1 (61), S. 18–21

Ditton, H. (2001). DFG-Projekt „Qualität von Schule und Unterricht". Skalenbildung Hauptuntersuchung. Verfügbar unter: http://www.quassu.net/SKALEN_1.pdf [19.07.2009]

Ditton, H. (2002). Unterrichtsqualität. Konzeption, methodische Überlegungen und Perspektiven. In: Unterrichtswissenschaft, 30 (3), S. 197–212

Ditton, H./Merz, D. (2000). Qualität von Schule und Unterricht. Kurzbericht über erste Ergebnisse einer Untersuchung an bayerischen Schulen. Verfügbar unter: http://www.quassu.net/Bericht1.pdf [07.06.2010]

Einsiedler, W. (2002). „Das Konzept" Unterrichtsqualität. In: Unterrichtswissenschaft, 30 (3), S. 194–196

Elsner, D./Kessler, J.-U. (2009). Kernaspekte „guten" Fremdsprachenunterrichts in der Grundschule. In: HotSpot, (5), S. 2–8. Verfügbar unter: www.grundschule-englisch.de [02.03.2010]

Engel, G. (2008). Challenge & Chance – Englisch ab Klasse 1. Untersuchungen und Konsequenzen für die Entwicklung des neuen Lehrplans Englisch Klasse 1–4 (NRW). In: HotSpot, S. 2–8. Verfügbar unter: www.grundschule-englisch.de [02.03.2010]

Foerster, H. v. (1985). Sicht und Einsicht. Versuche zu einer operativen Erkenntnistheorie. Braunschweig: Vieweg

Frey, A. (2007). Adaptives Testen. In: Moosbrugger, H./Kelava, A. (Hrsg.). Testtheorie und Fragebogenkonstruktion. Heidelberg: Springer, S. 261–278

Frey, A./Taskinen, P./Schütte, K./Prenzel, M./Artelt, C./Baumert, J./Blum, W./Hamman, M./Klieme, E./Pekrun, R. (Hrsg.) (2009). PISA 2006. Skalenhandbuch. Münster: Waxmann

Grawe, K./Donati, R./Bernauer, F. (1994). Psychotherapie im Wandel. Von der Konfession zur Profession. Göttingen: Hogrefe

Grob, U./Maag Merki, K. (2001). Überfachliche Kompetenzen: theoretische Grundlegungen und empirische Erprobung eines Indikatorensystems. Bern: Lang

Gröhlich, C./Scharenberg, K./Bos, W. (2009). Wirkt sich Leistungsheterogenität in Schulklassen auf den Lernerfolg aus? In: Journal for Educational Research Online, 1 (1), S. 86–105

Gruehn, S. (2000). Unterricht und schulisches Lernen. Waxmann: Münster

Heckhausen, H. (1989). Motivation und Handeln. Berlin: Springer

Helmke, A. (2000). Educational Research on Classroom Instruction and its Effects: Shortcomings, Dead Ends, and Future Perspectives. University of Landau and Innsbruck

Helmke, A. (2003). Unterrichtsqualität erfassen, bewerten, verbessern. Seelze: Kallmeyer

Helmke, A. (2009). Unterrichtsqualität und Lehrerprofessionalität – Diagnose, Evaluation und Verbesserung des Unterrichts. Seelze-Velber: Klett Kallmeyer

Helmke, A./Weinert, F.E. (1997). Bedingungsfaktoren schulischer Leistungen. Enzyklopädie der Psychologie, Serie I, Band 3 (Pädagogische Psychologie). Göttingen: Hogrefe, S. 71–176

Herlt, S./Schaarschmidt, U. (2007). Anhang 2: Fit für den Lehrerberuf? In: Schaarschmidt, U./Kieschke, U. (Hrsg.). Gerüstet für den Schulalltag. Psychologische Unterstützungsangebote, S. 221–252

Hubrig, C./Herrmann, P. (2007). Lösungen in der Schule – Systemisches Denken in Unterricht, Beratung und Schulentwicklung. 2., korrigierte Aufl. Heidelberg: Auer.

Huschke-Rhein, R. (2003). Einführung in die systemische und konstruktivistische Pädagogik. Beratung Systemanalyse Selbstorganisation. 2. Auflage. Weinheim u.a.: Beltz

Hüther, G. (2007). Biologie der Angst. Göttingen: Vandenhoeck & Ruprecht

Jonkisz, E./Moosbrugger, H. (2007). Planung und Entwicklung von psychologischen Tests und Fragebogen. In: Moosbrugger, H./Kelava, A. (Hrsg.). Testtheorie und Fragebogenkonstruktion. Heidelberg: Springer, S. 27–72

Kanning, U.P. (2009). Inventar sozialer Kompetenzen. Manual. Göttingen: Hogrefe

Kemna, P. (2003). Entwicklung eines Tests zur pädagogischen Gesprächskompetenz. München: GRIN

Kempfert, G./Rolff, H.-G. (1999). Pädagogische Qualitätsentwicklung. Weinheim u.a.: Beltz

Kiper, H./Mischke, W. (2004). Einführung in die Allgemeine Didaktik. Weinheim u.a.: Beltz

Klieme, E. (2004). Was sind Kompetenzen und wie lassen sie sich messen? In: Pädagogik, 6, S. 10–13

Klusmann, U./Kunter, M./Trautwein, U./Baumert, J. (2006). Lehrerbelastung und Unterrichtsqualität aus der Perspektive von Lehrenden und Lernenden. In: Zeitschrift für Pädagogische Psychologie, 20 (3), S. 161–173

Körner, S.C. (2003). Das Phänomen Burnout am Arbeitsplatz Schule. Ein empirischer Beitrag zur Beschreibung des Burnout-Syndroms und seiner Verbreitung sowie zur Analyse von Zusammenhängen und potentiellen Einflussfaktoren auf das Ausbrennen von Gymnasiallehrern. Berlin: Logos

Kotthoff, H.-G./Maag Merki, K./Böttcher, W. (2007). Schulinspektion im internationalen Vergleich. In: Journal für Schulentwicklung, 11 (3), S. 52–58

Kron, F.W. (1993). Grundwissen Didaktik. München: Reinhardt

Kuhl, J. (1996). Wille und Freiheitserleben – Formen der Selbststeuerung. In: Enzyklopädie der Psychologie. Motivation, Volition und Handlung. Göttingen: Hogrefe, S. 665–765

Kunter, M./Brunner, M./Baumert, J./Klusmann, U./Krauss, S./Blum, W./Jordan, A./Neubrand, M. (2005). Der Mathematikunterricht der PISA-Schülerinnen und -Schüler: Schulformunterschiede in der Unterrichtsqualität. In: Zeitschrift für Erziehungswissenschaft, 8 (4), S. 502–520

Lehberger, R./Schaarschmidt, U. (2009). Eignungsberatung für Lehramtsstudierende – Rückmeldungen und Angebote zum Kompetenzausbau. In: journal für schulentwicklung, 13 (4), S. 46–53

Lenzen, D. (1992). Reflexive Erziehungswissenschaft am Ausgang des postmodernen Jahrzehnts oder Why should anybody be afraid of red, yellow and blue. In: Zeitschrift für Pädagogik, 29. Beiheft, S. 75–91

Leutwyler, B./Maag Merki, K. (2009). School effects on students' Self-regulated Learning. In: Journal for Educational Research Online, 1, S. 197–223

Linacre, J.M./Wright, B.D. (1994). Chi-Square Fit Statistics. In: Rasch Measurement Transactions, 8 (2), S. 350. Verfügbar unter: http://www.rasch.org/rmt/rmt82a.htm [27.06.2010]

Linn, M.C./Petersen, A.C. (1985). Emergence and Characterization of Sex-Differences in Spatial Abilities: A Meta-Analysis. Child Development, 56 (6), S. 1479–1498

Lohmann, A. (2007). Wie selbstständig kann Schule sein? Wie eigenverantwortlich kann Schule sein? In: Pfundtner, R. (Hrsg.). Grundwissen Schulleitung. Köln: Wolters Kluwer, S. 75–86

Lüders, M./Rauin, U. (2008). Unterrichts- und Lehr-Lern-Forschung. In: Helsper/Böhme (Hrsg.). Handbuch der Schulforschung. Wiesbaden: VS Verl. für Sozialwiss., S. 717–745

Luhmann, N. (1988). Soziale Systeme. Frankfurt: Suhrkamp.

Marotzki, W. (1990). Entwurf einer strukturalen Bildungstheorie – Biographietheoretische Auslegung von Bildungsprozessen in hochkomplexen Gesellschaften. Weinheim: Dt. Studien-Verlag

Marrou, H.I. (1956). A History of Education in Antiquity. Madison, Wisconsin: The University of Wisconsin Press

Maslach, C./Jackson, S.E./Leiter, M.P. (1996). Maslach Burnout Inventory manual (3rd edition). Palo Alto: Consulting Psychologists Press

Maturana, H.R./Varela, F.J. (1987). Der Baum der Erkenntnis – Die biologischen Wurzeln des menschlichen Erkennens. 2. Aufl. Bern: Scherz

Mayring, P. (2002). Einführung in die Qualitative Sozialforschung. 5. Auflage. Weinheim u.a.: Beltz

Mead, G.H. (1980). Gesammelte Aufsätze. Bd. I, hrsg. von Hans Joas. Original: 1934. Frankfurt a.M.: Suhrkamp

Minuchin, S. (1990). Familie und Familientherapie. Theorie und Praxis struktureller Familientherapie. Freiburg: Lambertus

Mittelstädt, H. (2006). Evaluation von Unterricht und Schule. Strategien und Praxistipps. Mülheim a.d.R.: Verlag an der Ruhr

Moosbrugger, H. (2007). Item-Response-Theorie (IRT). In: Moosbrugger, H./Kelava, A. (Hrsg.). Testtheorie und Fragebogenkonstruktion. Heidelberg: Springer, S. 307–324

Moosbrugger, H./Kelava, A. (2007). Qualitätsanforderungen an einen psychologischen Test (Testgütekriterien). In: Moosbrugger, H./Kelava, A. (Hrsg.). Testtheorie und Fragebogenkonstruktion. Heidelberg: Springer, S. 7–26

Oevermann, U. (2002). Professionalisierungsbedürftigkeit und Professionalisiertheit pädagogischen Handelns. In: Kraul, M./Marotzki, W./Schweppe, C. (Hrsg.). Biographie und Profession. Bad Heilbrunn: Klinkhardt, S. 19–63

Pallasch, W./Kölln, D. (2009). Pädagogisches Gesprächstraining: Lern- und Trainingsprogramm zur Vermittlung therapeutischer Gesprächs- und Beratungskompetenz. 7. Auflage. Weinheim: Juventa

Parsons, T. (1967). The social system. London: Routledge & Kegan Paul

PISA-Konsortium Deutschland (Hrsg.) (2006). PISA 2003. Dokumentation der Erhebungsinstrumente. Münster: Waxmann

Rasch, G. (1960/1980). Probabilistic models for some intelligence and attainment tests. (Copenhagen, Danish Institute for Educational Research), expanded edition (1980) with foreword and afterword by B.D. Wright. Chicago: The University of Chicago Press

Reich, K. (1997). Systemisch-konstruktivistische Pädagogik. Einführung in die Grundlagen einer interaktionistisch-konstruktivistischen Pädagogik. Berlin: Luchterhand

Riecke-Baulecke, Th. (2003). Was ist Schulqualität? In: Stern, C./Mahlmann, J./Vacarro, E. (Hrsg.). Vergleich als Chance. Schulentwicklung durch internationale Qualitätsvergleiche – Grundlagen. Gütersloh: Bertelsmann, S. 26–31

Rolff, H.G. (2001). Schulentwicklung konkret. Seelze: Kallmeyer

Rosenthal, R./Jacobson, L. (1968). Pygmalion in the classroom. New York: Holt, Rinehart & Winston

Rost, J. (2004). Lehrbuch Testtheorie – Testkonstruktion. 2. Auflage. Bern: Huber

Rost, J. (2006). Item-Response-Theorie. In: Petermann, F./Eid, M. (Hrsg.). Handbuch der Psychologischen Diagnostik. Band 4. Göttingen: Hogrefe, S. 261–274

Rotter, J.B. (1982). Some problems and misconceptions related to the construct of internal versus external control of reinforcement. In: Mielke, R. (Hrsg.). Interne/externe Kontrollüberzeugungen. Theoretische und empirische Arbeiten zum Locus of Control-Konstrukt. Bern: Hans Huber

Schaarschmidt, U. (2005). Halbtagsjobber? Psychische Gesundheit im Lehrerberuf – Analyse eines veränderungsbedürftigen Zustandes. 2. Auflage. Weinheim u.a.: Beltz

Schaarschmidt, U./Kieschke, U. (Hrsg.) (2007). Gerüstet für den Schulalltag. Psychologische Unterstützungsangebote für Lehrerinnen und Lehrer. Weinheim u.a.: Beltz

Schiffler, H./Winkeler, R. (1999). Tausend Jahre Schule. Eine Kulturgeschichte des Lernens in Bildern. Stuttgart u.a.: Belser

Schmitz, G.S./Schwarzer, R. (2002). Individuelle und kollektive Selbstwirksamkeitserwartungen von Lehrerinnen und Lehrern. In: Jerusalem, M./Hopf, D. (Hrsg.). Selbstwirksamkeit und Motivation in Bildungsinstitutionen. Zeitschrift für Pädagogik, 44. Beiheft, Weinheim u.a.: Beltz, S. 28–53

Schneewind, J. (2006). Wie Lehrkräfte mit Ergebnisrückmeldungen aus Schulleistungsstudien umgehen. Ergebnisse aus Befragungen von Berliner Grundschullehrerinnen. Dissertationsschrift. Verfügbar unter: http://www.diss.fu-berlin.de/2007/252/ [18.01.2010]

Schneewind, J./Kuper, H. (2009). Rückmeldeformate und Verwendungsmöglichkeiten der Ergebnisse aus zentralen Lernstandserhebungen. In: Bohl, T./Kiper, H. (Hrsg.). Lernen aus Evaluationsergebnissen: Verbesserungen planen und implementieren. Bad Heilbrunn: Klinkhardt, S. 113–129

Schratz, M./Iby, M./Radnitzky, E. (2000). Qualitätsentwicklung. Verfahren, Methoden, Instrumente. Weinheim u.a.: Beltz

Schwarzer, C./Posse, N. (2005). Beratung im Handlungsfeld Schule. In: Pädagogische Rundschau, 59 (59), S. 139–151

Seligman, M. (2002). Der Glücks-Faktor. Warum Optimisten länger leben. Bergisch-Gladbach: Ehrenwirth

Seligman, M. (2007). What you can change and what you can't. London/Boston: Nicholas Brealey

Steffens, U./Bargel, T. (1993). Erkundungen zur Qualität von Schule. Neuwied: Luchterhand

Tausch, R. (2008). Sinn in unserem Leben. In: Auhagen 2008, S. 97–113

Thies, B. (2008). Historische Entwicklung der Forschung zur Lehrer-Schüler-Interaktion. In: Schweer, M. (Hrsg.). Lehrer-Schüler-Interaktion. Inhaltsfelder Forschungsperspektiven und methodische Zugänge. 2. Auflage. Wiesbaden: VS Verlag für Sozialwissenschaften, S. 77–100

Tietze, K.-O. (2003). Kollegiale Beratung. Hamburg: Rowohlt

Treiber, B. (1980). Qualifizierung und Chancenausgleich in Schulklassen. Teil 1 und Teil 2. Frankfurt a.M.: Lang

Treiber, B./Weinert, F.E. (1985). Gute Schulleistungen für alle? Psychologische Studien zu einer pädagogischen Hoffnung. Münster: Aschendorff

Ulich, D. (1987). Krise und Entwicklung – Zur Psychologie der seelischen Gesundheit. München: Psychologie-Verl.-Union

Valtin, R./Bos, W./Buddeberg, I./Goy, M./Potthoff, B. (2008). Lesekompetenzen von Schülerinnen und Schülern am Ende der vierten Jahrgangsstufe im nationalen und internationalen Vergleich. In: Bos u.a. (Hrsg.) (2008). IGLU-E 2006. Die Länder der Bundesrepublik Deutschland im nationalen und internationalen Vergleich. Münster: Waxmann

Voss, A./Blatt, I. (2009). Unterrichtsentwicklungsforschung. Ein Integrativer Ansatz zur Verbesserung der Unterrichtsqualität. In: Bauer, K.-O./Logemann, N. (Hrsg.). Kompetenzmodelle und Unterrichtsentwicklung. Bad Heilbrunn: Klinkhardt

Walther, G./Selter, C./Bonsen, M./Bos, W. (2008). Mathematische Kompetenz im internationalen Vergleich: Testkonzeption und Ergebnisse. In: Bos, W./Bonsen, M./ Baumert, J. u.a. (Hrsg.). TIMSS 2007. Mathematische und naturwissenschaftliche Kompetenzen von Grundschulkindern in Deutschland im internationalen Vergleich. Münster: Waxmann

Wang, M.C./Haertel, G.D./Walberg, H.J. (1993). Toward a knowledge base for school learning. In: Review for Educational Research, 63, S. 249–294

Watzlawick, P./Beavin, J.H./Jackson, D.D. (1990): Menschliche Kommunikation. Bern: Huber

Watzlawick, P./Weakland, J.H./Fisch, R. (1997). Lösungen – Zur Theorie und Praxis menschlichen Handelns. 5. Aufl., Nachdr. Bern: Huber

Weinert, F.E. (1999): Konzepte der Kompetenz. Paris: OECD

Weinert, F.E. (2001): Vergleichende Leistungsmessung in Schulen – eine umstrittene Selbstverständlichkeit. In: Ders. (Hrsg.). Leistungsmessungen in Schulen. Weinheim u.a.: Beltz, S. 17–31

Weinert, F.E./Schrader, F.-W./Helmke, A. (1990). Educational expertise: Closing the gap between educational research and classroom practice. In: School Psychology International, 11, S. 163–180

Whitmore, J. (2001). Coaching für die Praxis. 4. Auflage. München: Heyne

Wolters, P. (2008). Qualität im Schulsport. In: Schweer, M.K.W. (Hrsg.). Sport und gesellschaftliche Perspektiven. Band 1: Sport in Deutschland. Bestandsaufnahmen und Perspektiven. Frankfurt a.M.: Peter Lang, S. 15–32

Die Autoren

Prof. Dr. Karl-Oswald Bauer, Professor für Empirische Bildungsforschung (W3) an der Universität Vechta, Leiter des Zentrums für Empirische Bildungsforschung und Fachdidaktik (ZEBiD), Arbeitsschwerpunkte: Professionsforschung, Evaluationsforschung, Qualitätsentwicklung im Bildungswesen

Andreas Bohn, Dipl.-Päd., wissenschaftlicher Mitarbeiter am Lehrstuhl für Empirische Bildungsforschung der Universität Vechta, Arbeitsschwerpunkte: Qualitative Forschung, Evaluation, transformatorische Bildungsprozesse

Pierre Kemna, Dipl.-Päd., wissenschaftlicher Mitarbeiter am Lehrstuhl für Empirische Bildungsforschung der Universität Vechta, Arbeitsschwerpunkte: Lehrerprofessionalität und Kompetenzforschung, Testentwicklung, Evaluation

Dr. Niels Logemann, wissenschaftlicher Mitarbeiter am Zentrum für Empirische Bildungsforschung und Fachdidaktik der Universität Vechta, Arbeitsschwerpunkte: Evaluation von Bildungsprozessen und die Soziologie von Jugend, Freizeit und Familie

Waxmann

Ewald Terhart
Hedda Bennewitz
Martin Rothland
(Hrsg.)

Handbuch der Forschung zum Lehrerberuf

2011, 832 Seiten, geb., 69,00 €, ISBN 978-3-8309-2350-3

Für die mit Bildung und Erziehung, Schule und Unterricht befassten wissenschaftlichen Disziplinen ist der Lehrerberuf immer ein interessanter Gegenstand der Deutung, Analyse und Kritik sowie der Theoriebildung und Konzeptentwicklung gewesen. Dabei nehmen Erziehungswissenschaft, Pädagogische Psychologie, Arbeitswissenschaften, Bildungssoziologie etc. immer auch Bezug auf die Forschung zum Lehrerberuf. Gleichwohl ist im deutschsprachigen Raum erst seit etwa einem Jahrzehnt eine deutliche Intensivierung der Anstrengungen in diesem Forschungsbereich zu beobachten.

Mit diesem Handbuch wird im deutschsprachigen Raum erstmals eine repräsentative Übersicht über den Stand der Forschung zum Lehrerberuf vermittelt. Insofern wendet sich das Handbuch der Forschung zum Lehrerberuf nicht nur an Wissenschaftler, die in diesem Zweig bildungswissenschaftlicher Forschung tätig sind, sondern auch an ein breiteres Fachpublikum (Lehrerverbände, Bildungsverwaltungen, Institutionen der Lehrerausbildung und -weiterbildung, Schulen etc.) sowie an die interessierte Öffentlichkeit generell.

MÜNSTER · NEW YORK · MÜNCHEN · BERLIN